新世纪高职高专
电子商务类课程规划教材

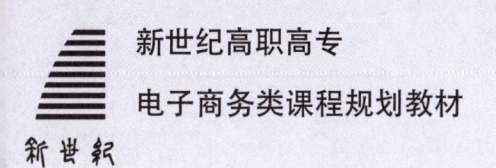

电子商务法

（第五版）

新世纪高职高专教材编审委员会 组编

主　编　刘喜敏　迟晓曼
副主编　徐　鹏　赵春园

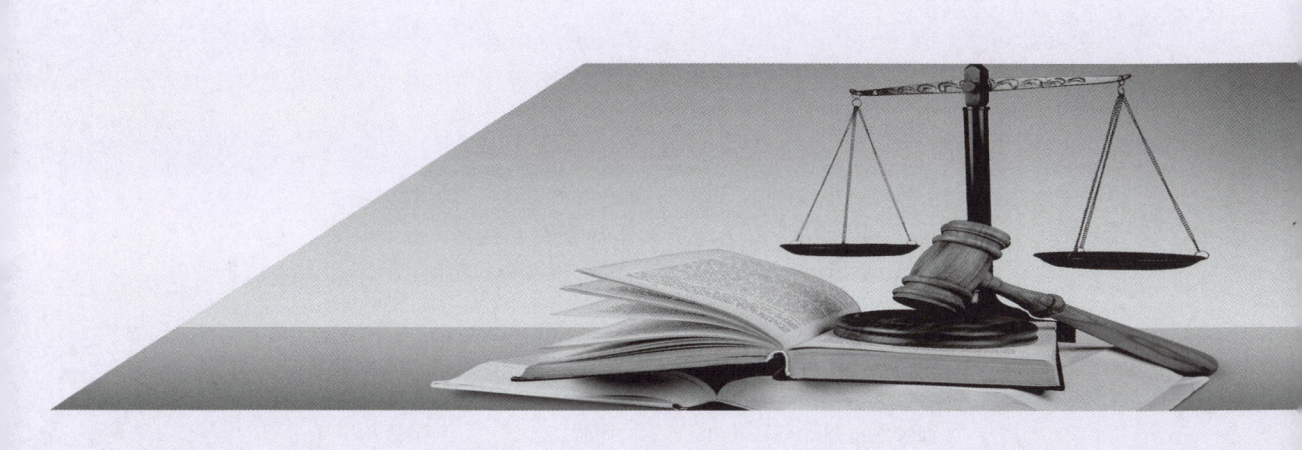

大连理工大学出版社

图书在版编目(CIP)数据

电子商务法 / 刘喜敏,迟晓曼主编. -- 5版. -- 大连：大连理工大学出版社,2021.2(2024.1重印)
新世纪高职高专电子商务类课程规划教材
ISBN 978-7-5685-2806-1

Ⅰ.①电… Ⅱ.①刘… ②迟… Ⅲ.①电子商务－法规－中国－高等职业教育－教材 Ⅳ.①D923.990.1

中国版本图书馆CIP数据核字(2020)第243139号

大连理工大学出版社出版
地址：大连市软件园路80号 邮政编码：116023
发行：0411-84708842 邮购：0411-84708943 传真：0411-84701466
E-mail：dutp@dutp.cn URL：https://www.dutp.cn
辽宁虎驰科技传媒有限公司印刷 大连理工大学出版社发行

幅面尺寸：185mm×260mm 印张：15.25 字数：350千字
2005年12月第1版 2021年2月第5版
2024年1月第3次印刷

责任编辑：刘丹丹 责任校对：夏圆圆
封面设计：对岸书影

ISBN 978-7-5685-2806-1 定 价：45.80元

本书如有印装质量问题,请与我社发行部联系更换。

前言 Preface

《电子商务法》(第五版)是新世纪高职高专教材编审委员会组编的电子商务类课程规划教材之一。

目前电子商务被公认是一种便捷、节约、高效的交易方式，它不仅意味着交易媒介或者交易手段的变化，由于交易方式和交易过程被不同载体呈现出来，其必然具有与传统交易方式不同的特点和风险。无论是企业还是个人，无论你所处的行业如何，将来都会与互联网打交道，学习和掌握电子商务法律知识和技能，使自己在充分利用互联网时加强行业自律，同时规避法律风险，做到知法、守法，对每个个体来说都不无裨益。

中国互联网络信息中心（CNNIC）发布的第 47 次《中国互联网络发展状况统计报告》显示，截至 2020 年 12 月底，中国网民规模达到了 9.89 亿人，互联网普及率攀升至 70.4%。互联网应用表现出以下特点："健康码"助 9 亿人通畅出行，互联网为抗疫赋能赋智；网民规模接近 10 亿人，网络扶贫成效显著；网络零售连续八年全球第一，有力推动消费"双循环"；网络支付使用率近九成，数字货币试点进程全球领先；短视频用户规模增长超 1 亿人，节目质量飞跃提升；高新技术不断突破，释放行业发展动能；上市企业市值再创新高，集群化发展态势明显；数字政府建设扎实推进，在线服务水平全球领先。

《中国电子商务报告 2019》《中国电子商务发展报告 2019—2020》指出，2019 年中国电子商务交易额达 34.81 万亿元，同比增长 6.7%。其中网上零售额为 10.63 万亿元，电子商务从业人员达 5 125.65 万人。我国在电子商务服务业、农村电子商务、跨境电子商务、电子商务信用体系建设、电子商务法律规制建设、电子商务助力传统产业数字化转型、电子商务促进地方经济发展以及我国的电子商务在全球电子商务发展中的地位等方面均取得了较大成就。

然而，随着网民人数不断增加，网络应用越来越多，互联网络环境日益复杂，网络病毒与木马泛滥，以前闻所未闻的网络犯罪以及各种各样的网络纠纷随时都有可能发生。有人在赞扬互联网络、电子商务快捷、高效、无时空限制的同时，也对互联网络

和电子商务的风险心存畏忌。

近几年来我国出台和修订了多部约束和影响电子商务领域的法律法规,如新出台的《中华人民共和国电子商务法》《中华人民共和国民法典》《中华人民共和国网络安全法》,以及新修订的《中华人民共和国电子签名法》等。新法出台的同时,有多部旧法废止,本版教材就是在这样的时间节点推出的。《电子商务法》(第五版)在第四版的基础上进行了大规模修订和调整。本次修订的主旨:继续梳理相关法律、调整内容格局,使内容体系更趋合理;更新教材案例,继续坚持"以案说法"的体例模式,增强读者分析和解决实际问题的能力。本版教材的特色主要体现在以下几个方面:

1.突出高职特色,因材施教

针对高职学生的特点,坚持贯彻"知法、懂法、用法、守法"的原则,简化对法学原理的过多讨论,将重点放在相关法律条款的实际应用上。

2.融入最新法律,内容优化

本次教材的改版修订,主要是将最近五年国家出台或者修订的电子商务领域的法律、法规、部门规章以及最高人民法院的司法解释融入教材,同时去掉原版教材中的老、旧内容,确保内容"新鲜"。

3.体例结构合理,"以案说法"

本版教材采用"以案说法"的模式构建编写体例。每章均以一个当前比较热门的电子商务法律案例引入,以【现在开庭】的方式陈述案情,引出每章的学习内容。在讲述过程中,不断地对案例的情况进行深入分析,使案例的审理贯穿每章的始终。在每章结尾设有【开篇案例结案】,对【现在开庭】中的案例进行审理、分析和评述,做到内容前后呼应。此外,在每章内容的结尾还设有【技能实战】,让学生在学完本章内容之后,利用所学进行相关案例的分析与评述,做到学以致用。在每章最后还设有【技能训练】,可以使学生对本章中所涉及的理论和实务进行巩固。为方便教师授课,每章后都附有【技能实战要点解析】。

4.案例选取恰当,匠心设计

作为高职法律类教材,案例的选取、编写、设计十分重要。正因如此,我们在本版教材中对案例进行了更新,本次案例更新不仅体现在数量上,更重要的是质量。我们对每章案例都进行了精心的选择和设计,认真思考每个案例的时效性、代表性以及难易度,使之更适合高职教学之用。

5.立体化教材建设,资源丰富

为方便广大读者阅读和使用,本教材配套了以下立体化资源:课程标准、电子教案、电子课件以及全书中各章重要知识点和技能点的微课。微课可以直接扫码观看,其他资源请登录职教数字化服务平台下载使用。

本版教材是吉林交通职业技术学院与黑龙江百智荣誉科技发展有限公司(百度营销大学东北授权中心)的产教深度融合、校企合作的成果,是集体智慧的结晶,由吉林交通职业技术学院刘喜敏、迟晓曼任主编,吉林交通职业技术学院徐鹏、赵春园任副主编,黑龙江百智荣誉科技发展有限公司陈文文、高飞参与了本版教材的策划与部分内容的编写工作。具体分工如下:刘喜敏编写第1、10、11、7章,迟晓曼编写第6、8、9章,徐鹏编写第4、5章,赵春园编写第2、3章,陈文文和高飞负责全书【现在开庭】与【技能实战】部分的编写工作。

全书由刘喜敏负责统稿和定稿。

在编写本教材的过程中,我们参阅、借鉴了许多专家、学者的学术研究成果,在此谨向有关专家、学者表示衷心的感谢!请相关著作权人看到本教材后与出版社联系,出版社将按照相关法律的规定支付稿酬。

尽管编写团队已经十分努力,但限于水平和经验,在教材编写和出版过程中仍可能会出现问题和错误。恳请广大师生及时反馈,以利于我们不断提高教材质量和水平,为广大师生提供更优质的服务。

编 者

2021 年 2 月

所有意见和建议请发往:dutpgz@163.com
欢迎访问职教数字化服务平台:https://www.dutp.cn/sve/
联系电话:0411-84706104　84707492

目录

第1章　电子商务法基础理论 ... 1
【现在开庭】　虚拟财产,让人欢喜让人忧! ... 1
1.1　电子商务立法 ... 2
1.1.1　国际电子商务立法 ... 2
1.1.2　我国电子商务立法现状 ... 3
1.2　电子商务法概述 ... 6
1.2.1　电子商务法的概念 ... 6
1.2.2　电子商务法的调整对象与适用范围 ... 7
1.2.3　电子商务法的性质与特征 ... 8
1.2.4　电子商务法的基本原则 ... 10
1.2.5　电子商务法的地位与作用 ... 11
1.3　电子商务法律关系 ... 13
1.3.1　电子商务法律关系的概念 ... 13
1.3.2　电子商务法律关系的分类 ... 13
1.3.3　电子商务法律关系的构成要素 ... 15
1.4　虚拟财产的法律问题 ... 18
1.4.1　虚拟财产的定义 ... 18
1.4.2　虚拟财产的特征 ... 18
1.4.3　虚拟财产的类型及其表现形式 ... 19
1.4.4　虚拟财产司法保护的困难 ... 19
【开篇案例结案】 ... 20
【技能实战】 ... 21
【技能训练】 ... 22

第2章　数据电文法律问题 ... 24
【现在开庭】　微信记录能证明员工身份吗? ... 24
2.1　数据电文的概念 ... 25
2.1.1　国际组织对数据电文的理解 ... 25
2.1.2　我国对数据电文的规定 ... 25
2.2　数据电文的书面形式问题 ... 26
2.2.1　《民法典》的有关规定 ... 26

2.2.2 《电子签名法》的有关规定 …………………………………………… 26
　2.3 数据电文的原件形式问题 …………………………………………………… 27
　　2.3.1 关于原件 ………………………………………………………………… 27
　　2.3.2 数据电文的原件规制 …………………………………………………… 27
　2.4 关于数据电文符合法定文件保存要求的规定 ……………………………… 28
　2.5 关于数据电文归属的规定 …………………………………………………… 29
　2.6 关于数据电文发送时间与接收时间的规定 ………………………………… 31
　2.7 关于数据电文发送地点与接收地点的规定 ………………………………… 31
　2.8 关于数据电文作为证据使用时可采性的规定 ……………………………… 32
　2.9 电子证据法律问题 …………………………………………………………… 33
　　2.9.1 电子证据可以作为诉讼证据 …………………………………………… 33
　　2.9.2 电子证据不同于传统的书证 …………………………………………… 34
　　2.9.3 电子证据不宜归入视听材料的范畴 …………………………………… 35
　　2.9.4 电子证据的收集、审查与保全 ………………………………………… 35
　【开篇案例结案】 ………………………………………………………………… 38
　【技能实战】 ……………………………………………………………………… 39
　【技能训练】 ……………………………………………………………………… 39

第 3 章　电子认证与电子签名法律问题 ………………………………………… 42
　【现在开庭】 电子签名，医疗纠纷责任认定的不二法门 ……………………… 42
　3.1 电子认证概述 ………………………………………………………………… 43
　　3.1.1 电子认证的概念 ………………………………………………………… 43
　　3.1.2 电子认证的作用 ………………………………………………………… 44
　　3.1.3 电子认证的分类 ………………………………………………………… 45
　　3.1.4 电子认证的程序 ………………………………………………………… 45
　3.2 电子认证服务机构 …………………………………………………………… 47
　　3.2.1 电子认证服务机构的概念及特点 ……………………………………… 47
　　3.2.2 电子认证服务机构的设立 ……………………………………………… 48
　　3.2.3 电子认证服务机构的管理 ……………………………………………… 50
　3.3 电子签名认证证书 …………………………………………………………… 51
　　3.3.1 电子签名认证证书的概念及内容 ……………………………………… 51
　　3.3.2 电子签名认证证书的种类 ……………………………………………… 51
　　3.3.3 电子签名认证证书的管理 ……………………………………………… 52
　3.4 电子签名 ……………………………………………………………………… 54
　　3.4.1 电子签名与传统签名的功能比较 ……………………………………… 54
　　3.4.2 电子签名的实现方法 …………………………………………………… 54
　　3.4.3 基于PKI的电子签名的基本过程 ……………………………………… 56
　　3.4.4 《电子签名法》的基本内容和作用 …………………………………… 59
　【开篇案例结案】 ………………………………………………………………… 61

【技能实战】……62
【技能训练】……63

第4章 电子合同法律问题……66
【现在开庭】 别拿"确认邮件"不当回事儿！……66
4.1 电子合同概述……67
4.1.1 电子合同的概念和特征……67
4.1.2 电子合同的分类……69
4.1.3 电子合同与传统合同的区别……71
4.2 电子合同的订立……72
4.2.1 合同订立的要约与承诺……72
4.2.2 电子合同订立的要约与承诺……73
4.3 几种特殊形式的电子合同订立问题……76
4.3.1 电子自动交易及相关问题……76
4.3.2 电子代理人的概念、法律性质与效力……77
4.3.3 点击合同订立中的法律问题……78
4.4 电子合同的履行及违约……79
4.4.1 电子合同的履行……79
4.4.2 电子合同的违约……80
【开篇案例结案】……82
【技能实战】……83
【技能训练】……84

第5章 电子支付法律问题……87
【现在开庭】"网络钓客"来了，为之奈何？……87
5.1 电子支付概述……88
5.1.1 电子支付的概念……88
5.1.2 电子支付的方式与流程……88
5.2 电子支付法律规范……91
5.2.1 电子支付相关法律法规……91
5.2.2 第三方支付立法……92
5.3 电子货币法律……93
5.3.1 电子货币的法律性质……94
5.3.2 电子货币的法律关系……94
5.3.3 电子货币引发的法律问题……96
5.4 电子银行法律问题……98
5.4.1 《电子银行业务管理办法》……98
5.4.2 电子银行的安全问题……100
5.4.3 网上银行业务的风险管理……101

5.5 手机支付法律问题 ……………………………………………………………… 103
   5.5.1 手机支付的概念 …………………………………………………… 103
   5.5.2 手机支付的主体及法律地位 ……………………………………… 104
   5.5.3 手机支付的法律风险 ……………………………………………… 104
【开篇案例结案】………………………………………………………………… 105
【技能实战】……………………………………………………………………… 106
【技能训练】……………………………………………………………………… 106

第6章 网络环境下的知识产权保护 …………………………………………… 109
【现在开庭】 网页能否受到《著作权法》的保护？ ……………………………… 109
6.1 网络环境下的著作权保护 ……………………………………………………… 110
   6.1.1 著作权概述 ………………………………………………………… 110
   6.1.2 网络环境下著作权的相关法律问题 ……………………………… 112
   6.1.3 网络内容提供者(ICP)和网络服务提供者(ISP)的法律责任 …… 113
   6.1.4 网络著作权的侵权表现与侵权责任 ……………………………… 116
6.2 网络环境下的商标权保护 ……………………………………………………… 117
   6.2.1 商标权概述 ………………………………………………………… 118
   6.2.2 商标权的法律保护 ………………………………………………… 120
6.3 域名保护 ………………………………………………………………………… 121
   6.3.1 域名 ………………………………………………………………… 121
   6.3.2 域名权与商标权冲突的表现形式及原因 ………………………… 122
   6.3.3 有关域名与商标权的法律纠纷及解决 …………………………… 123
   6.3.4 域名注册的禁止内容 ……………………………………………… 124
6.4 网络环境下的专利权保护 ……………………………………………………… 126
   6.4.1 专利权 ……………………………………………………………… 126
   6.4.2 专利权的法律保护 ………………………………………………… 127
6.5 网络环境下的商业秘密保护 …………………………………………………… 128
   6.5.1 商业秘密的构成要件 ……………………………………………… 129
   6.5.2 网络环境下商业秘密的保护措施 ………………………………… 130
   6.5.3 侵犯商业秘密的法律责任 ………………………………………… 131
【开篇案例结案】………………………………………………………………… 133
【技能实战】……………………………………………………………………… 134
【技能训练】……………………………………………………………………… 135

第7章 电子商务环境下的消费者权益保护 …………………………………… 137
【现在开庭】 微博侵犯名誉权纠纷案 …………………………………………… 137
7.1 网络消费者权益保护概述 ……………………………………………………… 138
   7.1.1 消费者权益的保护 ………………………………………………… 138
   7.1.2 电子商务对消费者权益的威胁 …………………………………… 138

7.2 电子商务环境下消费者隐私权的保护 ……………………………………… 140
7.2.1 隐私权和网络隐私权 …………………………………………… 140
7.2.2 网络隐私侵权形式 ……………………………………………… 141
7.2.3 网络隐私权的保护 ……………………………………………… 142
7.3 电子商务环境下消费者名誉权的保护 ……………………………………… 144
7.3.1 名誉权和网络名誉权 …………………………………………… 144
7.3.2 网络名誉侵权的构成要件 ……………………………………… 145
7.3.3 网络名誉侵权的责任承担 ……………………………………… 145
7.4 电子商务环境下消费者知情权的保护 ……………………………………… 147
7.4.1 消费者知情权 …………………………………………………… 147
7.4.2 消费者知情权的保护 …………………………………………… 148
7.4.3 电子商务环境下消费者知情权的保护措施 …………………… 148
7.5 电子商务环境下消费者索赔权的保护 ……………………………………… 149
7.5.1 我国法律关于索赔权的规定 …………………………………… 149
7.5.2 电子商务环境下消费者索赔的法律问题 ……………………… 150
【开篇案例结案】………………………………………………………………… 151
【技能实战】……………………………………………………………………… 153
【技能训练】……………………………………………………………………… 154

第8章 网络不正当竞争法律问题 ……………………………………………… 156
【现在开庭】 插入警告标识是否构成了不正当竞争？……………………… 156
8.1 网络不正当竞争行为概述 ………………………………………………… 157
8.1.1 网络不正当竞争行为的概念 …………………………………… 157
8.1.2 网络不正当竞争行为的特点 …………………………………… 157
8.1.3 网络不正当竞争行为的表现形式 ……………………………… 159
8.2 网络不正当竞争行为的法律规制 ………………………………………… 162
8.2.1 网络反不正当竞争应注意的问题 ……………………………… 162
8.2.2 域名领域的不正当竞争 ………………………………………… 163
8.2.3 链接技术领域的不正当竞争 …………………………………… 164
8.3 电子商务环境下不正当竞争的对策 ……………………………………… 166
8.3.1 修订和完善《反不正当竞争法》 ……………………………… 166
8.3.2 充分发挥市场监督管理部门的作用 …………………………… 167
【开篇案例结案】………………………………………………………………… 169
【技能实战】……………………………………………………………………… 170
【技能训练】……………………………………………………………………… 171

第9章 特定领域电子商务法律问题 …………………………………………… 174
【现在开庭】 网上拍卖引纠纷 ……………………………………………… 174
9.1 网上拍卖法律问题 ………………………………………………………… 175

9.1.1 网上拍卖的概念 175
9.1.2 网上拍卖的种类 175
9.1.3 网上拍卖的法律关系 176
9.1.4 网上拍卖合同的订立 177
9.1.5 网上拍卖的违约责任 177
9.2 网上证券法律问题 178
9.2.1 网上证券及其立法 178
9.2.2 网上证券法律的基本问题 179
9.3 网上保险法律问题 180
9.3.1 网上保险的含义 180
9.3.2 网上保险的优势 181
9.3.3 网上保险的策略选择 181
9.4 网上广告法律问题 183
9.4.1 网上广告的概念及特点 184
9.4.2 网上广告的法律问题 184
9.4.3 网上广告问题的法律对策 188
【开篇案例结案】 189
【技能实战】 190
【技能训练】 190

第 10 章 电子商务安全法律问题 193
【现在开庭】 侵入计算机信息系统和非法获取计算机信息系统数据案 193
10.1 电子商务安全立法概述 194
10.1.1 电子商务安全立法的必要性 194
10.1.2 我国电子商务安全的立法现状 195
10.2 《网络安全法》要点解读 196
10.2.1 《网络安全法》的立法意义 196
10.2.2 《网络安全法》的内容要点 196
10.3 计算机信息系统安全等级保护制度 199
10.3.1 计算机信息系统安全保护等级的划分 199
10.3.2 信息安全等级保护制度 200
10.4 计算机信息系统安全专用产品法律制度 200
10.4.1 计算机信息系统安全专用产品销售许可证的概念 200
10.4.2 计算机信息系统安全专用产品的概念和特征 201
10.4.3 计算机信息系统安全专用产品销售许可证制度 201
10.5 防治有害数据的法律制度 202
10.5.1 有害数据的概念和种类 202
10.5.2 有害数据的特征 202
10.5.3 对有害数据的防治 203

10.6 违反电子商务安全法的法律责任 ································· 204
　　10.6.1 涉嫌违反《网络安全法》的违法行为 ···················· 204
　　10.6.2 涉嫌侵害网络信息安全的违法犯罪 ······················ 205
【开篇案例结案】··· 209
【技能实战】··· 211
【技能训练】··· 212

第11章 电子商务纠纷的解决 ·· 215
【现在开庭】 网络犯罪案件管辖权的确定 ································ 215
11.1 电子商务纠纷的司法管辖 ·· 216
　　11.1.1 电子商务对传统管辖权依据的挑战 ······················ 216
　　11.1.2 电子商务纠纷诉讼管辖的基本问题 ······················ 217
　　11.1.3 电子商务中民事侵权纠纷的管辖地 ······················ 218
11.2 电子商务纠纷的法律适用 ·· 220
　　11.2.1 法律适用与管辖权的关系 ·································· 220
　　11.2.2 几种常见的电子商务纠纷的法律适用 ···················· 220
11.3 电子商务纠纷解决方式 ··· 222
　　11.3.1 替代性争议解决方式 ·· 222
　　11.3.2 在线争议解决方式 ··· 223
　　11.3.3 在线争议解决方式的利弊分析 ···························· 224
　　11.3.4 在线争议解决方式需要解决的问题 ······················ 225
【开篇案例结案】··· 226
【技能实战】··· 227
【技能训练】··· 228

参考文献 ·· 230

第 1 章

电子商务法基础理论

学习要点

◎ 电子商务立法现状
◎ 电子商务法的概念和调整对象
◎ 电子商务法的范围、地位和作用
◎ 电子商务法律关系的概念和种类
◎ 电子商务法律关系的主体、客体及内容
◎ 网络虚拟财产的法律问题

现在开庭

虚拟财产,让人欢喜让人忧!

【基本案情】

原告王某在某游戏购买平台中,与出售游戏道具的被告李某通过通信软件聊天达成协议,约定原告支付 30 000 元向被告购买游戏道具(神龙刀+猴子+兔子),被告会在原告拍下游戏角色后,线下向原告返还游戏差价 15 000 元。后原告依约向被告支付了游戏道具价款,但被告向原告交付了一个神龙刀道具后,剩余的猴子、兔子道具均未交付,且未向原告返还约定的价款。原告多次询问被告,被告以各种理由搪塞原告,未履行其义务。

原告王某向法院提出诉讼请求:

1. 判令被告向原告返还其与原告约定的网络购物差价 15 000 元;
2. 被告依约交付游戏道具(猴子、兔子各一个);
3. 本案诉讼费由被告承担。

(资料来源:自编)

【你是法官】

1. 指出本案争议的焦点。
2. 如果你是法官,应如何审理此案?

1.1 电子商务立法

电子商务需要相应的法律规范加以调整,也就需要相应的立法。

1.1.1 国际电子商务立法

国际电子商务立法的核心主要围绕电子签章、电子合同、电子记录的法律效力展开。

1. 联合国关于电子商务的立法

早在1985年,联合国国际贸易法委员会(以下简称联合国贸法会)就通过了一项向各国政府和国际组织提出的有关拟订贸易方面法律条文的《就计算机记录的法律价值向各国政府和国际组织提出的建议》,建议它们在各自权限范围内审查与自动数据处理有关的规则,以便消除在国际贸易中使用自动数据处理方法的不必要障碍。现《就计算机记录的法律价值向各国政府和国际组织提出的建议》已被《贸易法委员会电子商务示范法》和《贸易法委员会电子签名示范法》所取代。

1996年6月12日,联合国贸法会通过了《贸易法委员会电子商务示范法》(以下简称《电子商务示范法》)。本法颁布的目的是为各国立法者提供一整套旨在为电子商务消除法律障碍并提高法律可预测性的国际公认规则,从而促成并便利使用电子手段进行商务,平等对待纸面信息和电子信息,克服无法通过契约改变的成文法规定所造成的障碍。这种平等对待是促成使用无纸化通信的基本条件,因而有助于提高国际贸易的效率。

2001年7月5日,联合国贸法会通过了《贸易法委员会电子签名示范法》(以下简称《电子签名示范法》)。本法的颁布旨在为电子签名和手写签名之间的等同性规定技术可靠性标准,从而促成和便利电子签名的使用。因此《电子签名示范法》可协助各国制定现代、统一、公平的法律框架,以有效解决在法律上如何对待电子签名的问题,并使电子签名的地位具有确定性。

2005年11月23日,联合国贸法会通过《联合国国际合同使用电子通信公约》(以下简称《电子通信公约》),于2013年3月1日生效。《电子通信公约》旨在确保以电子方式订立的合同和往来的其他通信的效力和可执行性与传统的纸面合同和通信相同,从而促进在国际贸易中使用电子通信。

2017年7月13日,联合国贸法会通过《贸易法委员会电子可转让记录示范法》,旨在从法律上支持电子可转让记录的国内使用和跨境使用。本法适用于与可转让单证或票据功能等同的电子可转让记录。

2. 其他国家或者地区早期关于电子商务的立法

1995年美国颁布《数字签名法》,2000年颁布《国际与国内商务电子签章法》;1997年马来西亚制定《数字签名法》;1997年意大利颁布《数字签名法》;1997年德国颁布《数字签名法》《数字签名条例》;1998年新加坡颁布主要涉及"电子签名"的《电子交易法》;1999年加拿大颁布《统一电子商务法》;1999年澳大利亚颁布《电子交易法》;1999年韩国颁布《电子商务基本法》;1999年欧盟通过《欧盟电子签名统一框架指令》;2000年西班牙颁布《电子签名与认证服务法》;2000年日本推出《数字化日本之发端行动纲领》;2000年印度颁布《电子签名和电子交易法》;等等。

随着互联网络和电子商务的发展,各国或者地区关于电子商务的立法层出不穷。安全可靠的运作环境直接关系着电子商务的发展远景,它需要扫除法律障碍,在虚拟的交易环境中保证交易的真实可信。

1.1.2 我国电子商务立法现状

为了适应电子商务的发展,我国政府从1994年就开始着手解决电子商务领域的有关法律问题,截至2020年12月,我国已经出台了一系列有关电子商务的专门法律、行政法规、部门规章以及关于电子商务的司法解释。为了更清晰地了解我国电子商务领域中相关法律法规的制定情况,下面简单列示相关法律法规名称、制定时间等,从而为后续具体内容的学习奠定基础。

1. 涉及电子商务的法律

(1)《中华人民共和国刑法》

2020年12月26日,中华人民共和国第十三届全国人民代表大会常务委员会第二十四次会议通过《中华人民共和国刑法修正案(十一)》,自2021年3月1日起施行。本法第二百八十五条【非法侵入计算机信息系统罪;非法获取计算机信息系统数据、非法控制计算机信息系统罪;提供侵入、非法控制计算机信息系统程序、工具罪】规定:"违反国家规定,侵入国家事务、国防建设、尖端科学技术领域的计算机信息系统的,处三年以下有期徒刑或者拘役。"第二百八十六条【破坏计算机信息系统罪;网络服务渎职罪】规定:"违反国家规定,对计算机信息系统功能进行删除、修改、增加、干扰,造成计算机信息系统不能正常运行,后果严重的,处五年以下有期徒刑或者拘役;后果特别严重的,处五年以上有期徒刑。"

(2)《中华人民共和国著作权法》

2020年11月11日,中华人民共和国第十三届全国人民代表大会常务委员会第二十三次会议通过《全国人民代表大会常务委员会关于修改〈中华人民共和国著作权法〉的决定》,自2021年6月1日起施行。本法第十条第十二款规定著作权包括信息网络传播权,即以有线或者无线方式向公众提供,使公众可以在其选定的时间和地点获得作品的权利。第三十九条第六款规定表演者对其表演享有的权利有许可他人通过信息网络向公众传播其表演,并获得报酬。第四十四条规定:"录音录像制作者对其制作的录音录像制品,享有许可他人复制、发行、出租、通过信息网络向公众传播并获得报酬的权利;权利的保护期为五十年,截止于该制品首次制作完成后第五十年的12月31日。被许可人复制、发行、通过信息网络向公众传播录音录像制品,应当同时取得著作权人、表演者许可,并支付报酬;被许可人出租录音录像制品,还应当取得表演者许可,并支付报酬。"

(3)《中华人民共和国民法典》

2020年5月28日,中华人民共和国第十三届全国人民代表大会第三次会议表决通过了《中华人民共和国民法典》(以下简称《民法典》),自2021年1月1日起施行。本法第四百六十九条规定:"当事人订立合同,可以采用书面形式、口头形式或者其他形式。

书面形式是合同书、信件、电报、电传、传真等可以有形地表现所载内容的形式。以电子数据交换、电子邮件等方式能够有形地表现所载内容,并可以随时调取查用的数据电文,视为书面形式。"第四百九十一条规定:"当事人采用信件、数据电文等形式订立合同要求签订确认书的,签订确认书时合同成立。当事人一方通过互联网等信息网络发布的商品或者服务信息符合要约条件的,对方选择该商品或者服务并提交订单成功时合同成立,但是当事人另有约定的除外。"

(4)《中华人民共和国电子商务法》

《中华人民共和国电子商务法》(以下简称《电子商务法》)是我国电子商务根本法,是为保障电子商务各方主体合法权益、规范电子商务行为而制定的电子商务领域首部综合性法律。本法共七章八十九条,内容涉及电子商务经营主体、电子商务经营行为、电子商务合同签订、电子商务快递物流、电子支付、电子商务争议解决以及法律责任等领域。本法由中华人民共和国第十三届全国人民代表大会常务委员会第五次会议于2018年8月31日通过,自2019年1月1日起施行。

众望所归的《电子商务法》真的是电商人的"紧箍咒"吗?

(5)《中华人民共和国网络安全法》

《中华人民共和国网络安全法》(以下简称《网络安全法》)由中华人民共和国第十二届全国人民代表大会常务委员会第二十四次会议于2016年11月7日通过,自2017年6月1日起施行。本法第四十条规定:"网络运营者应当对其收集的用户信息严格保密,并建立健全用户信息保护制度"。第四十一条规定:"网络运营者收集、使用个人信息,应当遵循合法、正当、必要的原则,公开收集、使用规则,明示收集、使用信息的目的、方式和范围,并经被收集者同意。"这些规定对商家收集和处理消费者个人信息提出了约束。本法第四十六条规定:"任何个人和组织应当对其使用网络的行为负责,不得设立用于实施诈骗,传授犯罪方法,制作或者销售违禁物品、管制物品等违法犯罪活动的网站、通讯群组,不得利用网络发布涉及实施诈骗,制作或者销售违禁物品、管制物品以及其他违法犯罪活动的信息。"本法还规定了违反相应条款应承担的法律责任及罚款。

(6)《中华人民共和国消费者权益保护法》

2013年10月25日,第十二届全国人民代表大会常务委员会第五次会议通过《全国人民代表大会常务委员会关于修改〈中华人民共和国消费者权益保护法〉的决定》,自2014年3月15日起施行,本法第二十八条、第四十四条增加网络消费者权益保护的内容。

(7)《全国人民代表大会常务委员会关于加强网络信息保护的决定》

2012年12月28日,第十一届全国人民代表大会常务委员会第三十次会议通过《全国人民代表大会常务委员会关于加强网络信息保护的决定》,此决定旨在保护网络信息安全,保障公民、法人和其他组织的合法权益,维护国家安全和社会公共利益。

(8)《中华人民共和国电子签名法》

2004年8月28日,第十届全国人民代表大会常务委员会第十一次会议通过《中华人民共和国电子签名法》(以下简称《电子签名法》),并于2005年4月1日起施行,后经2015年4月24日和2019年4月23日两次修正。这部法律首次赋予可靠的电子签名与手写签名或盖章同等的法律效力,并明确了电子认证服务的市场准入制度。它是我国第一部真正意义的电子商务法律,是我国电子商务发展的里程碑,它的颁布和实施极大地改善了我国电子商务的法制环境,促进了安全可信的电子交易环境的建立,从而大力推动了我国电子商务的发展。

2.涉及电子商务的行政法规

近几年,由国务院发布的涉及电子商务的行政法规主要包括:

(1)《中共中央 国务院关于坚持农业农村优先发展做好"三农"工作的若干意见》(2019年1月3日由国务院发布)。文件明确指出要实施数字乡村战略,深入推进"互联网+农业"模式。

(2)《快递暂行条例》(2018年2月7日国务院第198次常务会议通过,自2018年5月1日起施行,后根据2019年3月2日《国务院关于修改部分行政法规的规定》进行修订)。

(3)《信息网络传播权保护条例》(2006年5月10日国务院第135次常务会议通过,后根据2013年1月6日《国务院关于修改〈信息网络传播权保护条例〉的决定》进行了修订,自2013年3月1日起施行)。

(4)《互联网信息服务管理办法》(2000年9月25日,国务院令第292号公布并施行。2011年1月8日,根据《国务院关于废止和修改部分行政法规的决定》进行了修订)。

(5)《中华人民共和国电信条例》(2000年9月25日,中华人民共和国第291号国务院令发布并施行,后根据2014年7月29日、2016年2月6日《国务院关于修改部分行政法规的决定》进行了两次修订)。

(6)《中华人民共和国计算机信息网络国际联网管理暂行规定》(1996年2月1日,中华人民共和国国务院令第195号发布,后根据1997年5月20日《国务院关于修改〈中华人民共和国计算机信息网络国际联网管理暂行规定〉的决定》修正)。

(7)《中华人民共和国计算机信息系统安全保护条例》(1994年2月18日,国务院令第147号发布并施行,后根据2011年1月8日《国务院关于废止和修改部分行政法规的决定》修正,自2011年1月8日起施行)。

3.涉及电子商务的部门规章

近些年来,涉及电子商务的部门规章主要有(这里仅列出最近几年的相关部门规章,比较久远的部门规章请自行查阅):

(1)《网络直播营销行为规范》(2020年6月24日由中国广告协会发布,自2020年7月1日起实施)。

(2)《国务院办公厅关于以新业态新模式引领新型消费加快发展的意见》(2020年9月21日由国务院办公厅发布)。

(3)《关于完善跨境电子商务零售进口税收政策的通知》(2018年11月29日由财政部、海关总署、税务总局联合发布,自2019年1月1日起执行)。

(4)《商务部 发展改革委 财政部 海关总署 税务总局 市场监管总局关于完善跨境电子商务零售进口监管有关工作的通知》(2018年11月28日由商务部、发展改革委、财政部、海关总署、税务总局、市场监管总局联合发布)。

(5)《关于调整跨境电商零售进口商品清单的公告》(2018年11月20日由财政部、发展改革委等十三部门联合发布,自2019年1月1日起实施)。

(6)《最高人民法院关于互联网法院审理案件若干问题的规定》(2018年9月3日由最高人民法院审判委员会第1747次会议通过,自2018年9月7日起施行)。

(7)《网络预约出租汽车监管信息交互平台运行管理办法》(交通运输部于2018年2月26日印发,自2018年3月1日起施行,有效期3年)。

(8)《医疗器械网络销售监督管理办法》(2017年12月20日经原国家食品药品监督管理总局公布,自2018年3月1日起施行)。

(9)《国务院办公厅关于推进电子商务与快递物流协同发展的意见》(国务院办公厅于2018年1月23日发布)。

(10)《网络餐饮服务食品安全监督管理办法》(2017年11月6日由原国家食品药品监督管理总局发布,自2018年1月1日起施行,后根据2020年10月23日《国家市场监督管理总局关于修改部分规章的决定》进行了修订)。

(11)《工商总局关于推行企业登记全程电子化工作的意见》(2017年4月10日由原国家工商总局发布)。

(12)《工商总局关于全面推进企业电子营业执照工作的意见》(2017年4月11日由原国家工商总局发布)。

(13)《网络购买商品七日无理由退货暂行办法》(2017年1月6日由原国家工商行政管理总局发布,自2017年3月15日起施行,后根据2020年10月23日《国家市场监督管理总局关于修改部分规章的决定》进行了修订)。

1.2 电子商务法概述

1.2.1 电子商务法的概念

广义的电子商务法与广义的电子商务相对应,它包括了所有调整以数据电文方式进行的商务活动的法律规范。其内容极其丰富,包括调整以电子商务为交易形式和以电子信息为交易内容的法律规范,前者如联合国贸法会的《电子商务示范法》,后者的例子更是不胜枚举,诸如美国的《统一计算机信息交易法》等。

狭义的电子商务法则对应狭义的电子商务,是调整以数据电文为交易手段而形成的因交易形式所引起的商事关系的法律规范。它是实质意义上的电子商务法,也是作为部门法意义上的电子商务法。它不仅包括以电子商务命名的法律法规,而且包括其他各种制定法中有关电子商务的法律规范,如我国的《电子商务法》《电子签名法》以及《民法典》中关于数据电文的规定、《刑法》中关于计算机犯罪的规定等。

电子商务改变的仅仅是交易手段和交易方式,在本质上仍属于商事活动,因此,传统法律的大部分规则(主要是商事法律规则,包括商事组织法和商事行为法)毫无疑问应该适用于电子商务。也就是说,电子商务首先应该遵循传统商法的一般规则。电子商务法不是试图去涉及所有的商业领域,重建一套商业运作规则,而是把重点放在探讨因交易手段和交易方式的改变而产生的特殊法律问题上。电子商务法主要应该研究商业行为在网络这个特殊环境下的特殊问题。例如,在线货物买卖交易、在线信息产品交易、在线服务、在线特殊交易以及由此而引起的法律问题。

综上,电子商务法的概念可以概括为:电子商务法是调整政府、企业和个人等主体以数据电文为交易手段,通过信息网络所产生的,因交易形式所引起的各种商事交易关系,以及与这种商事交易关系密切相关的社会关系、政府管理关系的法律规范的总称。本书中所称的"电子商务法"是泛指电子商务领域的法律法规,而不仅仅限于《电子商务法》。

1.2.2 电子商务法的调整对象与适用范围

1. 电子商务法的调整对象

任何法律部门或法律领域,都以一定的社会关系为调整对象。电子商务法作为新兴的商事法律制度也概莫能外。电子商务法作为传统商事法在计算机网络通信环境下的发展,是传统商事法的新的表现形式,它必然以政府、企业和个人等主体以数据电文为交易手段,因交易形式所引起的各种商事关系以及与这种商事关系密切相关的社会关系、政府管理关系为其调整对象。该商事关系具有以下一些特点:

(1) 它是以数据电文为交易手段的商事关系。换言之,凡是以口头或传统的书面形式所进行的商事关系,都不属于电子商务法的调整范围。

(2) 该商事关系是由于交易手段的使用而引起的,一般不直接涉及交易方式的实质条款。原因是交易手段只是交易行为构成中的表意方式部分,而并非法律行为中的意思本身,亦不充当交易标的物。

(3) 该商事关系并不直接以交易的标的为其权利和义务内容,而是以交易的形式为其权利和业务内容,即因交易形式的应用而引起的权利和义务关系。诸如对电子签名的承认、对私有密钥的保管责任等,均属此类。

2. 电子商务法的适用范围

电子商务的突出特征是利用互联网构成的虚拟市场完成各种商业活动。这个虚拟市场构成了一个区别于传统商业环境的新环境,厂商和消费者的交易行为在这个新环境里发生了极大的变化。交易环境和交易手段的改变,产生了大量传统商事法律难以调整的新法律问题。这些新出现的法律问题都是电子商务法适用的范围,主要包括:电子商务网站建设及其相关法律问题;在线交易主体及市场准入问题;数据电文引起的电子签名和电子认证法律问题;电子商务中产品交付的特殊问题;网络拍卖、网上证券、网上保险、网上广告等特殊形态的电子商务规范问题;网上电子支付法律问题;在线不正当竞争与网上无形财产的保护问题;在线消费者权益保护问题;网上个人隐私保护问题;网上税收问题;在线交易法律适用和管辖冲突问题;电子商务中的安全问题。

1.2.3 电子商务法的性质与特征

1. 电子商务法的性质

(1) 私法和公法的结合

电子商务法具有私法和公法相结合的性质,它是调和自由和安全两种价值冲突的产物。私法以意思自治为核心,电子商务法中的电子商务交易法体现了交易主体的意思自治,所以电子商务法具有私法的性质。但是,在互联网上进行交易又需要安全,安全则体现为国家的必要干预,而电子商务法中的电子商务安全法就是以国家的必要干预来实现交易安全的,所以电子商务法又具有公法的性质。

有关电子商务的法律规范既有强制性的,又有任意性的。任意性规范主要体现在电子商务交易法中,它给予交易主体以充分的选择权,体现了当事人的意思自治。而强制性规范表现为它要求当事人必须在法律规定的范围内从事一定的行为,违反这种规定就要受到国家强制力的制裁。因此,从这个意义上讲,电子商务法也具有私法和公法相结合的性质。

违反电子商务法的法律责任不但有民事责任,还有行政责任和刑事责任。例如《中华人民共和国刑法》第二百八十六条规定:"违反国家规定,对计算机信息系统功能进行删除、修改、增加、干扰,造成计算机信息系统不能正常运行,后果严重的,处五年以下有期徒刑或者拘役;后果特别严重的,处五年以上有期徒刑。违反国家规定,对计算机信息系统中存储、处理或者传输的数据和应用程序进行删除、修改、增加的操作,后果严重的,依照前款的规定处罚。故意制作、传播计算机病毒等破坏性程序,影响计算机系统正常运行,后果严重的,依照第一款的规定处罚。单位犯前三款罪的,对单位判处罚金,并对其直接负责的主管人员和其他直接责任人员,依照第一款的规定处罚。"这也是电子商务法融私法和公法于一身的一个表现。

(2) 制定法

电子商务法的表现形式是制定法,大陆法系国家以制定法为其传统,以判例法为特点的英美法系也逐渐朝着制定法与判例法相结合的方向发展。联合国贸法会制定的《电子商务示范法》是以制定法的形式表现出来的,我国《电子签名法》也属于制定法的范畴。可见,以制定法的形式表现电子商务法已是大势所趋,制定法是电子商务法的又一特点。虽然电子商务法的存在形式是制定法,但这并不意味着电子商务法单指某一部法律。它是由一系列成文的法律、法规所组成的,是调整电子商务活动的法律规范的总称。

(3) 具有国际性的国内法

电子商务是一种世界性的经济活动,它的法律框架也不应只局限在一国范围内,而应适用于国际经济往来,得到国际的认可和遵守。一次成功的电子交易总是需要参与交易的个人、公司或政府之间签订一个合同,以明确彼此之间希望得到的利益,明确实施合同所必须承担的义务。只有当各国政府、各种公司和其他经济组织都认为电子商务与其目前进行的面对面的或纸上的交易具有同样的确定性时,全球电子商务才能发挥其全部潜能。所以,电子商务法具有国际性。

在这种情况下,各国先制定其关于电子商务的国内法显得尤为重要,它可以解决电子商务领域中的部分法律问题,使其国内电子商务活动做到有法可依,保护国内电子商务活动的顺利进行。各国应该参照联合国贸法会的《电子商务示范法》,同时结合本国国情暂时制定出具有国际性的国内法,这样制定出来的电子商务法有利于将来和国际接轨,也有利于统一的国际电子商务法规的制定。

2. 电子商务法的特征

(1) 技术性

电子商务是网络经济与现代高科技发展的产物,计算机技术、网络技术、通信技术、安全加密技术等技术手段与技术方法的应用使电子商务活动有别于传统的商务活动,出现了传统民商法无法解决的技术问题。在已经出台的电子商务法中,许多法律、规范都是直接或间接地由技术规范演变而来的,特别是电子签名和电子认证中的密钥技术、公钥技术、电子签名认证证书等均是对一定技术规则的应用。实际上,网络本身的运作也需要一定的技术标准,各国或当事人若不遵守,则不可能在开放的环境中进行电子商务交易。

(2) 安全性

电子商务活动主体最担心的就是电子商务的安全问题。网络的开放性也使得它具有极大的脆弱性。计算机及网络技术的发展使各行各业对计算机信息系统具有极强的依赖性,与此同时,计算机黑客和计算机病毒也变得越来越猖獗,它们对计算机系统的入侵或攻击将给商家乃至整个社会造成极大的损失。电子商务法应以解决电子商务的安全问题为己任,通过对电子商务安全问题进行规定,有效地预防和打击各种网络犯罪,切实保证电子商务乃至整个计算机信息系统的安全运行。

(3) 复合性

电子商务法的复合性来源于电子商务在技术手段上的复杂性和依赖性。参与电子商务交易的主体包括企业、政府和个人,这些主体之间进行交易需在网络服务商、银行金融机构、电子认证服务机构等的协助下才能完成,这就使电子商务的交易活动与传统交易相比,包含了多重的法律关系,使电子商务法的法律关系趋于复杂化。这必然会应用多方位的法律以及多学科的知识。

(4) 程序性

电子商务法中有许多程序性规范,主要解决交易形式的问题,一般不直接涉及交易的具体内容。从联合国贸法会的《电子商务示范法》、新加坡的《电子交易法》以及我国的《电子签名法》来看,也都是以规定电子商务条件下的交易形式为主。在电子商务中,以数据信息作为交易内容的法律问题复杂多样,目前由许多不同的专门法律、规范予以调整。电子商务法所调整的是当事人之间因交易形式的使用而引起的权利和义务关系,如数据电文是否有效、是否归属于某人,电子签名是否有效、是否与交易的性质相适应,电子认证服务机构的资格如何、它在证书的颁发与管理中应承担何种责任等问题。值得注意的是,随着电子商务法的发展,会有更多的实体内容加入,电子商务法将会朝着程序法和实体法相结合的方向发展。

(5) 国际性

国际性是指电子商务法的调整对象具有跨地域、遍及全球的特点。互联网没有国界,几乎每一个国家都与互联网相连接,从电子邮件到互联网的全部功能,各个国家都有不同程度的利用。电子商务活动是一种世界范围内的商务活动,不应以一国或几国的法律来规范,应建立一个世界性的法律框架,使全世界的电子商务活动受到一个统一的法律规范的约束。所以电子商务法必须适应全球化的要求,与国际接轨,以此来满足解决电子商务法律问题的实际需要。

(6)开放性

电子商务法的技术性特征使电子商务始终处于不断发展变化之中,技术、手段、方法的应用也不断推陈出新。因此,以开放的态度对待任何技术手段与信息媒介,设立开放性的规范,让所有有利于电子商务发展的设想和技巧都能充分发挥作用已成为世界组织、国家和企业的共识。它具体表现在电子商务法的基本定义的开放、基本制度的开放以及电子商务法律结构的开放等方面。

1.2.4 电子商务法的基本原则

电子商务法的基本原则是指在电子商务的立法、执法、司法过程中,一切电子商务主体应遵循的基本准则,是对各项电子商务法律、规范起统率和指导作用的法律精神和指导思想,它是电子商务相关法律、规范的基础和核心。

1.意思自治原则

意思自治原则是指参与电子商务交易的各方当事人完全可以按照自己的真实意愿与对方当事人协商,确定他们之间的协议条款,选择交易与履行方式,不含有被强迫的成分,不是由国家强制执行的。也就是说,电子商务交易主体有权决定自己是否交易、与谁交易、如何交易等问题,任何单位、个人采用强迫、利诱等不当手段进行违背当事人真实意愿的交易活动都是无效的。意思自治原则为电子商务当事人全面表达与实现自己的意愿预留了充分的空间,提供了切实的保障。

2.安全原则

安全是电子商务的命脉,是电子商务存在的根基,离开了安全,电子商务就失去了存在的价值。电子商务活动是在开放的互联网络环境下,通过计算机信息系统进行的,所以必将面临许多诸如计算机系统安全、电子支付安全、信息传递安全、交易主体身份安全等安全隐患。安全原则包括交易安全、技术安全和权益安全三个方面的内容。要想保证电子商务交易活动的顺利进行和交易各方的利益,仅在技术上采取安全措施是远远不够的,还需要法律给予强制性的安全规范。强化电子签名的标准、规定电子认证服务机构的从业资格、严厉打击计算机犯罪、实行在线交易主体的网络经营备案登记制度等,都是安全原则在电子商务法中的体现。

3.中立原则

电子商务法的基本目标,归结起来就是要在电子商务活动中,建立公平的交易规则。而要达成交易并保证参与各方利益的平衡,实现公平的目标,就必须做到以下几点:

(1)技术中立。电子商务中的电子技术既包括现代信息技术、身份识别技术、安全加密技术、网络技术等先进技术,又包括电报、电话、传真、口令等传统手段和未来可能出现的技术规范。技术中立是指在电子商务立法中既不能对先进与传统技术厚此薄彼,产生任何歧视性要求,又不能将任何未来可能出现的通信与其他技术排除在外,阻碍电子商务的发展。

(2)媒介中立。技术中立侧重于信息的控制和利用手段,而媒介中立则侧重于信息依赖的载体。不同的媒体可能分属于不同的产业部门,如无线通信、有线通信、电视、广播、增值网络等。而电子商务法则应以中立原则来对待这些媒介,允许各种媒介根据技术和市场的发展规律相互融合,互相促进。只有这样,才能使各种资源得到充分的利用。

(3)实施中立。它是指在电子商务法与其他相关法律的实施上,不可偏废;在本国电子商务活动与跨国性电子商务活动的法律待遇上,应一视同仁。传统商务环境下的法律规范与电子商务法律规范在效力上应并行不悖。

(4)同等保护。它是中立原则在电子商务交易主体上的延伸,它要求电子商务法对商家与消费者、国内当事人与国外当事人等,都应尽量做到同样保护。

4.保护消费者权益原则

随着市场经济的发展,经营者越来越处于优势地位,消费者的正当权益越来越得不到合理的保护。为此,各国先后制定了有关消费者权益保护的法律,努力实现对交易双方的均衡保护。但是,这些保护消费者权益的法律都是对传统交易形式的规定,在利用计算机信息系统进行电子商务的情况下,它就显得力不从心了。许多网上购物的消费者与商家发生纠纷时,找不到能够有效地保护其合法权益的法律依据,这就为法律的制定提出了新的要求。电子商务活动的特点要求对消费者的权益进行更为有力的保护,所以电子商务法必须为电子商务建立相应的保护消费者权益的法规,还必须协调立法,制定国际规则,让消费者可以明确对某一类贸易如何操作以及所使用的消费者权益保护法。同样,还需要制定出具有预见性的法规,以便明确解决争端的方式及负责部门。

5.促进原则

电子商务作为新兴的商务运作模式,需要相应的法律保驾护航。法律、法规制定的目的是促进电子商务的协调发展,而不是限制它的发展。所以各国在制定电子商务法时十分注重对现有法律、法规中不适应电子商务发展的内容进行修改、补充,实际上是在排除现有法律的障碍,以促进电子商务的发展。

6.国际协调原则

国际协调原则是指在制定电子商务法时应该更加注意电子商务的国际性特征,立法时应注重促进电子商务法国际化。电子商务具有全球性特点,这就决定了各国在制定电子商务法时,首先要考虑的是与国际组织以及其他国家已有的电子商务立法协调一致,与国际接轨。当然,这并不妨碍各个国家根据本国的法律传统、电子商务现状创建有本国特色的新法规。相反,为了占据主动地位,在国际相关立法上有更大的发言权,应该积极参与电子商务运作规则的制定。

1.2.5 电子商务法的地位与作用

1.电子商务法的地位

电子商务法的地位,指的是它在整个法律体系中所处的位置,应该归属于哪一个法律

部门的问题。关于这一问题,法学界看法不尽相同,主要有以下几种观点:

(1)归于民法。该说法认为,电子商务法调整的是在互联网上进行的商品交易活动,它以当事人的意思自治为原则,本质上还是当事人之间的财产关系,只是交易的形式发生了变化,采用了网络这一工具而已。民法是调整平等主体之间财产关系和人身关系的法律,因此,电子商务法应归属于民法法律部门。

(2)归于商法。该说法认为,电子商务法规范的是交易主体的商事活动,因而属于商事法律。此观点与前一种观点的区别仅仅在于民商分立和民商合一。

(3)归于经济法。经济法的观点包罗万象,其将不属于传统民商法的内容统统纳入经济法的范畴。电子商务法中有干预的成分,也有经济主体的经济行为,体现了国家对经济行为的干预,所以,有人认为电子商务法属于经济法。

(4)属于独立法律部门。该说法认为,电子商务法有自己独立的调整对象,即基于信息流、物流和资金流所产生的社会关系,因而电子商务法已经成长为一个独立的法律部门。

电子商务法包括电子交易法、电子签名法、电子认证法、电子支付法、网络知识产权法、电子税收法、电子商务争议法等内容,这些规范涉及民法、商法、经济法、行政法、刑法、诉讼法等诸多法律部门,既有公法的性质,又有私法的性质;既是国内法,又有国际性的一面;既是实体法,同时还兼有程序法的属性。电子商务法已经成为一个跨学科、跨部门的法学领域。交易形式的改变,虽然产生了一些特殊的法律规则,如电子签名法、电子认证法等,但是并不会导致法律产生根本性的变革。电子交易法作为电子商务法的核心,仍然属于商事法律的范畴。而电子支付法、网络知识产权法作为电子商务法的重要组成部分,传统商事法律的原则和规则仍然适用,我们所要做的就是充分关注电子商务的特殊性,对现有法律、法规及时做出适当的调整。因此,我们认为,交易手段的改变尚不足以支撑其成为独立的法律部门,我们倾向于把电子商务法纳入商法的范畴。

2.电子商务法的作用

随着网络技术的飞速发展和电子商务的广泛应用,电子商务法在经济活动中发挥着越来越重要的作用,这种重要作用主要表现在以下几个方面:

(1)为电子商务的健康、快速发展创造一个良好的法律环境。电子商务作为一种新兴的商务模式,其中所蕴含的商机,受到世界各国的普遍关注。如何为电子商务的发展创造一个良好的法制环境,并以此来规范电子商务交易各方在虚拟网络下进行交易,消除电子商务应用中的法律障碍,保证整个交易活动的有序进行,是电子商务法的根本任务。起草、制定、完善电子商务立法对全球电子商务健康、快速发展将起到极其重要的作用。

(2)保障网络交易安全。电子商务交易的安全不仅要靠技术保障措施,更重要的是靠电子商务立法来规范。通过电子商务法来惩治黑客攻击、计算机犯罪等恶意行为,打击利用网络进行诈骗、侵权等故意行为,可以有效防止各种违法行为的发生,保障电子商务活动在安全的交易环境和交易网络中正常进行。

(3)为规范电子商务活动提供保障。电子商务法对网络交易过程和交易双方的权利和义务,都按照电子商务的特点做出了全新的规定,并对一些技术性问题加以规范,使电子商务活动可以按照法律规定的程序进行;电子商务法明确了交易双方的责任,使双方发生纠纷时可以按照电子商务法的有关规定加以解决,从而使电子商务活动有法可依、有据可查,保障了电子商务活动按照规则顺利进行。

(4)鼓励利用现代信息技术促进交易活动。电子商务法平等、开放地对待基于书面文件的用户和基于数据电文的用户,充分发挥高科技手段在商务活动中的作用,为电子商务的普及创造了良好条件,同时也鼓励交易的参与者有效利用现代信息技术手段进行快速、方便、安全的交易,并以此促进经济增长和提高国际、国内贸易的效率。

1.3 电子商务法律关系

1.3.1 电子商务法律关系的概念

电子商务存在两种基本的交易流转程式:网络商品直销的流转程式和网络商品中介交易的流转程式。在这些交易过程中,买卖双方、客户与交易中心、客户与银行、客户与电子商务认证机构、银行与电子商务认证机构都将彼此发生业务关系,从而产生相应的法律关系。

电子商务法律关系,是指由电子商务法律规范所确认的,电子商务活动当事人之间的一种以权利和义务为内容的经济关系。它以电子商务法律为存在前提。由于电子商务的特殊性,电子商务法律关系除具有一般法律关系的共性外,亦有其自身的特性:在电子商务法律关系中,主体各方的权利和义务具有一致性,任何一方不能只享有权利而不履行义务,也不能只履行义务而不享有权利;与传统商务相比,电子商务交易是在虚拟的、跨越国界的网络环境中进行的,交易各方亦可跨越国界且互不见面,这不仅使电子商务法律关系具有国际性和形式多样性,而且需要采取技术、行政和法律等多种手段加以调整和规范。因此,电子商务法律关系的保障具有非独立性。

1.3.2 电子商务法律关系的分类

1. 电子买卖合同关系

电子买卖合同关系是指在网络环境中,买卖双方当事人就合同标的物所有权的转移及其价款的支付问题形成的权利和义务关系。它与传统的买卖合同关系没有本质区别,但电子买卖合同的订立过程及其形式要件却与传统合同有明显区别。

2. 电子服务合同关系

几乎任何一个网站经营者,均可以向网络用户提供信息展示、传输、存储、交流等服务。电子服务合同关系特指用户与网站之间建立了固定的长期服务关系,因而在它们之间存在的一些权利和义务关系。例如,电子邮件系统的用户与网站经营者之间的关系。服务合同以及在购物或接受服务时填写的各种表格均可成为网站为用户提供的法律关系。这里网站为用户提供信息发布、传递、交流等服务,在提供服务的一方和接受服务的一方之间必然存在着合同关系。这种合同,属于非典型契约,可以称为网络用户服务合同。

3. 互联互通合同关系

互联互通合同关系是指互联网接入服务商与互联网内容信息服务商之间在接入服务过程中存在的权利和义务关系。如经营各门户网站的互联网内容信息服务商与中国电信这样的互联网接入服务商之间的接入服务合同关系。这种关系的性质主要属于平等主体间的关系,但也具有一定的行业管理性质。

4. 电子支付法律关系

电子支付法律关系是指在电子商务活动中,由电子商务交易活动事实引起的付款人、收款人与网上银行(金融机构)和电子认证服务机构等当事人在电子支付方面的权利和义务关系。电子支付法律关系的主体主要有:

(1)付款人。电子支付中的付款人,通常为消费者或买方,其与商家、金融机构(网上银行)间存在两个相互独立的合同关系:一是消费者与商家订立的买卖合同关系;二是消费者与金融机构(网上银行)的金融服务合同关系。

(2)收款人。收款人即接受付款的人,通常为商家或卖方。在电子支付中,收款人与消费者、金融机构(网上银行)间同样也存在两个相互独立的合同关系:一是与消费者的买卖合同关系;二是与金融机构(网上银行)的金融服务合同关系。

(3)金融机构。金融机构(网上银行)是电子支付中的信用中介、支付中介和结算中介,其支付的依据是银行与电子商务交易客户所订立的金融服务协议或者委托代理关系。在电子支付系统中,金融机构(网上银行)同时扮演发送银行和接收银行的双重角色。

(4)电子认证服务机构。在线电子支付中,电子认证服务机构为参与电子商务的各方提供证书服务,建立彼此的信任机制,使交易各方能够确认其他各方的真实身份。它不仅要对参与电子交易的各方负责,还要对整个电子商务交易秩序负责。

5. 电子认证法律关系

电子认证法律关系是指在电子认证服务活动过程中,电子认证服务机构、证书持有人和证书依赖人等电子认证服务当事人之间的权利和义务关系。电子认证服务机构作为电子商务中独立的第三方,以其信誉为电子商务交易各方就电子签名及签名人身份的真实性提供认证服务,做成电子签名认证证书。围绕电子签名认证证书这一核心形成了两种法律关系:一是电子认证服务机构与证书持有人之间的关系;二是电子认证服务机构与证书依赖人之间的关系。

(1)电子认证服务机构与证书持有人之间的关系。电子认证服务机构提供证书服务,目的是表明证书持有人身份信息的真实性,使电子商务交易主体了解证书持有人的真实身份,这是建立网络化的商事关系的前提。可以说,提供证书服务是一种信息服务,双方的权利和义务记载在证书的申请、接受等认证业务说明中,用户申请获得这样的服务,接受电子签名认证证书意味着同意了双方的权利和义务。因此,电子认证服务机构与证书持有人之间存在合同关系,即认证服务合同关系。

(2)电子认证服务机构与证书依赖人之间的关系。所谓证书依赖人,是指相信电子签名认证证书,并以该证书所确定的证书持有人为交易对象而进行交易的当事人。证书依赖人有几种情况:一是证书依赖人与证书被依赖人都是同一电子认证服务机构的用户,都持有电子签名认证证书;二是证书依赖人与证书被依赖人虽然都持有电子签名认证证书,但是是由不同的电子认证服务机构发放的;三是证书依赖人不持有任何电子签名认证证书。第一种情况,证书依赖人与电子认证服务机构存在认证服务合同,具有合同关系;第二和第三种情况,证书依赖人与电子认证服务机构之间没有合同,纯粹是基于对电子认证服务机构的信任而相信证书持有人。但是,不论属于何种情况,对电子认证服务机构的依赖始终是存在的。即使在第三种情况下,也无法否认依赖利益的存在。基于此,我们认为,这种法律关系应该法定化,电子认证服务机构和证书依赖人、证书持有人之间的关系应是一种法定依赖利益关系,其权利和义务应当由法律做出规定。

6. 电子商务监管法律关系

电子商务监管法律关系是指在电子商务活动中形成的政府监管部门与其他电子商务法律关系主体之间的权利和义务关系,包括市场监督管理部门与电子商务企业的关系、工业和信息化部与网络服务商的关系、央行与电子货币发行机构之间的关系等。

1.3.3 电子商务法律关系的构成要素

任何法律关系都具有三个基本构成要素,即主体、内容和客体。这三个要素缺一不可,其中任何一项内容发生变更,都可能会引起法律关系的变更。电子商务法律关系的构成要素是指构成电子商务法律关系所不可缺少的部分,它也包括主体、内容和客体这三个基本构成要素。

1. 电子商务法律关系的主体

电子商务法律关系的主体是指在电子商务法律关系中依法享有权利和承担义务的当事人和参与者。在一个电子商务法律关系中,一般存在着两个或两个以上的主体,其中权利的享有者称为权利主体,义务的承担者称为义务主体。电子商务法律关系的主体主要包括电子商务交易者、电子商务服务提供者、电子商务认证机构、电子商务监管者等。以上几类当事人参与电子商务法律关系,必须按照相关的法律、法规取得相应的主体资格。

(1)电子商务交易者

电子商务交易者是指电子商务交易中就商品或服务进行直接交易的各方,即商品或服务的提供者和消费者,也就是商品或服务的卖方和买方当事人。按照交易目的的不同,电子商务交易者可分为商品提供者、服务提供者和商品消费者、服务消费者,即电子商务交易中转让某种财产或提供某种服务的卖方和受让某种财产或接受某种服务的买方。按照参与者的身份不同,电子商务交易者包括现实社会中的企业、法人、自然人及其他组织。但电子商务交易是通过网络环境和信息技术手段进行的,交易者需要通过网络缔结买卖或服务合同。

(2)电子商务服务提供者

电子商务服务提供者是指相对于电子商务交易买卖双方而言的第三方,根据协议向其用户提供服务,是保证电子商务交易活动顺利进行的重要参与者。在电子商务交易中,商品或服务的买卖双方是通过数据传输的形式进行交易协商和履行义务的,双方互不谋面,因此交易的实现必须依靠第三方的参与。电子商务服务提供者在买卖双方的交易活动中发挥着重要作用,缺少了这些服务机构,电子商务活动就无法真正开展,因此电子商务服务提供者也是电子商务法律关系中不可或缺的主体之一。

电子商务服务提供者包括在线支付服务者(网上银行)、交易平台提供者、货物配送机构等。电子商务服务提供者分为两个层次:基础层和应用层。处于基础层的是交通运输业、金融业和电信业,它们提供的是进行电子商务交易活动所必需的基础条件。处于应用层的是为电子商务交易提供技术支持的网络服务商,具体包括:互联网服务提供商(Internet Service Provider,ISP)、网络在线服务提供商(Online Service Provider,OSP)、互联网连接服务提供商(Internet Access Provider,IAP)以及互联网内容提供商(Internet Content Provider,ICP)等。另外,电子公告牌系统(BBS)经营者、邮件新闻经营者、聊天室经营者等都属于网络服务提供者。

为了规范互联网信息服务活动,国务院2000年9月发布、2011年1月修订的《互联网信息服务管理办法》第四条明确规定:"国家对经营性互联网信息服务实行许可制度;对非经营性互联网信息服务实行备案制度。未取得许可或者未履行备案手续的,不得从事互联网信息服务。"电子商务服务提供者必须遵守本办法的相关规定。

(3)电子商务认证机构

电子商务认证机构是在开放性的电子商务中,对电子签名及签署人身份的真实性进行验证,为网络交易双方提供信用服务的第三方机构。由于网络环境的虚拟性,电子商务交易产生了诸多不确定性,出现了交易的安全、合同效力的确认等问题,对传统的法律、规范与司法监管都提出了挑战。在合同的效力问题上,使用电子签名来保证数据电文本身不被否认或篡改,而电子签名及其签署者的真实性需要由专门的机构来验证,因此电子商务认证机构就应运而生了。在整个电子商务交易过程中,特别是在电子支付过程中,电子商务认证机构都有着不可替代的地位和作用。电子商务认证机构主要证明数据电文中电子签名人的身份及其信用状况,为用户的电子签名颁发电子签名认证证书,从而消除交易双方的疑虑,实现交易目的。它不仅要对进行电子商务的交易双方负责,而且要对整个电子商务的交易秩序负责。

(4)电子商务监管者

电子商务监管者是指对电子商务活动的开展进行监督和管理的政府职能部门。电子商务的参与者众多,分工不同,职能各异,为保证电子商务的顺利开展,就需要对各参与者的资格、职能、行为等通过制度的方式加以规范。一般来说,监管者不能同时成为服务者。就我国来看,承担监管任务的部门主要有:国务院、公安机关、市场监督管理部门、税务机关、工业和信息化部、中国人民银行、证券监管机关及有关社会团体,如民间团体组建的在线消费投诉机构、在线纠纷协调和解决机构、在线认证机构、信用评估和管理机构等。

2.电子商务法律关系的客体

电子商务法律关系的客体是指电子商务法律关系的主体享有权利和承担义务所共同指向的对象。客体是确立权利和义务关系的性质和内容的客观依据,客体的确立和转移是电子商务法律关系形成和实现的客观标准。如果没有客体,权利和义务就失去了依附的目标与载体,也不可能发生权利和义务关系。因此,客体是电子商务法律关系不可缺少的要素之一。电子商务法律关系的客体十分广泛,概括起来,主要有以下三大类:

(1)物

物是指可以被人们控制和支配,有一定经济价值并以物质形态表现出来的物体。它可以是有形物,也可以是无形物。电子商务交易中涉及的物既包括传统的有形物,如图书、日用商品甚至是二手商品等动产和不动产,又包括数字化信息产品,如电子贺卡、音像制品、游戏币等。这些数字化信息产品又可分为有形信息产品和无形信息产品。有形信息产品是指数字化信息附在有形载体上(如光盘)的产品,此类产品可以在网上订购和付款,但不能通过从网上直接下载的方式获得,必须按传统的交付有形产品的方式获得;无形信息产品是指数字化信息保持数字形式通过网络进行传播,购买方可以通过直接从网上下载的方式获得的产品,如电子书刊、影音资料、电脑软件、游戏等。

(2)行为

这里的行为包括电子商务法律关系主体为达到一定的交易或管理目的所进行的活动,如国家机关的监督管理行为、完成一定工作的行为和提供一定劳务的行为。国家机关的监督管理行为是指电子商务法律关系主体行使管理、监督或者监控权所指向的行为,如安全监控行为、市场监督管理行为、证券监管行为等。完成一定工作的行为是指电子商务法律关系主体的一方利用自己的资金和技术设备为对方完成一定的工作任务,而对方根据完成工作的数量和质量支付一定报酬的行为。例如,网络服务商为电子商务经营者提供互联网接入的服务行为、计算机公司为企业经营者制作网页的设计行为等。提供一定劳务的行为是指为对方提供一定劳务或服务来满足对方的需求,而对方支付一定酬金的行为,如网络咨询公司提供的网络咨询行为及网上法律咨询行为、娱乐网站提供的娱乐服务行为、远程教育行为等。

(3)智力成果

智力成果是指人们创造的能够带来经济价值的创造性脑力劳动成果,如专利权、专有技术、著作权等。电子商务环境下的智力成果主要体现在域名权、网络著作权等方面。

3.电子商务法律关系的内容

电子商务法律关系的内容是指电子商务交易中当事人享有的权利和承担的义务,它是电子商务法律关系的核心。

(1)权利

权利是指电子商务法律关系的主体在电子商务交易关系和政府管理关系中依法具有的自己为或不为一定行为和要求他人为或不为一定行为的资格。它包括以下几个方面的含义:

①根据自己的意志实施一定行为。电子商务法律关系主体在法定范围内依照自己的利益需要,根据自己的意志实施一定的交易和管理行为。这一行为包括作为和不作为,前者指按其意志进行某种行为,后者则是指依其意志不进行某种行为。例如,网上消费者可以购买也可以不购买相应商品或服务等。

②有要求负有义务的人做出或不做出一定行为的权利。电子商务法律关系主体有权依法要求负有义务的人做出或不做出一定的行为,以实现自己的利益。例如,消费者有权要求商户提供符合产品质量要求的产品,有权要求存有自己个人资料的网站不对外泄露其个人资料;电子签名认证证书的持有人有权要求电子认证服务机构在电子签名认证证书的有效期内撤销该证书等。

③有权请求强制力保护。电子商务法律关系主体在其合法权利受到侵害或不能实现时,有权依法请求国家有关机关给予强制力保护。例如,电子商务交易当事人一方以数据电文不构成书面形式为由拒绝履行合同时,另一方当事人有权请求人民法院强制执行或以其他形式给予保护。

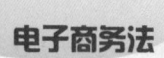

(2) 义务

义务是指电子商务法律关系主体为了满足特定权利主体的要求，在法律规定的范围内必须实施或不实施某种交易或管理行为。它是相对于权利而存在的，是法律对电子商务法律关系主体行为的限制和约束。它包括以下几个方面的含义：

①义务主体必须做出或者不做出一定行为。这一行为的目的在于满足权利主体的利益需要。例如，电子商务交易中的卖方应当承担按照合同的规定提交标的物及单据的义务，买方应当承担按照网络交易规定的方式支付价款的义务。

②义务主体实施的行为是在法定的范围内进行的。超越法律规定的限度，义务主体则不受限制和约束。例如，电子合同签订的一方未经另一方许可擅自更改合同标的的质量标准，则另一方有权拒绝支付所购货物标的的货款。

③义务主体不依法履行义务就应承担责任和受到制裁。例如，电子认证服务机构未尽管理义务，未能认真审核电子签名认证证书的有关资料和申请者身份的真实性，造成电子签名认证证书依赖人的财产损失，应当承担相应的法律责任。

权利和义务是相互依存的，没有权利，就不会有义务。电子商务法律关系的主体不能只享有权利而不尽义务，也不能只尽义务而不享有权利；一方的权利依赖于另一方的义务来实现，一方的义务则是为了满足另一方的权利。在具体的电子商务法律关系中，由于各主体的地位和所起的作用不同，其具体的权利和义务亦有所不同。

1.4 虚拟财产的法律问题

1.4.1 虚拟财产的定义

你的游戏装备受法律保护吗?(上)

我国自出现第一起虚拟财产纠纷案件开始，理论界和司法实务就对虚拟财产要不要保护、如何保护争论不休。目前，虚拟世界所形成的产业已经成为我国重要的经济增长点，因此现在已经不应该再讨论虚拟财产要不要保护的问题，而是应该讨论虚拟财产将如何保护的问题。

虚拟财产又称为"网络财产"，简称"网财"，是一种能被人所支配的具有价值的权利，是财产在网络虚拟空间的表现形式。

虚拟财产包括两种：广义的虚拟财产是指包括电子邮件、网络账号等能被人所拥有和支配的具有财产价值的网络虚拟物；狭义的虚拟财产一般指网络游戏中存在的财物，包括游戏账号的等级、游戏货币、游戏人物、技能等。但由于目前网络游戏的盛行，虚拟财产在很大程度上就是指狭义的虚拟财产，这些虚拟财产在一定条件下可以转换成现实中的财产。

1.4.2 虚拟财产的特征

1.无形性

虚拟财产在本质上只是一组保存在服务器上的数字信息，以电磁记录形式存储于服务器上。

2. 可转让性

虚拟财产既可以通过买卖的方式在玩家和服务商之间转让,又可以通过离线交易的方式在玩家之间转让,现实中也存在很多网站进行这种交易活动。

3. 价值性

虚拟财产也是有价值的,虚拟财产的价值包括使用价值与交换价值。

4. 时限性

虚拟财产只存在于游戏运营阶段,游戏一旦停止运营,虚拟财产也会随之消失,因而其具有明显的时限性。

5. 依附性

虚拟财产是基于特定的虚拟社区空间、特定的网络游戏而存在的。

1.4.3 虚拟财产的类型及其表现形式

你的游戏装备受法律保护吗?(下)

依据不同的标准,虚拟财产可分为不同的类型。

(1)按照虚拟财产的范围,可分为:虚拟金币(货币)、虚拟装备(如武器、装甲、药剂等)、虚拟动植物(如宠物、盆景等)、虚拟角色(如虚拟人、ID账号等)。

(2)按照虚拟财产与现实的社会关系是否发生具有法律意义的联系,可分为:与现实的社会关系发生具有法律意义的联系的虚拟财产、与现实的社会关系没有发生具有法律意义的联系的虚拟财产。

网络游戏客户端技术中对虚拟财产的表示分为三层:物理层、数据层和应用层。装备图像存在于应用层;数据层是装备对应的数据代码所处的层面,它通过解释物理层来获得数据的意义;物理层只是电磁记录。

1.4.4 虚拟财产司法保护的困难

在司法实践中,因网络游戏纠纷引起的诉讼不断发生。但是,由于以下两个方面的原因,司法对虚拟财产的保护也存在困难。

1. 虚拟财产发生纠纷取证困难

目前,因虚拟财产发生的纠纷,当事人的权利得不到很好的司法保护,其中一个重要的原因就是取证非常困难。具体表现为:一是在目前的条件下,许多游戏很难去判别某个虚拟财产是不是玩家自己直接取得的。二是侵占虚拟财产的行为很难取证。在现实生活中,当事人在银行存款有存款单据,当事人在商场购物有发票凭据,但是在网络中,所有虚拟财产都是以电子数据的形式存放在服务商的服务器中,虚拟财产一旦丢失,就很难找回。三是服务商不配合。由于没有规范的法律依据,服务商不愿意付出较大的成本来为玩家提供相关的证据。四是玩家身份很难确定。由于技术和规则的原因,虚拟财产的登记较为困难,因此,网上调查现实世界的当事人有较大的困难。

2. 虚拟财产的价值评估困难

虚拟财产不仅在网络中存在,而且它已和现实的货币产生了联系。目前,虚拟财产的价格产生方式主要有两类：一是服务商的官方价格。很多服务商为了提高利润而推出出售虚拟财产的活动，而这些虚拟财产的价格多为数元到数百元不等。但是服务商制定虚拟财产的价格完全是从自身的利益出发的，其高低完全取决于特定游戏的运营和利润状况，以及服务商的营销发展策略。因此，服务商确定的价格并不能作为虚拟财产价值确定的标准。二是玩家之间的离线交易价格，包括虚拟财产和游戏账号的离线交易。玩家之间的离线交易具有无序性和不稳定性的特点，并带有很强的感情色彩。以网络游戏《传奇》为例，其中虚拟道具的离线交易价格从几十元到几千元不等。还有一些玩家因为在游戏中受挫，花费数千元甚至上万元购买级别较高的账号。因此，玩家之间的离线交易价格也不能准确说明虚拟财产的价值，更无法作为确定其价值的标准。由于对虚拟财产的价值无法进行准确的界定，司法实践中对发生的盗窃、诈骗或者敲诈勒索虚拟财产的案件很难进行法律保护，从而导致在虚拟世界中，盗窃、诈骗或者敲诈勒索虚拟财产的行为频频发生，也影响到了现实世界的稳定。

开篇案例结案

虚拟财产，让人欢喜让人忧！

【本案焦点】

本案争议的焦点主要是虚拟财产是否能依约交付问题。

【本案审理】

法院经审理认定事实如下：原告与被告均在涉案游戏平台实名注册了游戏账号，两人皆为该网络游戏平台的玩家。原、被告通过通信软件聊天达成协议，约定原告以 30 000 元的价格通过该游戏线下交易平台从被告处购买游戏道具，被告会在原告支付价款、交易成功后，线下向原告返还游戏差价。原告依约支付价款，但被告仅向原告交付了一个道具，剩余道具均未交付，也未向原告返还约定的差价。另查明，被告所有的账号在与原告交易时已不含有未交付的猴子及兔子道具。

法院认为，原、被告所交易的游戏角色及道具属于虚拟财产。所谓虚拟财产，是指网络游戏空间存在的财物，包括游戏账号的等级、游戏角色及各种游戏装备，在一定条件下可以转换为现实中的财产，具备客观非物质性、可支配性及交易性等特征。《民法典》第一百二十七条规定："法律对数据、网络虚拟财产的保护有规定的，依照其规定。"而对于法律没有明确规定的，也仅能依照现有的法律制度和规范来确定双方的权利和义务。原、被告口头达成的交易协议，是双方当事人的真实意思表示，并未违反法律、行政法规的强制性规定，应当具有法律约束力。原告依照约定支付了相应的价款，被告承诺退款而单方毁约的行为违背了诚实信用原则，损害了原告的合法权益，故对原告要求其退还 15 000 元的诉讼请求，法院予以支持。判定被告于判决生效之日起 10 日内向原告返还游戏道具差价 15 000 元。

对于原告要求被告交付两项游戏道具的诉求，因游戏道具是网络游戏运营商为了吸引用户而事先设置的、具备一定功能的虚拟装备，它作为网络游戏运营商对用户在网络游戏中所做的努力的奖励或者经交易由用户持有，被告在交易时并没有持有该道具，已失去了交易的资格，被告是否能再次获得该游戏道具、何时能获得都是不确定的，原告的诉求缺乏现实性和可履行性，故驳回原告的该项请求。

本案受理费320元，由被告承担。

【本案启示】

本案涉及的一个重点是网络游戏中虚拟财产的法律属性问题。一般认为，财产以其经济内容来界定，财产性的典型体现就是合法的现金交易性。网络游戏虚拟财产一般是指网络游戏玩家在网络游戏中的账号及积累的"货币""装备""宠物"等财产。通常将其分为两种：一是广义的虚拟财产，即一切存在于特定网络虚拟空间内的专属性的虚拟财产，既包括具备现实交易价值的网络虚拟财产，又包括那些不具备现实交易价值的虚拟财产；二是狭义的虚拟财产，即具备现实交易价值，具有经济内容的财产。广义的虚拟财产具体区分为：其一通过个人劳动获得的虚拟财产，而且存在财产投入；其二通过实际购买的方式获得的虚拟财产，许多情况下，虚拟财产是网友们花费现实中的货币购买的。通过现实中货币购买得到的虚拟财产，其价值性不言而喻，比如某些QQ号。许多游戏厂商开具了正式的虚拟物品交换的价值标准，那么这些虚拟财产就具有了现实性。虚拟财产可以通过实际购买来获得，在游戏中付出劳动并不是唯一获得这些物品的方式，这样虚拟财产就和现实货币有了对等性，自然就有了财产属性。这表明不能进行现实交易的虚拟财产不具有法律上财产的属性。能作为财产的虚拟财产的财产权属性和传统财产权是不同的，虽然具有物权的特征却无法纳入《民法典》第二编"物权"调整的范围；虽然类似合同的债权，但仅仅依靠《民法典》第三编"合同"有关规定却无法对其进行很好的保护；将其作为知识产权来对待又有撕裂整个游戏作品之嫌；将其作为无形财产，又过笼统，凸显立法滞后。因此虚拟财产作为网络游戏发展的产物，将其归为任何传统的财产权都是有缺陷的，它就是一种新型的财产权。这需要我们在立法与司法实践中对其与以往财产形态区别对待，以避免利用规范以往财产形态的法律去调整虚拟财产纠纷时所出现的尴尬局面，特别是在网络游戏产业发展迅猛并成为经济发展中的朝阳产业的时代，肯定虚拟财产的法律地位，具有迫切性和必要性。

技能实战

网店是否具有名誉权？

李某在××网有一个叫作"小树林"的网店。上海某公司在××网上投诉李某的网店涉嫌销售假货，致使李某网店的商品链接被删除，商品不能发布，李某无法继续网店的经营活动。

因此，李某向法院提起诉讼，理由是上海这家公司侵犯其网店的名誉权并主张损害赔偿。

【思考】
1.网店是否享有名誉权?
2.李某的诉讼主体是否适当?
3.法院会如何审理?

技能训练

一、名词解释

电子商务法 电子商务法律关系 虚拟财产

二、单选题

1.下列哪个不完全属于电子商务法的调整范围(　　)。
A.数据电文　　B.网站建设　　C.消费者权益保护　　D.网上无形财产保护
2.我国第一部真正意义上的电子商务法律是(　　)。
A.《电子签名法》
B.《中华人民共和国计算机信息系统安全保护条例》
C.《电子认证服务管理办法》
D.《全国人民代表大会常务委员会关于维护互联网安全的决定》
3.当前,从事电子商务的当事人最担心的是电子商务交易中的(　　)。
A.支付　　B.安全　　C.财产保护　　D.身份认证

三、多选题

1.电子商务中法律关系的要素主要包括(　　)。
A.主体　　B.内容　　C.物　　D.客体　　E.行为
2.电子商务法基本原则中的中立原则主要包括(　　)。
A.主体中立　　B.技术中立　　C.同等保护　　D.媒介中立　　E.实施中立
3.电子商务法律关系的内容主要包括(　　)。
A.物　　B.行为　　C.权利　　D.智力成果　　E.义务
4.根据电子商务交易对象的不同,可将电子商务分成(　　)。
A.企业与企业间的电子商务
B.企业与消费者间的电子商务
C.消费者与消费者间的电子商务
D.政府与企业间的电子商务
5.电子商务法具有(　　)特征。
A.技术性　　B.安全性　　C.复合性　　D.程序性　　E.国际性
6.电子商务法在经济活动中,具有(　　)的作用。
A.为电子商务的健康、快速发展创造一个良好的法律环境
B.保障网络交易安全
C.为规范电子商务活动提供保障

D.鼓励利用现代信息技术促进交易活动

7.下列属于虚拟财产的特征的有( )。

A.无形性　　　B.可转让性　　C.价值性　　　D.时限性　　　E.依附性

四、判断题

1.电子商务法的开放性特征主要是针对互联网的国际开放性而言的。（　　）

2.电子商务的调整对象是电子商务立法的指导方针,是一切电子商务主体应遵循的行为准则。（　　）

3.我国第一部电子商务方面的专门法律是2005年7月1日开始实施的《电子签名法》。（　　）

4.在我国,平等主体间的财产关系和人身关系主要由电子商务法律来调整。（　　）

五、简答题

1.简述电子商务法的性质。

2.简述电子商务法的基本原则。

3.简述虚拟财产的特征。

4.目前我国虚拟财产司法保护存在哪些困难？

技能实战要点解析

本案中：

1.网店能够享有名誉权。我国《电子商务法》第九条规定:"本法所称电子商务经营者,是指通过互联网等信息网络从事销售商品或者提供服务的经营活动的自然人、法人和非法人组织,包括电子商务平台经营者、平台内经营者以及通过自建网站、其他网络服务销售商品或者提供服务的电子商务经营者。"我国《民法典》第二条规定:"民法调整平等主体的自然人、法人和非法人组织之间的人身关系和财产关系。"第三条规定:"民事主体的人身权利、财产权利以及其他合法权益受法律保护,任何组织或者个人不得侵犯。"第一百一十条规定:"自然人享有生命权、身体权、健康权、姓名权、肖像权、名誉权、荣誉权、隐私权、婚姻自主权等权利。法人、非法人组织享有名称权、名誉权和荣誉权。"综上,根据规定,李某的网店属于"平台内经营者",是合法的电子商务经营主体,享有名誉权。

2.李某的网店是合法的电子商务经营主体,是非法人组织的一种形式,其诉讼主体适当。

3.法院要经过详细审理,查明李某的"小树林"网店有没有销售假货。若未销售假货,则法院应支持李某的诉讼请求,判令被告侵犯其网店的名誉权并承担相应的损害赔偿。

第 2 章

数据电文法律问题

学习要点

◎ 数据电文的书面及原件形式
◎ 数据电文的归属
◎ 数据电文发送与接收
◎ 电子证据的法律效力

现在开庭

微信记录能证明员工身份吗?

【基本案情】

小林在一家设计公司做设计师,但公司并没有与她签订劳动合同,也不缴纳社会保险。在多次与设计公司协商未果后,小林提出辞职,并将公司起诉至法院,要求公司赔偿未签订劳动合同的双倍工资差额。

庭审中小林一连提交了 20 余组证据证明自己的确是这家设计公司的员工,包括公司通行证、银行转账明细。而为了证明自己日常是接受公司实际管理人张某的管理,她向法院提交了自己与张某的微信聊天记录,涉及日常费用报销事项等内容。虽然小林为微信记录进行了公证,并证实该微信号为张某所有,但公司仍提出了不同的意见,质疑微信记录的来源和真实性,拒不赔偿双倍工资差额。

(资料来源:自编)

【你是法官】

1. 指出本案争议的焦点。
2. 如果你是法官,你应如何审理此案?

2.1 数据电文的概念

2.1.1 国际组织对数据电文的理解

"数据电文"一词最早在国际法律文件中出现是在 1986 年联合国欧洲经济委员会和国际标准化组织共同制定的《行政、商业和运输、电子数据交换规则》中。该规则规定,贸易数据电文是指当事人之间为缔结或履行贸易交易而交换的贸易数据。

1996 年,联合国贸法会《电子商务示范法》采用了这一概念,该法规定,数据电文是指经由电子手段、光学手段或者类似手段生成、储存或者传递的信息,这些手段包括但不仅限于电子数据交换、电子邮件、电报、电传或者传真。各国电子签名法或电子商务法也对数据电文做了类似的规定。如美国《国际与国内商务电子签名法》规定,电子记录是指由电子手段创制、生成、发送、传输、接收或者储存的合同或其他记录;韩国《电子商务基本法》规定,电子信息是指以使用包括计算机在内的电子数据处理设备的电子或类似手段生成、发送、接收或者储存的信息。

《贸易法委员会电子商务示范法颁布指南》对数据电文做了更为详细的解释:

(1) "数据电文"的概念并不仅限于通信方面,还应包括计算机产生的并非用于通信的记录。因此,"电文"这一概念还应包括"记录"这一概念。

(2) 所谓类似手段,并不仅指现有的通信技术,还应包括未来可预料的各种技术。"数据电文"的定义包括所有以无纸形式生成、储存或传输的各类电文。因此,所有信息的通信与储存方式,只要能够实现与定义内所列举方式相同的功能,都应当包括在类似手段中。

(3) "数据电文"的定义还包括其废除或修改的情况。

2.1.2 我国对数据电文的规定

我国《电子签名法》第二条规定:"本法所称数据电文,是指以电子、光学、磁或者类似手段生成、发送、接收或者储存的信息。"这一概念包含两层意思:第一,数据电文使用的是电子、光学、磁手段或者其他具有类似功能的手段;第二,数据电文的实质是各种形式的信息。

该法第三条规定:"民事活动中的合同或者其他文件、单证等文书,当事人可以约定使用或者不使用电子签名、数据电文。当事人约定使用电子签名、数据电文的文书,不得仅因为其采用电子签名、数据电文的形式而否定其法律效力。"

我国《民法典》对数据电文也有相关规定。该法第一百三十七条、第四百六十九条、第四百九十一条和第四百九十二条分别在当事人的意思表示形式、合同订立的形式、合同成立时间、承诺生效地点等方面涉及了数据电文,但是没有对数据电文进行准确定义。

本书所介绍的内容中涉及的数据电文均以我国《电子签名法》的定义为准。

2.2 数据电文的书面形式问题

随着现代社会的发展,电子数据文件以其在商业交往中方便快捷的优势被广泛地运用在社会生活的各个领域。我国有很多法律要求法律文件必须采用书面形式,所以数据电文的形式(如电报、电传、传真、电子数据交换和电子邮件等)是否具备了法律所规定的书面形式要求的问题就显得尤为重要。

2.2.1 《民法典》的有关规定

《民法典》第一百三十七条规定:"当事人对采用数据电文形式的意思表示的生效时间另有约定的,按照其约定。"第四百六十九条规定:"当事人订立合同,可以采用书面形式、口头形式或者其他形式。书面形式是合同书、信件、电报、电传、传真等可以有形地表现所载内容的形式。以电子数据交换、电子邮件等方式能够有形地表现所载内容,并可以随时调取查用的数据电文,视为书面形式。"此条规定通过扩大解释"书面形式",使之包含数据电文,在解决电子商务法律障碍方面做了有益的探索。但这条规定仍有局限性,表现在:

(1)数据电文与我们通常所理解的"书面形式"有很明显的区别。例如,后者可用肉眼阅读,而前者除非使其变为书面文字或者显示在电子设备屏幕上,否则是不可识读的。因此,并不能简单地把"数据电文"等同于"书面形式"。

(2)本条规定以列举的方式来说明数据电文的形式分为电报、电传、传真、电子数据交换和电子邮件几种形式,不能穷尽其所有形式。事实上,这只是目前比较常见的几种形式。参考国际习惯用法,并考虑到技术的不断发展,"数据电文"一词的外延应远远超过以上几项。"数据电文"应定义为"以电子、光学、磁或者类似手段生成、发送、接收或者储存的信息",而不仅仅局限于以上列举的几种形式。

2.2.2 《电子签名法》的有关规定

我国《电子签名法》第四条规定:"能够有形地表现所载内容,并可以随时调取查用的数据电文,视为符合法律、法规要求的书面形式。"这条规定解决了两个问题:一是数据电文符合法律、法规要求的书面形式;二是数据电文要符合法律、法规要求的书面形式的条件。这些条件具体包括:

(1)能够有形地表现所载内容。数据电文所要表达的内容能够通过某种形式表现出来,且这种表现形式所有人都可以识读。也就是说,数据电文应当具有可读性。这是对符合书面形式要求的数据电文的最基本要求。

(2)可以随时调取查用。数据电文的内容应当是固定的,能够在一定的时间内稳定存续，在需要的时候可以重复展示，供当事人随时查阅。

数据电文是以电子形式存在的，这种特殊的存在形式决定了数据电文的易更改性。但是，关于数据电文的书面形式规定并未对数据电文是否"不可更改"做出要求，一项数据电文只要能够有效地表现所载内容并可供随时调取查用，就认为其符合书面形式要求。至于其是否不可更改以及是否具有证据效力，则还需要依据其他规定进行判断。

2.3 数据电文的原件形式问题

2.3.1 关于原件

原件，即原始文件、原始资料，一般是指信息内容首次以书写、印刷等形式固定于其上的纸质或其他有形的媒介物。法律对文书原件形式的要求，主要是为了保证文书所载内容自最初形成时起未被改动过，以使当事人对文书记载事项具有信心。

原件形式要求主要是在诉讼法中提出的。《中华人民共和国民事诉讼法》（以下简称《民事诉讼法》）第七十条规定："书证应当提交原件。物证应当提交原物。提交原件或者原物确有困难的，可以提交复制品、照片、副本、节录本。"此外，原件还与物权凭证和流通票据有关，因为原件的独一无二性质对这种单据特别重要。涉及原件要求的文件还有贸易文件，如重量证书、农产品证书、质量或数量证书、检查报告、保险证书等。

2.3.2 数据电文的原件规制

数据电文是通过电子形式输入、生成、传输和储存的，以有形形式表现出来的总是"副本"，不可能有原件。因此，在法律要求某一文书采用原件形式时，在传统的法律环境下，数据电文是不能完全满足要求的。

1. 联合国的有关规定

在这一问题上，联合国贸法会《电子商务示范法》采用了"功能等同法"。从文书原件所要达到的功能出发，找到实现"原件"功能的基本要求，然后再规定符合这一要求的数据电文就视为符合原件的形式要求。据此，联合国贸法会《电子商务示范法》规定，如果法律要求信息必须以其原始形式展现或留存，倘若情况如下，则一项数据电文即满足了该项要求：

（1）有办法可靠地保证该信息自首次以最终形式生成作为一份数据电文或充当其他用途之时起，该信息便保持了完整性。

（2）如要求将该信息展现，可将该信息显示给人观看。

同时它还规定了判断数据电文完整性的标准，即：

（1）评定完整性的标准应当是，除加上背书及在通常传递、储存和显示中所发生的任何变动之外，有关信息是否保持完整，未经变动。

（2）应根据生成信息的目的并参照所有相关情况来评定所要求的可靠标准。

许多国家和地区也遵循了联合国贸法会《电子商务示范法》的思路,对数据电文的原件形式要求做出了规定。

2. 我国的有关规定

我国的《民法典》《电子商务法》对数据电文的"原件形式"没有明确规定,《电子签名法》第五条规定:"符合下列条件的数据电文,视为满足法律、法规规定的原件形式要求:(一)能够有效地表现所载内容并可供随时调取查用;(二)能够可靠地保证自最终形成时起,内容保持完整、未被更改。但是,在数据电文上增加背书以及数据交换、储存和显示过程中发生的形式变化不影响数据电文的完整性。"

这只是一个比较广义的标准,在实际的运用过程中,需要注意以下两点:

首先,在具体应用时,应采取灵活的态度来评估是否能可靠地保证完整性。要考虑该内容是出于什么目的生成的,该交易的标的额以及其他有关情况等。例如,对于一笔标的上亿元的交易来说,所要求的可靠性当然应比在网上购买一件小玩具所要求的可靠性高得多。因为可靠性的判定需要根据个案的不同情况来具体确定,很难通过一般性的规则做出整齐划一的规定。因此,在选用这个标准时,应当具有适当的灵活性。

其次,应当将数据电文上增加背书以及数据交换、储存和显示过程中发生的形式变化,与其他改动区别开。只要一份数据电文的内容保持完整、未被改动,则对该数据电文做必要的添加并不影响其原件性质。例如,转让票据或者海运提单时在该票据或者提单上做背书,并不影响其原件性质。除了这种由交易方所做的添加外,还有一些形式变化是由数据传输的技术特点决定的。例如,通过互联网传输数据时,根据互联网协议,需要将一份数据电文进行解码、压缩或者转换等一系列作业,然后传输到指定的信息系统。这些都是信息系统自动进行的,是这种传输方式的一个内在特点,它必然会引起数据的形式变化,但是只要不改变数据的本来内容,我们就不认为其改变了数据电文的完整性。一个明显的例子是,假设一份数据电文是利用 WORD 文字处理软件编辑的".doc"文档,当它在 WPS 系统中显示时,其形式(如字体、字号、页面设置等)有时会发生变化,但这些变化并不影响该文档内容的完整性。

2.4 关于数据电文符合法定文件保存要求的规定

为了使某一文书所含信息在一定的时间内均可以随时调取查用,要对其保存提出要求。如《中华人民共和国税收征收管理法》第二十四条规定:"从事生产、经营的纳税人、扣缴义务人必须按照国务院财政、税务主管部门规定的保管期限保管帐簿、记帐凭证、完税凭证及其他有关资料。帐簿、记帐凭证、完税凭证及其他有关资料不得伪造、变造或者擅自损毁。"一项文书如果要达到法律规定的保存要求,一般要满足以下条件:

(1)该文书能够被随时调取查用。

(2)该文书所载内容能够被准确地重现,即每次调取查用时,该文书所呈现的内容与其最初形成时的内容是完全一致的。

(3)对文书原始性的要求,即最好能够保存与原始文书有关的各种信息。

传统法律对文件保存的要求主要是针对纸质书面文书提出的,但是如果数据电文能够提供文件保存的功能,那么就应视为满足了法律规定的文件保存要求。

我国《电子签名法》借鉴了联合国贸法会《电子商务示范法》和有关国家、地区的法律,其第六条规定,符合下列条件的数据电文,视为满足法律、法规规定的文件保存要求:

①能够有效地表现所载内容并可供随时调取查用。也就是说,数据电文应满足法律规定的书面形式要求。

②数据电文的格式与其生成、发送或者接收时的格式相同,或者格式不相同但是能够准确表现原来生成、发送或者接收的内容。该项条件是要求数据电文能够准确表现其原始内容,因此一般要求数据电文按照其原始格式保存。但是,在电子商务环境下,要求数据电文毫无变动地保存,有时并没有必要,因为有些文件可以通过压缩、加密的形式保存,这种保存方式也不会影响文件内容的准确重现。因此本项规定,数据电文保存的格式也可以与其生成、发送或者接收时的格式不相同,但必须能够准确地表现原来生成、发送或者接收的内容。

③能够识别数据电文的发件人、收件人以及发送、接收的时间。这是对数据电文原始性的要求,即原始的数据电文在形成时的一些重要信息,也应该保存。这些信息包括数据电文的发件人、收件人以及发送、接收的时间。

2.5 关于数据电文归属的规定

一份数据电文发出以后,当收件人收到该数据电文时,往往需要确认该数据电文是否为发送人的真实意思表示。在传统的商业合同订立过程中,这种当事人意思确认并不难,而在网上交易的过程中,由于当事人在交易过程中运用了电子化的信息处理和传输系统,交易各方在交易过程中往往并不见面或者相互并不了解。在这种情况下,如何有效地确认一份数据电文的发送主体,并防止数据电文的发送主体在其发送数据电文后对其意思表示予以抵赖,这就需要确立有关数据电文归属的规则。

我国《电子签名法》第九条借鉴了联合国贸法会《电子商务示范法》的规定,对数据电文的归属做了如下规定:

数据电文有下列情形之一的,视为发件人发送:

(1)经发件人授权发送的。

(2)发件人的信息系统自动发送的。

(3)收件人按照发件人认可的方法对数据电文进行验证后结果相符的。

当事人对前款规定的事项另有约定的,从其约定。

关于我国对数据电文归属情况做出的这一规定,需要从以下几个方面理解:

1.发件人的界定

本条所指的发件人,即数据电文以其名义发送的那个人。这里所说的发件人,不一定是实际完成发送行为的人。例如,数据电文上显示该数据电文是甲发送的,但实际上这份数据电文可能是乙遵照甲的指示来发送的,或是冒用甲的名义发送的。在这两种情况下,甲仍然是我们这里所说的发件人。

2. 发件人的确定

正如书面文件可能会被他人冒名签署一样,在电子商务环境下,也可能出现冒名发出的数据电文。如果不明确谁是发件人或是有争议,应如何判断该数据电文的归属呢?通过本条确立的推定,在三种情况下,数据电文可以视为发件人发送。这样,可以使法律关系变得稳定,有利于维护交易双方当事人的合理信赖。

(1)第一种情况是代理。发件人如果明确授权他人发送一份数据电文,则成立一种代理关系。发件人为被代理人,被授权者为代理人。依据我国《民法典》第一百六十二条,代理人在代理权限内,以被代理人名义实施的民事法律行为,对被代理人发生效力。如果行为人未取得授权、超越授权或者授权终止后发送数据电文,只有经过发件人的追认,发件人才承担民事责任。未经追认的行为,由行为人承担民事责任。如果发件人知道他人以本人名义发送数据电文而不做否认表示的,视为同意。但是,如果第三人知道行为人未取得授权、超越授权范围或者授权已终止的,不得认定数据电文归属于发件人。如果被授权者知道被委托的事项违法仍然进行代理活动,或者被代理人知道代理人的代理行为违法不表示反对的,由被代理人和代理人负连带责任。

(2)第二种情况是发件人的信息系统自动发送数据电文。信息系统自动发送数据电文在电子商务法中也叫作自动交易,这种信息系统也被称为电子代理人。在电子数据交换(EDI)中,这种情况很常见。我们以零售商与其上游供货商之间的电子数据交换为例来说明这种情况,零售商利用信息化手段管理其商品库存情况,当某种商品库存低于一定数量时,电脑即自动生成一份订货单,传送到供货商的信息系统中。由于实现自动化管理,订货单从生成、发送直到供货商的信息系统接收该订货单,都没有人为的介入。在这个例子中,该订货单是否有效?或者说,零售商是否要为这项由机器自动发出的订货单负责?回答是肯定的。因为计算机只能按照编程者的指令和信息来运行,计算机的控制者就应当为其自动交易负责。

(3)除了上述两种情况外,还有一种情况:收件人按照发件人认可的方法对数据电文进行验证后结果相符的,数据电文也被视为发件人发送。发件人与收件人可以事先约定:如果收件人采用某种验证程序对所收到的数据电文进行验证后,验证结果表明该数据电文是发件人发出的,则收件人可以认定该数据电文归属于发件人。发件人也可以单方面认可该验证程序,或者经过与中间人(如电子认证服务机构)的协议确定该验证程序,并同意凡符合该程序要求的数据电文,均承担受其约束的义务。在有些情况下,可能有人会盗用发件人的系统或签名生成数据等信息来发送数据电文。收到数据电文后,只要正确地使用了事先经发件人同意的验证程序来进行验证,并符合验证结果的,收件人即有权视该数据电文为发件人发送。因为发件人有义务防止自己的系统或者有关信息被盗用。一旦发件人疏于这项义务,即应为其疏忽行为负责。

3. 当事人之间另有约定的情况

本条第二款规定:"当事人对前款规定的事项另有约定的,从其约定。"这样规定,主要是出于民法上的当事人意思自治原则,当事人享有就他们的交易适用规则在他们之间达成一致的权利。这是各国电子商务立法中一致公认的原则。

该款规定赋予了当事人约定的优先权。例如，当事人之间可以约定，一份数据电文必须经由发件人亲自发送才被视为发件人发送，或者约定发件人的信息系统自动发送的数据电文不作为发件人发送的数据电文。在这些情况下，当事人的约定优先于本条第一款的规定适用。

2.6　关于数据电文发送时间与接收时间的规定

确定数据电文的发送时间与接收时间，主要是为了确定在电子合同的订立过程中要约与承诺的生效时间。依据《民法典》第四百八十三条的规定，"承诺生效时合同成立，但是法律另有规定或者当事人另有约定的除外"。也就是说，书面合同成立的时间为承诺生效的时间，而关于承诺生效的时间，英美法系国家奉行的是"发送主义"原则，即承诺方一旦将承诺函件投寄出去，承诺生效，合同即告成立；大陆法系国家奉行的是"到达主义"原则，即要约人收到承诺时，承诺生效，合同成立。在订立电子合同的过程中，由于要约或者承诺是通过电子数据交换、电子邮件等方式传递的，传输的速度极快，在要约和承诺的"发送"和"到达"之间几乎没有时间差，因而，无论是英美法系国家奉行的"发送主义"原则还是大陆法系国家奉行的"到达主义"原则，在实践中都会遇到不同程度的法律障碍。

"一元购"的法律分析

我国《电子签名法》第十一条对数据电文发送与接收的时间做了相应的规定："数据电文进入发件人控制之外的某个信息系统的时间，视为该数据电文的发送时间。收件人指定特定系统接收数据电文的，数据电文进入该特定系统的时间，视为该数据电文的接收时间；未指定特定系统的，数据电文进入收件人的任何系统的首次时间，视为该数据电文的接收时间。当事人对数据电文的发送时间、接收时间另有约定的，从其约定。"

我国《民法典》第一百三十七条规定："以对话方式作出的意思表示，相对人知道其内容时生效。以非对话方式作出的意思表示，到达相对人时生效。以非对话方式作出的采用数据电文形式的意思表示，相对人指定特定系统接收数据电文的，该数据电文进入该特定系统时生效；未指定特定系统的，相对人知道或者应当知道该数据电文进入其系统时生效。当事人对采用数据电文形式的意思表示的生效时间另有约定的，按照其约定。"

"当事人对采用数据电文形式的意思表示的生效时间另有约定的，按照其约定。"该约定实际上给予了当事人对数据电文发送时间和接收时间约定的优先权，即当事人可以对数据电文的发送时间、接收时间做出与本条规定不同的约定。在当事人之间有约定的情况下，当事人的约定优先于本条的规定适用。

2.7　关于数据电文发送地点与接收地点的规定

在订立电子合同的情况下，合同的订立在不同的计算机信息系统之间完成，对电子合同订立地点的确认比对电子合同订立时间的确认更为复杂。联合国贸法会制定的《电子商务示范法》采用"营业地""最密切联系地""惯常居住地"等来确定数据电文的发送地点和接收地点。

我国《电子签名法》第十二条规定:"发件人的主营业地为数据电文的发送地点,收件人的主营业地为数据电文的接收地点。没有主营业地的,其经常居住地为发送或者接收地点。当事人对数据电文的发送地点、接收地点另有约定的,从其约定。"

"一经售出无法退换"是不是"霸王条款"?

本条规定以"主营业地"作为数据电文发送或者接收的地点,使合同的成立建立在与行为地有实质联系的基础之上,可以避免以"信息系统""最密切联系地"作为发送或者接收地点可能造成的不确定性,与联合国有关示范法的规定以及各国电子商务法的规定基本一致,同时更为简洁,且在实践中易于操作。

本条规定与我国《民法典》第四百九十二条规定基本上是一致的,即"采用数据电文形式订立合同的,收件人的主营业地为合同成立的地点;没有主营业地的,其住所地为合同成立的地点。当事人另有约定的,按照其约定"。所不同的是,《民法典》的规定是要通过主营业地来确认合同成立的地点,而《电子签名法》的本条规定是要通过主营业地来确定数据电文的发送和接收地点,因为数据电文的发送和接收地点不仅与合同成立的地点相联系,而且在其他领域的法律关系中,例如,确认以数据电文形式发布的公告或者通知的生效地点,以主营业地作为标准来确认数据电文的发送和接收地点同样具有法律意义。

本条第二款的规定赋予了当事人约定的优先权。当事人可以对数据电文的发送与接收地点做出与本条规定不同的约定。例如,作为企业法人的当事人可以约定,数据电文的发送或者接收地点为双方的注册登记地。在当事人之间有约定的情况下,当事人的约定优先于本条的规定适用。

2.8 关于数据电文作为证据使用时可采性的规定

我国《民事诉讼法》第六十三条规定:"证据包括:(一)当事人的陈述;(二)书证;(三)物证;(四)视听资料;(五)电子数据;(六)证人证言;(七)鉴定意见;(八)勘验笔录。"修订后的《民事诉讼法》已经把"电子数据"明确列入证据范畴。

我国《电子签名法》第七条规定:"数据电文不得仅因为其是以电子、光学、磁或者类似手段生成、发送、接收或者储存的而被拒绝作为证据使用。"

本条规定通过否定的形式肯定了数据电文的证据地位,从而消除了这一不确定性。用否定陈述的方式,表明裁判活动中,不得仅仅以所提供的证据是数据电文为由而否定其证据地位。但这并不意味着,在具体的个案中,以数据电文形式提出的证据就是认定事实的根据。

根据证据学的一般理论,任何证据材料要作为认定事实的根据,必须具有三个特性:客观性、关联性及合法性。

1. 客观性

客观性包括两个方面的含义：其一是证据必须有客观的存在形式；其二是证据的内容必须具有客观性，即必须是对客观事物的反映，而不是主观臆断和猜测。关于客观的存在形式，我们知道数据电文是一种以电子形式存在的数据，保存在一定的介质之中，可以借助于一定的工具和设备以人们能感知的形式显现。因此，其客观的存在形式是没有疑问的。关于其内容的客观性，这与《电子签名法》第八条的规定有密切联系，后面会详细阐述。

2. 关联性

所谓关联性，是指作为证据的一切材料必须与具体案件中的待证事实之间有内在的、客观的联系，即能够全部或者部分地证明案件的有关事实存在或不存在。数据电文与待证事实之间有无关联性，需要在具体个案中加以判断。

3. 合法性

合法性是指对证据必须依法加以收集和运用，包括收集、运用证据的主体要合法，证据的来源要合法，证据的形式要合法，必须经法定程序查证属实。证据的合法性是证据客观性和关联性的重要保证，也是证据具有法律效力的重要条件。公安部《公安机关办理刑事案件程序规定》第二百三十二条规定："扣押犯罪嫌疑人的邮件、电子邮件、电报，应当经县级以上公安机关负责人批准，制作扣押邮件、电报通知书，通知邮电部门或者网络服务单位检交扣押。不需要继续扣押的时候，应当经县级以上公安机关负责人批准，制作解除扣押邮件、电报通知书，立即通知邮电部门或者网络服务单位。"第二百三十三条规定："对查封、扣押的财物、文件、邮件、电子邮件、电报，经查明确实与案件无关的，应当在三日以内解除查封、扣押，退还原主或者原邮电部门、网络服务单位；原主不明确的，应当采取公告方式告知原主认领。在通知原主或者公告后六个月以内，无人认领的，按照无主财物处理，登记后上缴国库。"这些体现了证据收集程序的合法性。虽然这里所举的是刑事诉讼中的例子，但证据应当具有合法性这一基本要求却是普遍性的。

如果提出数据电文作为证据的一方同时能证明该数据电文的以上三种属性，那么裁判者就可以将其作为认定事实的根据。

2.9 电子证据法律问题

我国关于证据规则的立法一般是开列一份可接受的证据清单，如前所述的我国《民事诉讼法》第六十三条的规定。这类立法不像有些国家的证据法那样可以自由提出所有有关证据，开放程度相对较低。由于网络安全和电子商务风险等方面的原因，人们对电子证据在生成、存储、传递和提取过程中的可靠性、完整性提出了更高的要求。这种对电子证据可信度予以"高标准、严要求"的理念，足以表明电子证据不同于以往的证据规则，是一种全新的证据类型。

2.9.1 电子证据可以作为诉讼证据

电子证据是存储于磁性介质之中，以电子数据形式存在的诉讼证据。反对电子证据作为诉讼证据的人认为，电子证据可能由于人为因素以及网络环境和技术限制等原因无法反映客观真实情况。但是其他传统类型的证据在真实性、可靠性方面也不是没有弊端的。例如，我国《刑事诉讼法》规定"证据必须经过查证属实，才能作为定案的根据"；《民事诉讼法》规定"证据必须查证属实，才能作为认定事实的根据"；《行政诉讼法》规定"以上证据经法庭审查属实，才能作为认定案件事实的根据"。这些规定表明任何证据都有其脆弱性，因此需要"查证属实"。依此逻辑，电子证据只要"查证属实"，就可以与其他证据一样成为诉讼证据。

我国《电子签名法》第七条的规定也直接明确了数据电文可以作为证据使用。

《公安机关办理刑事案件程序规定》第五十九条规定："公安机关向有关单位和个人调取证据，应当经办案部门负责人批准，开具调取证据通知书。被调取单位、个人应当在通知书上盖章或者签名，拒绝盖章或者签名的，公安机关应当注明。必要时，应当采用录音或者录像等方式固定证据内容及取证过程。"第六十六条规定："收集、调取电子数据，能够扣押电子数据原始存储介质的，应当扣押原始存储介质，并制作笔录、予以封存。确因客观原因无法扣押原始存储介质的，可以现场提取或者网络在线提取电子数据。无法扣押原始存储介质，也无法现场提取或者网络在线提取的，可以采取打印、拍照或者录音录像等方式固定相关证据，并在笔录中注明原因。收集、调取的电子数据，足以保证完整性，无删除、修改、增加等情形的，可以作为证据使用。经审查无法确定真伪，或者制作、取得的时间、地点、方式等有疑问，不能提供必要证明或者作出合理解释的，不能作为证据使用。"

2.9.2 电子证据不同于传统的书证

传统的书证是有形物，除可长期保存外，还具有直观性、不易更改等特征，如合同书、票据、信函、证照等。而电子证据往往储存于计算机硬盘或其他类似载体内，它是无形的，以电子数据的形式存在，呈现出与传统书证不同的特征。

首先，电子证据保存的时限性、安全性面临考验，计算机和网络中的电子数据可能会遭到病毒、黑客的侵袭，误操作也可能轻易将其毁损、消除。传统的书证则没有这些问题的困扰。

其次，电子证据无法直接阅读，其存取和传输依赖于现代信息技术服务体系的支撑，如果没有相应的信息技术设备，就难以看到证据所反映出来的事实，提取电子证据的复杂程度远远高于传统书证。

最后，虽然传统书证所记载的内容也容易被改变，在司法实践中亦曾发生过当事人从利己主义考虑，擅自更改、添加书证内容的现象，但是作为电子证据的电子数据因为储存在计算机中，致使各种数据信息的修正、更改或补充变得更加方便，即便是经过加密的数据信息亦有解密的可能。从这一点可以看出，对电子证据可靠性的查证难度是传统书证无法比拟的。

综上，电子证据与传统书证的差异是显著的。事实上，电子证据的表现形式是多种多样的，不仅体现为文本形式，而且可以以图形、图像、动画、音频及视频等多媒体形式出现。这些暂且不论，电子证据以其对现代信息技术和安全防范措施的依赖，就已显示出不同于传统书证的"独立性格"。

2.9.3　电子证据不宜归入视听材料的范畴

诉讼法学界相当一部分学者从电子证据的可视性、可读性出发,对视听材料做出了扩大解释,突破了视听材料关于录音带、录像带之类证据的局限,把电脑储存的数据和资料归于视听材料的范畴。但是,视听材料在证据法中的地位是有限的,它充其量是印证当事人陈述、书证、物证等其他证据的有力工具。也就是说,视听材料能否作为定案证据,还必须结合其他证据来考察。正如《民事诉讼法》第七十一条的规定:"人民法院对视听材料,应当辨别真伪,并结合本案的其他证据,审查确定能否作为认定事实的根据。"把电子证据归入视听材料的人认为,这是电子证据易于被伪造、篡改、拼接,且难以被觉察和发现的特点所决定的。事实上,电子证据与其他证据相互印证的可操作性在司法实践领域值得探讨。

以网上购物合同为例,通过电子商务平台系统,该合同从订立到履行的全过程基本可以在网络上完成。如果当事人之间发生相关民事争议,他们所能提交的只是计算机储存的数据和资料,法院将电子证据按视听材料处理时,就会陷入缺乏其他证据可供印证的尴尬境地。由于电子商务的飞速发展,网上的隐私权问题、知识产权问题、合同问题日益突出,电子证据在证明案件主要事实的过程中将起到关键作用,这是视听材料的印证作用所无法解释的。虽然电子证据与视听材料都必须通过一定手段转换成能为人们直接感知的形式,但是电子证据是从计算机储存的数据和资料中提取的,并且需要对数据重新整合才能反映出案件事实,其中一些数据经计算机输出后更像是一种书证。

2.9.4　电子证据的收集、审查与保全

1. 电子证据的收集

电子证据的收集必须合乎法律规定的程序,违反法定程序收集的证据,其虚假的可能性比合法收集的证据要大得多。因此,在运用电子证据时,要了解证据是以什么方法、在什么情况下取得的,是否违背了法定的程序和要求。这样有利于判断证据的真伪程度。在这一问题上,需要明确司法机关(人员)收集和提取电子证据的权限和操作规程。电子证据的收集、调取、扣押等相关操作也要符合如前所述的《公安机关办理刑事案件程序规定》第六十六条的规定。

(1) 手机短信形式电子证据的收集

手机短信是人们的重要联络方式,由于其具有便捷性和隐蔽性,常被许多犯罪分子作为重要的犯罪手段和犯罪工具使用,如利用短信指挥犯罪活动或者直接进行诈骗活动。在这类案件中,若能收集该类证据,对证实案件往往起到一锤定音的作用,因为每个手机用户的手机号码和入网证号都是唯一的,短信发出后,接收者手机又能显示对方的手机号码,这样就可以确定发送者是谁,起到证实案件事实的作用。在收集该类证据时,可以采取以下方法:一是在接收信息者未将短信删除的情况下,直接将此信息予以储存,并将手机封存,作为最终审判的证据材料;二是在与案件有关的短信被删除的情况下,可以通过通信运营商来调取短信内容。在收集时,可以通过通信运营商的储存信息将对应的手机

短信的发送时间、双方手机号码及内容打印出来，并由在场的工作人员签字盖章证实出处，以供侦查和审判时使用。

（2）电子邮件形式电子证据的收集

电子邮件是基于互联网而产生的一种通信方式，其与传统通信方式的区别在于，它把人们所要表达的意思转化为数字信号，并通过网络传输呈现在对方的电子设备屏幕上。电子邮件在民事诉讼中已经得到确认，如我国《民法典》规定合同的书面形式包括电子邮件形式。在刑事诉讼领域，司法机关的解释中也有所体现，但对如何收集并未规定。收集时应首先了解电子邮件的特征，电子邮件区别于其他形式电子证据的特点是每个电子邮件使用者必有一个电子信箱，而每个电子信箱的账户名和密码是唯一的，电子邮件的信头都有收发件人、网址及收发时间。任何人掌握了某一注册用户的账户名、密码，就可以收发或删除邮件。当然，对于一般人来说，直接在收件箱中修改文件并不是件容易的事，因为收件箱中的文件为只读文件，拒绝修改。即使将其另存，也只改变其位置，并不能改变其属性。

针对电子邮件的上述特点，在收集电子证据时必须有一个前提，即保证所收集的电子邮件是安全环境下的邮件，也就是说，该电子邮件所存在的计算机硬件运行系统是安全的，电子邮件没有遭到病毒或黑客侵袭，否则收集到的证据材料是缺乏意义的。要满足这种条件，收集的人员必须具备一定的计算机和网络技术，同时还要有一定的设备。在民事诉讼中，《最高人民法院关于民事诉讼证据的若干规定》中规定了鉴定人出庭作证的做法，这种做法在国外称为技术顾问制度。因此，我们认为，刑事诉讼中也可以借鉴这种制度，在收集电子证据时聘请专门技术人员，在出庭时由其对收集情况进行说明。专业人员收集时，可以通过打印或复制的方法将证据固定下来，在法庭上可以通过多媒体示证的方式将电子邮件的内容及账户名等直接显示出来。

（3）网络聊天形式电子证据的收集

网络聊天是随网络技术的发展而出现的一种即时双向沟通的通信方式。相对于电子邮件来讲，网络聊天存在的环境更加开放，收集电子证据也更难。

因此，网络聊天证据要收集三类：一是聊天内容证据，包括聊天对话的内容以及聊天者简单的个人信息，当然这些信息一般是虚假的，须借助收集到的上网IP地址及上网使用的网络进行佐证；第二类是系统环境证据，即借助的计算机硬件和软件数据是否正常，用以辅助证明网络聊天证据的可靠性；第三类是附属信息证据，如IP地址、所借助的服务器、上网账号、信息传递的路径等，从而将聊天者与某个特定的行为人联系起来。对于聊天内容，可以通过网络服务商以复制、打印的方式收集，在网络服务商未保存的情况下，可以从聊天者双方电脑记录中收集，并将其以复制或打印的方式固定下来。对于被篡改的聊天记录，可以聘请专业技术人员对其进行恢复，因为当前的技术足以证实每一次硬盘的擦写记录都可以进行恢复，所以计算机对文件的修改也不是完全意义的删除或覆盖。对此收集的证据，我们可以由相关专家出具鉴定结论的方式予以固定，从而作为再生证据加以运用。

2. 电子证据的审查

我国《电子签名法》第八条规定："审查数据电文作为证据的真实性，应当考虑以下因素:(一)生成、储存或者传递数据电文方法的可靠性;(二)保持内容完整性方法的可靠性;(三)用以鉴别发件人方法的可靠性;(四)其他相关因素。"电子文件作为证据的证明力与其真实性、可靠性密不可分,对其审查应从以下几个方面入手:

(1)审查电子证据的来源

电子证据的来源主要有三种情况:一是由司法机关在调查、侦查活动中取得的;二是机关、团体、企事业单位或个人为保护国家利益或自己单位的利益而专门收集的;三是公民个人在无意中收集到的。

(2)审查电子证据的技术因素

审查电子证据的技术因素主要包括以下方面:电子证据的生成,电子证据的存储,电子证据的传送,电子证据是否被删除过(指电子证据的内容)记录、储存、收集和提取电子证据的技术设备的性能及可靠程度,制作、收集和提取电子证据的人员的计算机技术水平和操作水平等。

(3)审查电子证据的关联性

这是法律对各类证据进行效力认定的一个主要方面。电子文件既然作为证据的一种,自然也要考虑这方面的问题。电子证据与其他类型证据在此方面存在的共性较多,可参看相关文献,这里不再赘述。

对于电子证据的审查,不能简单地通过书面审查方式进行,因为电子证据的高科技等特性决定了电子证据真实性问题最难解决。

3.电子证据的保全

《民事诉讼法》第八十一条规定:"在证据可能灭失或者以后难以取得的情况下,当事人可以在诉讼过程中向人民法院申请保全证据,人民法院也可以主动采取保全措施。"那么,对电子证据该如何保全呢?如何证明电子证据的真实性?

要解决这一问题,应当在证据收集和运用技巧两方面下功夫,可以考虑采取以下方法:

(1)网络证据保全公证

经严格按《中华人民共和国公证法》《公证程序规则》办理的证据保全公证,符合《民事诉讼法》第六十九条"经过法定程序公证证明的法律事实和文书,人民法院应当作为认定事实的根据,但有相反证据足以推翻公证证明的除外"规定中的"法定程序公证证明",具有证据效力。电子证据保全公证证明了网络上原始的电子证据数据与通过纸媒介打印出来的资料的一致性。

将网络虚拟世界的电子数据资料通过公证书纸介质形式予以保全固定,使之更可视化、不易灭失、不易篡改,所出具的网络证据保全公证,在实践中得到了律师、行政机关、法官的肯定。

(2)权利登记

虽然《著作权法》规定,作品著作权的取得和保护不以登记为前提,但应当考虑到,当侵权纠纷发生后,权利人往往难以证明其计算机程序的权属,因此在诉至法院时,法院在认定是否侵权时就会出现很多困难。及时进行计算机软件的程序登记,其他人可以通过计算机程序登记部门发布的计算机程序登记公告,了解到该计算机程序的著作权人和该计算机程序的主要性能、特征等。登记的计算机程序对外具有公告和公信的作用,同时更重要的是登记证明文件是计算机程序版权有效或者登记申请文件中所述事实确定的初步证明。

经过登记和封存的源程序,在发生侵权诉讼时,如果对方当事人不能提供足够的、确实的反驳证据,法院就可以将登记情况作为认定案件事实的直接根据。

(3)电子认证

现在国内外正普遍进行着网上电子认证。例如,1998年经广东省人民政府批准成立的"广东省电子商务认证中心",其产品"网证通"电子认证系统已于2001年1月通过国家公安部的检测,被评为安全可信的产品。该中心签发的各类电子签名认证证书为用户在Internet上的电子商务活动提供了安全保障。

(4)网络服务提供者的证明

为了证实电子邮件为某人所发,可以申请网络服务提供者对发送者所使用的电话号码、上网账号、上网计算机IP地址和代号、电子邮件的发送时间和历史记录等一系列电子证据出具证明。

开篇案例结案

微信记录能证明员工身份吗?

【本案焦点】

本案争议的焦点主要是微信记录能否作为证据使用以及作为证据使用后能否得到法院的采信。

【本案审理】

依据我国《电子签名法》第七条的规定,法庭经过审理,认为小林提供的一系列证据,能够相互印证,并形成了完整的证据链,证实了她日常进出设计公司的工作场所为公司工作,公司向其支付劳动报酬、公司对她进行管理等事实,因此确认小林与公司存在劳动关系。公司不仅要支付未与小林签订劳动合同的双倍工资差额,还要支付解除劳动关系经济赔偿金等共计近8万元。

【本案启示】

虽然电子证据越来越多地出现在劳动争议案件审理中,但作为电子证据的一种,微信证据亦存在认定难等特点,劳动者要注意取证方式、取证的及时性以及相关的补强证据,以提高证据的证明力。

未签订劳动合同,怎么认定双方存在劳动关系?

虽然《中华人民共和国劳动合同法》明确规定建立劳动关系应当订立书面劳动合同,但是现实生活中用人单位为逃避责任拒不签订劳动合同的情况也并不鲜见。如果用人单位没有和劳动者签订书面劳动合同,可通过下列凭证,证明事实劳动关系的存在:

(1)工资支付凭证或记录、缴纳各项社会保险费的记录。

(2)用人单位向劳动者发放的"工作证""服务证"等能够证明身份的证件。

(3)劳动者填写的用人单位招工招聘"登记表""报名表"等招用记录。

(4)考勤记录。

(5)其他劳动者的证言等。

(6)能够证明劳动关系存在的电子邮件、微信聊天记录、QQ聊天记录、手机短信息等电子证据。

其中,(1)、(3)、(4)项的有关凭证由用人单位负举证责任。因此,为维护自身权益,劳动者应尽可能要求用人单位签订书面劳动合同,如果用人单位拒不签订劳动合同,应按照上述规定保存好能够证明劳动关系的相关证据材料。

技能实战

网签合同是否有效?

申请人李某在某第三方电子认证服务平台与被申请人刘某共同签署了一份8 000元的借款合同,最后刘某以此种形式的合同没有法律效力,拒绝如约还款。于是,申请人李某向上海仲裁委员会申请仲裁。

【思考】

1.双方是以什么形式签订的借款合同?

2.这样的合同是否具有法律效力?

3.上海仲裁委员会该如何仲裁?

技能训练

一、名词解释

数据电文　原件　书面形式

二、单选题

1.下列不属于数据电文的是(　　)。

A.电子邮件　　B.手机短信　　C.电报　　D.书面合同

2.下列关于数据电文的说法中不正确的是(　　)。

A.数据电文可以是以电子、光学、磁或者类似手段生成、发送、接收或者储存的信息

B.数据电文符合法律原件的规定

C.数据电文的实质是电子、光学、磁等手段或者其他具有类似功能的手段的应用

D.只要一份数据电文的内容保持完整,未被改动,对该数据电文做必要的添加并不影响其原件性质

3.以下情况不视为发件人发送的数据电文的是(　　)。

A.发件人授权他人代己发送的邮件

B.发件人的邮箱系统设置为自动发送并由该系统自动发出的电子邮件
C.收件人按照发件人认可的方法对数据电文进行验证后结果相符的
D.交易双方约定所有往来电子邮件必须是在交易人本人发出的条件下由一方的邮箱系统自动发出的电子邮件

三、多选题

1.下列项目中属于数据电文的有（   ）。
A.电报   B.传真   C.手机短信   D.电子邮件   E.磁盘中的一份财务报表

2.下列做法中还能保持信息的原件要求的有（   ）。
A.转让票据时在票据上进行背书
B.将文件压缩后进行传输,压缩后的文件能正常解压并能正常打开
C.从网络上收到一份WORD文档,由于本台电脑中没有安装WORD软件,所以用WPS打开,文档格式发生了变化
D.转让文件时在原始文件上进行背书并修改原文件的签署时间
E.一份数据电文能够有效地表现所载内容且可供随时调取查用并能够可靠地保证自最终形成时起,内容保持完整、未被更改

3.我国《电子签名法》规定,审查数据电文作为证据的真实性,应当考虑以下因素（   ）。
A.生成、储存或者传递数据电文方法的可靠性
B.保持内容完整性方法的可靠性
C.用以鉴别发件人方法的可靠性
D.用以鉴别收件人方法的可靠性
E.保证发送时间的准确性

四、判断题

1.我国《电子签名法》所称数据电文,是指以电子手段生成、发送、接收或者储存的信息。   （   ）
2.数据电文的形式为电报、电传、传真、电子数据交换和电子邮件形式。   （   ）
3.在没有其他约定的情况下,发件人的信息系统自动发送数据电文被视为发件人发送。   （   ）
4.采用数据电文形式订立合同,收件人指定特定系统接收数据电文的,该数据电文进入该特定系统的时间,视为到达时间。   （   ）
5.根据证据学的一般理论,任何证据材料要作为认定事实的根据,必须具有客观性、与待证事实的关联性两个特性。   （   ）

五、简答题

1.简述审查数据电文作为证据的真实性应当考虑的因素。
2.简述如何确定数据电文的发送时间与接收时间。
3.简述数据电文的原件规制。

技能实战要点解析

本案中：

1. 双方是以数据电文形式签订的电子借款合同。

2. 此电子借款合同合法有效，原因在于双方平等自主，意思表示真实，虽然形式是数据电文的形式，但是此数据电文在国家认可的第三方电子认证服务平台签署，电子签名受国家权威机构保护，合同签署人身份真实，合同在签署过程中和签署完都真实完整，电子签名有效，电子合同合法。

3. 我国《电子商务法》第四十七条规定："电子商务当事人订立和履行合同，适用本章和《中华人民共和国民法总则》《中华人民共和国合同法》《中华人民共和国电子签名法》等法律的规定。"第四十八条规定："电子商务当事人使用自动信息系统订立或者履行合同的行为对使用该系统的当事人具有法律效力。"

因此，上海仲裁委员会应做出如下仲裁结果：因双方借款合同有效，由被申请人刘某还款并支付相应的仲裁费用。

第 3 章
电子认证与电子签名法律问题

学习要点

- ◎ 电子认证
- ◎ 电子认证服务机构
- ◎ 电子签名认证证书
- ◎ 电子认证与电子签名的实现

现在开庭

电子签名,医疗纠纷责任认定的不二法门

【基本案情】

随着医疗信息化的普及,我国自 2010 年开展电子病历试点以来,绝大部分医院已经实现了病历电子化。相比传统纸质病历,电子病历是否会被院方篡改,成为患方质疑的最根本问题,也是医院在遭遇医疗损害责任纠纷时举证的关键点。在医疗纠纷案件中,最敏感的问题就是患方质疑院方篡改或伪造病历。而根据我国相关法律规定,一旦证实医院有篡改病历的行为,院方将直接被推定具有过错。

原告王某等四人诉被告北京市顺义区某医院的医疗损害责任纠纷一案中,原告质疑医院出具的电子病历被院方篡改,诉讼期间进行了电子病历是否修改等问题的司法鉴定,该鉴定耗时一年之久,仅鉴定费就花了 49 866 元。

本案中的顺义区某医院是原卫生部(现国家卫生健康委员会)第一批电子病历试点医院之一,对患者诊疗过程的记载均以电子病历方式体现。诉讼中,原告认为向院方提出封存病历要求时,院方并未对相关电子病历进行锁定,这引起患方对于电子病历真实性的质疑。

(1)院方未按照原国家卫生计生委(现国家卫生健康委员会)《电子病历应用管理规范(试行)》对电子病历进行锁定。

(2)电子病历中未授予唯一标识号码,不能确保病历记载内容与患者的医疗记录相对应。

(3)电子病历中的电子签名均非可靠的电子签名。

(4)违法对电子病历进行修改等,因此对该电子病历不予认可。

对此,法院委托北京网络行业协会电子数据司法鉴定中心就本案电子病历的真实性和准确性进行鉴定。鉴定结果为:

(1)顺义区某医院的电子病历系统,在电子病历数据生成后,医生可以进行修改操作;在电子病历归档前,如医生进行了修改操作,系统会在病历表中记录进行修改的医生号和修改日期;在电子病历归档后,如医生进行了修改操作,系统同时会将修改前的整条病历数据生成一条日志进行记录,放置到标注有"rz"的日志表中。

(2)本案中的电子病历数据与数据库中的数据比较内容一致,但病历签名位置为空。

(资料来源:根据卓远医友网站案例资料改编)

【你是法官】

1.指出本案争议的焦点。

2.如果你是法官,你将如何审理此案?

3.1 电子认证概述

3.1.1 电子认证的概念

在电子商务中,如果买卖双方是通过网络来订立合同并完成整个交易过程,由于网络的虚拟性,各方都无法确保对方身份的真实性,尤其是当事人仅仅通过互联网交流时,更加无法确保和自己交易的是对方本人而不是其他人冒充的。在这种情况下,要建立交易双方的信任感和安全感非常困难。于是,人们在实践中就要探索出一种切实有效的方法来解决这个问题,即寻找一位可靠的第三方当事人,由其负责将某一公钥密码与特定用户联系起来,用以识别各方的真实身份,这就是电子认证。

让我们放心的中间人"CA"

"认证"一词有广义和狭义之分。广义的认证即鉴别,主要包含对事物真伪的辨别,既可以是第三人的鉴别,又可以是当事人之间的相互鉴别。狭义的认证,特指由提供认证服务的第三方机构所进行的鉴别。

我国《电子签名法》中有关电子认证的明确法律规定。

3.1.2 电子认证的作用

我国《电子签名法》第十六条规定:"电子签名需要第三方认证的,由依法设立的电子认证服务提供者提供认证服务。"所以电子认证是一种服务,其目的就是通过认证中心对公开密钥进行辨别和认证,以防止或降低因密钥的丢失、毁损或解密等造成的电子交易环境的不确定因素及不安全风险。根据电子认证的性质和交易风险的来源不同,电子认证的作用主要表现在信用公示、防止欺诈和防止否认三个方面。

1. 信用公示

信用公示是电子认证服务机构的重要职责,是电子认证性质的充分体现。在电子交易过程中,交易能否成功,既取决于参与交易各方的身份是否合法、真实,又取决于包括交易方的资金实力、生产能力、合同履行能力和诚信水平在内的交易能力与交易要求的匹配状况。因此,认证证书不仅要标示交易人的真实合法身份,而且有必要标明交易人的交易水平和交易信用水平等交易能力。由此可见,信用公示必须依靠法律法规和规章制度等手段,以及电子认证服务机构的合理设置与责任的落实来保证。

2. 防止欺诈

所谓防止欺诈,是指依靠技术手段防范电子交易当事人以外的人故意入侵而产生的风险,也就是防止当事人以外的第三人以交易一方的名义窃取其资金或者其他财产的行为。在开放型的电子商务环境下,交易双方可能是跨越国境、从未见过面的交易伙伴,相互之间不但没有封闭型交易群体的道德约束力,而且发生欺诈事件后的补救方法也十分有限。如果事先就对可能发生的各种欺诈行为加以全面防范,那么所造成的损失就会大大降低,甚至减小到近乎为零。

在电子交易过程中,用户从电子商务网站的在线目录中查询商家的公开密钥(以下简称公钥),并以该公钥对自己的信用卡信息加密,再发送给商家。在这种情况下,商家是唯一拥有与其公开密钥相对应的私有密钥的人,所以只有商家能够解密加密信息,并阅读其内容。如果这时有第三方入侵,以欺骗性的公开密钥代替商家的真实公开密钥,用户就有可能以错误的公开密钥对其信用卡加密。由于入侵者掌握了与欺骗性公开密钥相对应的私有密钥,他就可以对该用户的信息解密并且盗窃其信用卡号码。电子认证服务机构通过向其用户提供可靠的目录并保证证书名单上的用户名字与公开密钥的真实性,解决了可能被欺骗的问题,消除了外部欺诈的风险,在交易当事人之间树立了信心,从而促进了电子商务的广泛应用。

3. 防止否认

所谓防止否认,则是电子认证服务机构因电子交易当事人之间可能产生的重大误解或否认而采取的符合法律规定的技术措施,目的是降低风险。电子商务中的不得否认,既是一项技术要求,又是交易当事人之间的行为规范,它是民商法诚实信用原则在电子交易领域的具体反映。技术上的不得否认,可定义为一种通信属性,以防止通信的一方对已发生的通信予以否认的情况。而交易行为规范上的不得否认,是以一定的组织保障和法律责任为基础的,其作用的全面实现,既依赖于合同条款、技术手段和协议的支持,又依赖于电子认证服务机构所提供的有效服务。通过电子认证,可以为交易双方提供证据,使当事人很难否认其行为。电子认证服务机构提供的有效认证服务,一方面可以向电子交易双方当事人提供大量预防措施,以减少一方当事人试图否认发出、收到某一电子意思表示并欺骗另一方的可能性;另一方面,在电子交易当事人之间发生纠纷的情况下,也能及时提供有效的解决方法。

3.1.3 电子认证的分类

1. 按电子认证的功能及认证对象划分

根据电子认证的功能及认证对象,可以将其分为站点认证、数据信息认证和身份认证。

(1) 站点认证

为了确保通信安全,在正式传送数据电文之前,应该首先认证通信能否在特定的站点之间进行,这一过程叫作站点认证。这是通过验证加密的数据能否在两个站点之间成功传送来实现的。

(2) 数据信息认证

经过站点认证后,双方就可以进行电文通信了。在这一过程中,双方必须能够确定:该电文是由确定的发送方发出的;该电文的内容没有经过篡改或者发生传递错误;该电文能按确定的次序接收;该电文能传送给确认的接收方。数据信息认证使每个通信者都能够验证每份信息的来源、内容、时间和目的的真实性。

(3) 身份认证

身份认证是许多应用系统的第一道防线,其目的在于识别合法用户和非法用户,从而阻止非法用户访问系统,这对于确保系统和电文的安全、保密是极其重要的。身份认证的方法主要有三种:一是验证用户知道的信息;二是验证用户拥有的信息;三是验证用户的生理特征和动作特征。

2. 按电子认证的主体划分

以电子认证的主体为标准,可以将其分为双方认证和第三方认证。

(1) 双方认证

双方认证又称相互认证,一般在封闭型的网络通信中使用。因为在这种情况下,通信双方彼此了解,认证比较容易进行。

(2) 第三方认证

第三方认证是指由交易当事人以外的、双方共同接受的、可以信赖的第三方进行认证。它一般在开放型的网络通信或者大规模的封闭型网络通信中使用。本书所阐述的认证主要是第三方认证,也就是书中提到的电子认证服务机构的认证。

3.1.4 电子认证的程序

电子签名的认证是指特定的机构通过一定的方法对签名者及其所做签名的真实性进行验证的过程。电子签名包括生理特征签名、电子化签名和数字签名三种。在对生理特征进行认证时,签名方应先将其采用的生理特征样本交给电子认证服务机构,以便文件接收方在鉴别此签名时,可以到电子认证服务机构的网站把自己收到的签名与签署方提交给电子认证服务机构的样本加以比照;如果签署方使用的是电子化签名,那么其向电子认证服务机构提交的是电子化签名的原本样式;如果采用的是数字签名,那么其向电子认证服务机构提交的是公开密钥。由此可见,这三种认证过程基本相似。目前,在开放型网络中被广泛使用的电子签名以数字签名为主,因此,电子认证服务机构也主要是对数字签名的真实性进行确认。这里我们就电子认证的过程做一个简要的介绍。

电子认证的具体操作程序为:

(1) 发件人利用密钥制造系统产生公开密钥和私有密钥。

(2) 发件人在做电子签名前,必须将其身份信息和公开密钥发送给一个经合法注册、具有从事电子认证服务许可证的第三方,也就是电子认证服务机构,向该机构申请登记并由其签发认证证书。

(3) 电子认证服务机构根据有关的法律规定和认证规则以及自己和当事人之间的约定,对申请进行审查。如果符合要求,就签发给发件人一个认证证书,证明发件人的身份、他的公开密钥以及其他有关的信息。

(4) 发件人对其要约信息要以其私有密钥制作成数字签名文件,连同认证证书一并发送给收件方,向对方发出要约。

(5) 收件方接到数字签名文件和认证证书之后,根据认证证书的内容,向相应的电子认证服务机构提出申请,请求电子认证服务机构将对方的公开密钥发给自己。

(6) 收件人通过对公开密钥和数字签名的验证,即可确认数字签名文件的真实性和可靠性。若电子认证服务机构有"认证废止目录",则可以通过查询目录来了解该认证证书是否依然有效;收件人一经承诺,则电子合同成立。

由此可见,在电子文件环境中,电子认证服务机构起到了一个具有权威性、公正性的第三人的作用。而经电子认证服务机构颁发的认证证书就是证明签名者和他所有的电子签名之间的对应关系的电子资料,该资料指明并确认使用者名称及其公开密钥。使用者从公共地方取得证明后,只要查验证明书内容确实是电子认证服务机构所发,即可断定证明书内的公开密钥确实为与该证明书相对应的使用者的密钥,进而确认经该密钥所验证的电子签名为其所签署。

使用者把所收到的电子签名和认证证书通过向电子认证服务机构验证而产生对签字者的信任,这实际上是通过对电子认证服务机构的信任而产生的对签字者的信任。但是,如果该电子认证服务机构本身是使用方所不熟悉的、不信任的,那就无从解决签字者的信用问题了。这时可以采取向该电子认证服务机构的上一级电子认证服务机构加以认证的办法来解决该电子认证服务机构本身的信任问题。而如果上一级电子认证服务机构也不是使用者所信任的,那么可以向更高层次的 CA(Certificate Authority,认证机构)申请认证,由该级 CA 的认证证书加以确认。以此类推,直到最高层次。最高层次 CA 为降低欺诈性 CA 的可能性,由政府向该 CA 提供某种特殊服务,即该 CA 的密钥,对所有各方公开。上一级电子认证服务机构负责下一级电子认证服务机构认证证书的申请、签发和管理工作。通过一个完整的电子认证服务机构体系,有效地实现对认证证书的验证。每一份认证证书都和上一级的认证证书互相关联,最终通过安全认证链,追溯到一个已知的可信任的机构。由此就可以完成对各级 CA 认证证书的有效性的验证。

3.2 电子认证服务机构

3.2.1 电子认证服务机构的概念及特点

1. 电子认证服务机构的概念

电子认证服务机构是指在电子合同中对用户的电子签名颁发电子签名认证证书的机构,它已经成为开放型电子商务活动中不可缺少的信用服务机构。

我国《电子签名法》第十七条规定:

提供电子认证服务,应当具备下列条件:

(1)取得企业法人资格。

(2)具有与提供电子认证服务相适应的专业技术人员和管理人员。

(3)具有与提供电子认证服务相适应的资金和经营场所。

(4)具有符合国家安全标准的技术和设备。

(5)具有国家密码管理机构同意使用密码的证明文件。

(6)法律、行政法规规定的其他条件。

取得认证资格的电子认证服务提供者,应当按照工业和信息化部的规定在互联网上公布其名称、许可证号等信息。

《电子认证服务管理办法》(2009年2月18日由工业和信息化部令第1号公布,2015年4月29日修订)第二条规定:"本办法所称电子认证服务,是指为电子签名相关各方提供真实性、可靠性验证的活动。"第四条规定:"中华人民共和国工业和信息化部(以下简称'工业和信息化部')依法对电子认证服务机构和电子认证服务实施监督管理。"

2. 电子认证服务机构的特点

《电子认证服务管理办法》所称电子认证服务提供者,是指为需要第三方认证的电子签名提供认证服务的机构(以下称为"电子认证服务机构")。向社会公众提供服务的电子认证服务机构应当依法设立。

(1)电子认证服务机构的独立性与非营利性

电子认证服务机构必须是独立的法律实体,能够以自己的名义从事电子签名认证证书服务并且能够以自己的财产提供担保,能在法律规定的范围内自己承担相应的民事责任。同时,从营业目标看,电子认证服务机构应当是非营利性的公用企业,它扮演着一个对买卖双方签约、履约进行监督管理的角色,买卖双方都有义务接受电子认证服务机构的监督和管理。因此,在整个电子商务过程中,电子认证服务机构有着不可替代的作用,往往带有半官方的性质。

(2)电子认证服务机构的权威性和可信赖性

在电子商务交易的撮合过程中,电子认证服务机构是提供交易双方验证的第三方机构,是一个或多个用户信任的、具有权威性的组织实体。它不仅要对进行电子商务交易的买卖双方负责,还要对整个电子商务的交易秩序负责。

只有经国家主管部门授权经营的电子认证服务公司,或由国家主管部门颁发经营许可证的电子认证服务机构签发的电子签名认证证书,才具有这种权威性。正如只有经公安部门签发的个人身份证,才具有绝对可靠的权威性一样。同时,由于电子认证在网络中的应用具有跨越国界的特性,因此,只有政府主管部门以国家的名义介入,才能使电子认证具有为他国所承认的功效。

(3)电子认证服务机构的中立性与可靠性

电子认证服务机构一般并不直接与用户进行电子商务交易,而是在其交易中以受信赖的中立机构的身份提供信用服务。

(4)电子认证服务机构的标准化与可执行性

政府主管部门可规定法律上统一的技术方案,规范不同级别的电子认证服务机构的电子认证标准及程序,同时政府主管机关可担当最高一级的公开密钥认证中心的角色。

政府主管机关在CA认证中的介入,使得认证体系在建立、标准的设定,以及兼容跨国认证等方面具有绝对权威性及统一的特点,因此,在实施电子认证服务过程中,其可操作性、可执行性的特点是显而易见的,这就避免了可能由于技术与服务等方面的不同标准而使电子认证无法实施的问题,从而消除了当事人对电子交易安全性的顾虑。

3.2.2 电子认证服务机构的设立

鉴于电子认证服务机构在电子交易中的重要作用,电子认证服务机构的设立必须符合一定的标准,才能保证其运营符合电子商务的需要。只有电子认证服务机构的运营受到切实有效的监督,才能最大限度地减小其对使用证书的各方利益的损害。

1.电子认证服务机构的设立形式

(1)由国家有关职能部门下属单位直接设立,从事电子认证服务工作。

(2)由政府相关部门做出授权,规定严格的审批条件和签发认证证书的程序,同时行使监督权,以确保网络交易的安全性。

(3)通过市场的方式建立,在市场竞争中建立起信用。电子认证服务机构申请从事电子认证服务的许可时,需要满足一定的审批条件。政府主管机关在审核及签发许可证时,需要对电子认证服务机构的资信情况和主体资格进行审核。

2.电子认证服务机构设立的条件

电子签名需要第三方认证的,由依法设立的电子认证服务机构提供认证服务。在我国,电子认证服务机构应是企业法人,其设立与经营应当符合《中华人民共和国公司法》的有关规定,同时还应当符合《电子签名法》的基本要求。依照《电子认证服务管理办法》第五条的规定,电子认证服务机构应当具备下列条件:

(1)具有独立的企业法人资格。

(2)具有与提供电子认证服务相适应的人员。从事电子认证服务的专业技术人员、运营管理人员、安全管理人员和客户服务人员不少于三十名,并且应当符合相应岗位技能要求。

(3)注册资本不低于人民币三千万元。

(4)具有固定的经营场所和满足电子认证服务要求的物理环境。

(5)具有符合国家有关安全标准的技术和设备。

(6)具有国家密码管理机构同意使用密码的证明文件。

(7)法律、行政法规规定的其他条件。

此外,《电子认证服务管理办法》第六条规定,申请电子认证服务许可的,应当向工业和信息化部提交下列材料:

(1)书面申请。

(2)人员证明。

(3)企业法人营业执照副本及复印件。

(4)经营场所证明。

(5)国家有关认证检测机构出具的技术、设备、物理环境符合国家有关安全标准的凭证。

(6)国家密码管理机构同意使用密码的证明文件。

《电子认证服务管理办法》第七条至第九条规定:工业和信息化部对提交的申请材料进行形式审查。申请材料齐全、符合法定形式的,应当向申请人出具受理通知书。申请材料不齐全或者不符合法定形式的,应当当场或者在五日内一次告知申请人需要补正的全部内容。工业和信息化部对决定受理的申请材料进行实质审查。需要对有关内容进行核实的,指派两名以上工作人员实地进行核查。工业和信息化部对与申请人有关事项书面征求中华人民共和国商务部等有关部门的意见。

3.《电子认证服务许可证》

工业和信息化部应当自接到申请之日起四十五日内做出准予许可或者不予许可的书面决定。不予许可的,应当书面通知申请人并说明理由;准予许可的,颁发《电子认证服务许可证》,并公布下列信息:

(1)《电子认证服务许可证》编号。

(2)电子认证服务机构名称。

(3)发证机关和发证日期。

电子认证服务许可相关信息发生变更的,工业和信息化部应当及时公布。

《电子认证服务许可证》的有效期为五年。

《电子认证服务管理办法》第十一条明确规定:"电子认证服务机构不得倒卖、出租、出借或者以其他形式非法转让《电子认证服务许可证》。"第十三条规定:"电子认证服务机构在《电子认证服务许可证》的有效期内变更公司名称、住所、法定代表人、注册资本的,应当在完成工商变更登记之日起15日内办理《电子认证服务许可证》变更手续。"

3.2.3 电子认证服务机构的管理

1. 电子认证服务机构的管理政策

各国对电子认证服务机构的管理各有其政策。总的来说,可分为以下三种类型:

(1) 行业自律型。这是市场自由、技术中立原则的充分体现,即政府完全不介入、不干预,电子认证服务机构通过市场竞争建立信誉,以求生存和发展。采用这一管理模式的多为拥有雄厚的技术和资金优势,市场发育成熟,社会信用制度健全,民间认证体系已趋完善的国家。如澳大利亚、美国就是采用这种方法的典型代表。这种自由宽松的交易环境,或许有利于电子商务企业施展才华,但却不利于广大消费者的参与。

(2) 政府监管与市场培育相结合。采用这种方式管理电子认证服务机构的国家多数规定了自愿认可制度,即法律规定电子认证服务机构并不一定取得许可,但是经过政府许可的电子认证服务机构可享受责任限额等优惠条件。政府对电子认证服务机构的管理只实行有限介入,不进行全面干预的形式,如新加坡、英国、奥地利等国家。任何官方的和非官方的实体,都可以成为电子认证服务机构,但它必须是在全国认证协会登记的成员。

(3) 政府主导型。多数发展中国家,由于技术资金处于劣势、市场发育不完善,同时又要加快发展,因而多采用政府干预的形式,以发展本国认证体系,如马来西亚。但是,一些发达国家也保留了浓厚的政府介入特色,规定由信息通信部或者相关大臣发放许可。如韩国、日本都属于对电子认证服务机构实施许可、审批的国家。这种方法充分显示了政府的行政力量,其目的是让安全的数字签名完全成为手书签名的替代品,进而促使广大的消费者进入电子商务领域。

我国的《电子签名法》也属于政府主导型。依据我国《电子签名法》《电子认证服务管理办法》的规定,电子认证服务机构应当按照工业和信息化部公布的《电子认证业务规则规范》等要求,制定本机构的电子认证业务规则和相应的证书策略,在提供电子认证服务前予以公布,并向工业和信息化部备案。电子认证业务规则和证书策略发生变更的,电子认证服务机构应当予以公布,并自公布之日起三十日内向工业和信息化部备案。

这样的规定应该说是比较适合我国目前的商业和网络环境的。纯粹市场竞争的解决方案不仅有赖于市场的培育和成熟,而且有赖于市场监管机制的健全。为了保障我国电子商务的健康发展,由政府组建的或者授权的机构担任电子签名的安全电子认证服务机构还是非常有必要的。从我国目前的情况看,完全采取市场竞争的方式发展电子认证服务机构在近期还不现实。

2. 对电子认证服务机构的监管办法

工业和信息化部对电子认证服务机构进行定期、不定期的监督检查,监督检查的内容主要包括法律法规符合性、安全运营管理、风险管理等。工业和信息化部对电子认证服务机构实行监督检查时,应当记录监督检查的情况和处理结果,由监督检查人员签字后归档。公众有权查阅监督检查记录。工业和信息化部对电子认证服务机构实行监督检查,不得妨碍电子认证服务机构正常的生产经营活动,不得收取任何费用。取得电子认证服务许可的电子认证服务机构,在电子认证服务许可的有效期内不得降低其设立时所应具备的条件。

电子认证服务机构应当如实向工业和信息化部报送认证业务开展情况报告、财务会计报告等有关资料。电子认证服务机构有下列情况之一的,应当及时向工业和信息化部报告:

(1)重大系统、关键设备事故。

(2)重大财产损失。

(3)重大法律诉讼。

(4)关键岗位人员变动。

电子认证服务机构应当对其从业人员进行岗位培训。工业和信息化部根据监督管理工作的需要,可以委托有关省、自治区和直辖市信息产业主管部门承担具体的监督管理事项。

3.3 电子签名认证证书

3.3.1 电子签名认证证书的概念及内容

所谓电子签名认证证书,是指由独立的授权认证服务机构发放的,证明交易主体在互联网上的身份证件,是交易主体在互联网上的"数字身份证",也是交易主体收发数据电文时采用证书机制来保证安全所必须具备的证书。

我国《电子签名法》中所称的电子签名认证证书,是指可证实电子签名人与电子签名制作数据有联系的数据电文或者其他电子记录。

电子签名认证证书由电子认证服务提供者签发,应当准确无误,并应当载明下列内容:

(1)电子认证服务提供者名称。

(2)证书持有人名称。

(3)证书序列号。

(4)证书有效期。

(5)证书持有人的电子签名验证数据。

(6)电子认证服务提供者的电子签名。

(7)国务院信息产业主管部门规定的其他内容。

其中,电子签名验证数据就是用于验证电子签名的数据,包括代码、口令、算法或者公钥等。

数字证书"长啥样"?——数字证书的内容

3.3.2 电子签名认证证书的种类

电子签名认证证书可以用于电子邮件、电子资金转移、电子商务等诸多领域。目前广泛应用的电子签名认证证书主要有:

1. 个人电子签名认证证书

个人电子签名认证证书中包含证书持有者的个人身份信息、公钥及 CA 的签名,在网络通信中标识证书持有者的个人身份,可以存储在软盘、硬盘、IC 卡、USB 中。

2. 企业电子签名认证证书

企业电子签名认证证书中包含企业基本信息、公钥及 CA 的签名,在网络通信中标识证书持有企业的身份,可以存储在软盘、硬盘、IC 卡、USB 中。

3. 服务器身份证书

服务器身份证书中包含服务器信息、公钥及 CA 的签名,在网络通信中标识和验证服务器的身份。在网络应用系统中,服务器软件利用证书机制保证与其他服务器或客户端通信的安全性。服务器身份证书可以存储在软盘、硬盘、IC 卡中。

4. 安全 Web 站点证书

安全 Web 站点证书中包含 Web 站点的基本信息、公钥和 CA 的签名,凡是具有网址的 Web 站点均可以申请使用该证书,主要和网站的 IP 地址、域名绑定,可以保证网站的真实性和不被仿冒。安全 Web 站点证书可以直接存储在 Web 服务器的硬盘中。

5. 安全电子邮件证书

安全电子邮件证书中包含证书持有者的电子邮件地址、公钥及 CA 的签名。使用安全电子邮件证书可以收发加密和数字签名邮件,保证电子邮件传输中的机密性、完整性和不可否认性,确保电子邮件通信各方身份的真实性。安全电子邮件证书可以存储在硬盘、USB 中。

6. 代码签名证书

代码签名证书是 CA 签发给软件提供商的电子签名认证证书,包含软件提供商的身份信息、公钥及 CA 的签名。软件提供商使用代码签名证书对软件进行签名后放到 Internet 上,当用户在 Internet 上下载该软件时,将会得到提示,从而可以确信软件的来源以及软件自签名后到下载前,没有被篡改或破坏。

代码签名证书的使用,对于用户来说,可以清楚了解软件的来源和可靠性,增强了用户使用 Internet 获取软件的信心。即使用户下载的是有害软件,也可以根据证书追踪到软件的来源。对于软件提供商来说,使用代码签名证书,其软件产品更难以被仿造和篡改,增强了软件提供商与用户间的信任度,同时也提高了软件提供商的信誉。

3.3.3 电子签名认证证书的管理

1. 证书的签发

电子签名认证证书由取得认证资格的电子认证服务机构签发。取得认证资格的电子认证服务机构在提供电子认证服务之前,应当通过互联网公布下列信息:

(1)机构名称和法定代表人。

(2)机构住所和联系办法。

(3)《电子认证服务许可证》编号。
(4)发证机关和发证日期。
(5)《电子认证服务许可证》有效期的起止时间。

电子认证服务机构应当按照公布的电子认证业务规则提供电子认证服务。电子认证服务机构在受理电子签名认证证书申请前,应当向申请人告知下列事项:

(1)电子签名认证证书和电子签名的使用条件。
(2)服务收费的项目和标准。
(3)保存和使用证书持有人信息的权限和责任。
(4)电子认证服务机构的责任范围。
(5)证书持有人的责任范围。
(6)其他需要事先告知的事项。

电子认证服务机构受理电子签名认证申请后,应当与证书申请人签订合同,明确双方的权利和义务,而后才能为其签发电子签名认证证书。

2. 证书的查询与保管

由电子认证服务机构提供电子签名认证证书的目录信息查询服务和电子签名认证证书状态信息查询服务。电子认证服务机构应当保证电子签名认证证书内容在有效期内完整、准确。同时,也要保证电子签名依赖方能够证实或者了解电子签名认证证书所载内容及其他有关事项。

电子认证服务机构应当建立完善的安全管理和内部审计制度,应当遵守国家的保密规定,建立完善的保密制度,对电子签名人和电子签名依赖方的资料,负有保密的义务,妥善保存与电子认证服务相关的信息。

3. 证书的更新与撤销

有下列情况之一的,电子认证服务机构应当对申请人提供的证明身份的有关材料进行查验,并对有关材料进行审查:

(1)申请人申请电子签名认证证书。
(2)证书持有人申请更新证书。
(3)证书持有人申请撤销证书。

有下列情况之一的,电子认证服务机构可以撤销其签发的电子签名认证证书:

(1)证书持有人申请撤销证书。
(2)证书持有人提供的信息不真实。
(3)证书持有人没有履行双方合同规定的义务。
(4)证书的安全性不能得到保证。
(5)法律、行政法规规定的其他情况。

电子认证服务机构更新或者撤销电子签名认证证书时,应当予以公告。

3.4 电子签名

3.4.1 电子签名与传统签名的功能比较

1. 传统签字盖章的功能

以纸张为基础的传统签名、盖章是必须在书面或文书上签字或盖章,而这样的手续,其目的除了慎重、隆重以及留存证据之外,另一方面,通过交易双方当事人或委托他人当面签署相关法律文件,也含有认证的成分。这里所谓的认证,其实就是我们所强调的不可否认性、完整性(未篡改性)以及确认相对人真实身份的功能。具体而言:

(1)通过当面以手写签名、盖章来签署文书,在此过程中,因为直面相对人,可以核对其身份证或护照等有效身份证明文件,以确认眼前这位相对人确属本人,从而达到确认相对人的功能。

(2)在打印的书面文件上签名或者盖章,就是让相对人无法否认其所做的行为。

(3)为避免文书内容遭到篡改,可在文书的修改之处,要求双方当事人再加签名或盖章,如此均可代表确认修改无误,维持文书的完整性。当然如果文书有多页,为避免遭人置换内页,也可加盖"骑缝章",这样就能更加确认文书的完整性并证明其未遭篡改的事实。

综上,传统签名或盖章的功能可以归纳为以下几个方面:

(1)确保文书的证据性——不可否认性与完整性。

(2)确保文书的仪式性——信赖与慎重层面。

(3)确保签署者同意的意思表示——确认相对人的真实身份。

(4)证明某人某时身在某地的事实。

2. 电子签名的功能

由于数字化信息有其本质上的特点,即容易篡改且不留痕迹,并且在网络中传递信息的同时亦有遭第三人截取的可能,因此通过加密技术中的密码学并建立公开密钥基础设施,以确认数字化信息传递者的真实身份及数字文件的真实性是非常有必要的。所以,从电子签名的功能性来看,其目的也是确保以下几个方面:

(1)电子文件的证据性——不可否认性与完整性。

(2)电子签名的签署者同意的意思表示——确认相对人的功能。

(3)电子文件的安全性——不可被篡改及截取。

3.4.2 电子签名的实现方法

目前,可以通过多种技术手段实现电子签名,在确认了签署者的确切身份后,电子签名允许人们用多种不同的方法签署一份电子记录。电子签名的实现方法有:基于 PKI(Public Key Infrastructure)公钥密码技术的数字签名;以生物特征统计学为基础的识别标识;手印、声音印记或视网膜扫描的识别;一个让收件人能识别发件人身份的密码代号、密码或个人识别码(PIN);基于量子力学的计算机技术等。但比较成熟的,使用方便并具有可操作性的,在世界先进国家和我国普遍使用的电子签名技术还是基于PKI的数字签名技术。

1.手写签名或印章的模式识别

这种方式是指将手写签名或印章作为图像,用光扫描转换后在数据库中加以存储,当对此人进行验证时,用光扫描输入,并将原数据库中对应的图像调出,用模式识别的数学计算方法进行比对,以确认该签名或印章的真伪。这种方法曾经在银行会计柜台使用,需要大容量数据库加以存储且每次手写签名和盖印存在差异性,因此这种方法不适用于在互联网上传输。

2.生物识别技术

生物识别技术是利用人体生物特征进行身份认证的一种技术。生物特征是一个人与他人不同的唯一表征,它是可以测量、自动识别和验证的。生物识别系统对生物特征进行取样,提取其唯一的特征进行数字化处理,转换成数字代码,并进一步将这些数字代码组成特征模板存入数据库,人们与识别系统交互进行身份认证时,识别系统获取其特征并与数据库中的特征模板进行比对,以确定是否匹配,从而确定或否认此人身份。生物识别技术主要有以下几种:

(1)指纹识别技术。每个人的手指皮肤纹路是唯一的,并且终身不变,通过将他的指纹和预先保存在数据库中的指纹采用指纹识别算法进行比对,便可验证他的真实身份。在身份识别的前提下,可以将纸质公文或数据电文按手印签名或放于IC卡中签名。这种签名需要大容量数据库支持,适于本地面对面处理,不适宜网上传输。

(2)视网膜识别技术。视网膜识别技术是指利用激光照射眼球的背面,扫描摄取几百个视网膜的特征点,经数字化处理后形成记忆模板存储于数据库中,供以后的比对验证。视网膜是一种极其稳定的生物特征,作为身份认证是精确度较高的识别技术。但其使用困难,不适用于直接电子签名和网络传输。

(3)声音识别技术。声音识别技术是一种行为识别技术,是指用声音录入设备反复地测量、记录声音波形变化,进行频谱分析,经数字化处理之后做成声音模板加以存储。使用时将现场采集到的声音同登记过的声音模板进行精确匹配,以识别身份。这种技术精确度较差,使用困难,不适用于直接电子签名和网络传输。

以上身份识别方法均适用于面对面场合,但不适用于远程网络认证及大规模人群认证。

3.密码或个人识别码

密码或个人识别码是指利用传统的对称密钥加密或者解密的身份识别和签名方法。具体操作程序为:甲方需要乙方签署一份电子文件,甲方可产生一个随机码传送给乙方,乙方用双方事先约定好的对称密钥加密该随机码和电子文件回传给甲方,甲方用同样的对称密钥解密后得到电文并核对随机码,如随机码核对正确,甲方即可认为该电文来自乙方。这种识别方法适用于远程网络传输,但对称密钥管理困难,不适合大规模人群认证和电子签名。

在对称密钥加/解密认证中,实际经常采用的是 ID+PIN(身份唯一标识+口令),即发送方用对称密钥加密 ID 和 PIN 发给接收方,接收方解密后与后台存放的 ID 和 PIN 进行比对,以达到认证的目的。人们在日常生活中使用的银行卡就是采用的这种认证方法。

4. 基于量子力学的计算机技术

量子计算机是以量子力学原理直接进行计算的计算机,它使用了一种新的量子密码的编码方法,即利用光子的相位特性编码。量子力学的随机性非常特殊,无论多么聪明的窃听者,在破译这种密码时都会留下痕迹,甚至密码在被窃听的同时会自动改变,因此可以说,这将是世界上最安全的密码认证和签名方法。但是,这种计算机还只是停留在理论研究阶段,离实际应用还很遥远。

5. 基于 PKI 的数字签名技术

基于 PKI(公钥基础设施)的电子签名被称作数字签名。有人称电子签名就是数字签名,其实这是不确切的。事实上,数字签名只是电子签名的一种特定形式。因为电子签名虽然获得了技术中立性,但也带来了使用的不便,法律上又对电子签名做了进一步规定,如联合国国际贸易法委员会的《电子签名示范法》以及《欧盟电子签名统一框架指令》中就规定了"可靠电子签名"和"高级电子签名",实际上就是规定了数字签名的功能。这种规定使数字签名获得了更好的应用安全性和可操作性。目前,具有实际意义的电子签名只有公钥密码理论。所以,目前国内外普遍使用的、技术较成熟的、可实际操作的还是基于 PKI 的数字签名技术。PKI 可提供多种网上安全服务,如认证、数据保密性、数据完整性和不可否认性,这些都用到了数字签名技术。

3.4.3 基于 PKI 的电子签名的基本过程

对一个电子文件进行电子签名并在网上传输,其技术实现过程大致如下:首先要在网上进行身份认证,然后再进行签名,最后是对签名的验证。

1. 认证

PKI 提供的服务首先是认证,即身份识别与鉴别,确认实体即为自己所声明的实体。认证的前提是甲、乙双方都具有第三方 CA 所签发的证书。认证分为单向认证和双向认证。

(1) 单向认证。单向认证是甲、乙双方在网上通信时,甲方只需要认证乙方的身份即可。这时甲方需要获取乙方的证书,获取的方式有两种:一种是在通信时乙方直接将证书传送给甲方,另一种是甲方向 CA 的目录服务器查询索取。甲方获得乙方的证书后,首先用 CA 的根证书公钥验证该证书的签名,验证通过则说明该证书是第三方 CA 签发的有效证书。然后检查(LRC 检查)证书的有效期,即检查该证书是否已被作废而进入黑名单。

(2) 双向认证。双向认证是甲、乙双方在网上通信时,不但甲方要认证乙方的身份,而且乙方也要认证甲方的身份。其认证过程与单向认证过程相同。

甲、乙双方在网上查询对方证书的有效期及黑名单时,采用的是 LDAP(Light Directory Access Protocol),它是一种轻型目录访问协议。

2. 电子签名的操作过程

电子签名的操作过程如图 3-1 所示。在这个过程中,需要有发送方签名证书的私钥及其验证公钥。

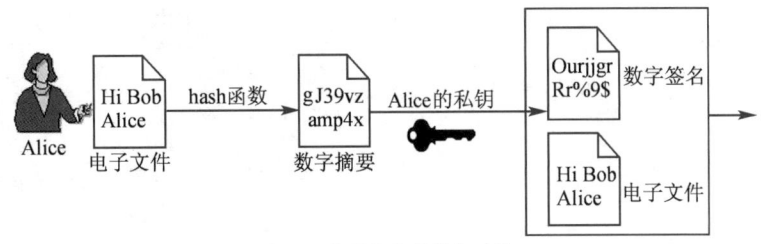

图 3-1 电子签名的操作过程

电子签名的具体操作过程如下：
(1) 生成被签名的电子文件(《电子签名法》中称为数据电文)。
(2) 对电子文件用哈希算法(hash 函数)做成数字摘要,再对数字摘要用签名私钥进行非对称加密,即生成数字签名。
(3) 将以上的数字签名和电子文件以及签名证书的公钥放在一起进行封装,形成签名结果发送给接收方,待接收方验证。

3.电子签名的验证过程

接收方收到发送方的签名结果后进行签名验证,其具体操作过程如图 3-2 所示。

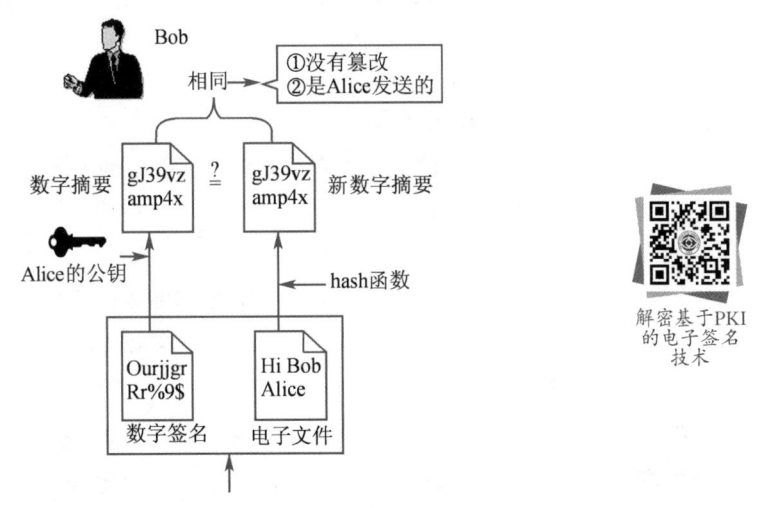

图 3-2 电子签名的验证过程

解密基于PKI的电子签名技术

接收方收到电子签名的结果,其中包括数字签名、电子文件和发送方的公钥,即待验证的数据。接收方进行签名验证,验证过程为:接收方首先用发送方的公钥解密数字签名,导出数字摘要,并对电子文件用同样的哈希算法运算得到一个新的数字摘要,将两个数字摘要进行结果比较,相同则电子签名验证有效;否则无效。这就做到了《电子签名法》中所规定的对签名不能改动,对签署的内容和形式也不能改动的要求。将发送方的电子签名过程和接收方的电子签名验证过程结合起来就得到了如图 3-3 所示的效果。

4.电子签名的作用

如果接收方对发送方电子签名验证成功,就可以说明以下三个实质性的问题:
(1) 该电子文件确实是由签名者的发送方所发出的,电子文件来源于该发送者,因为

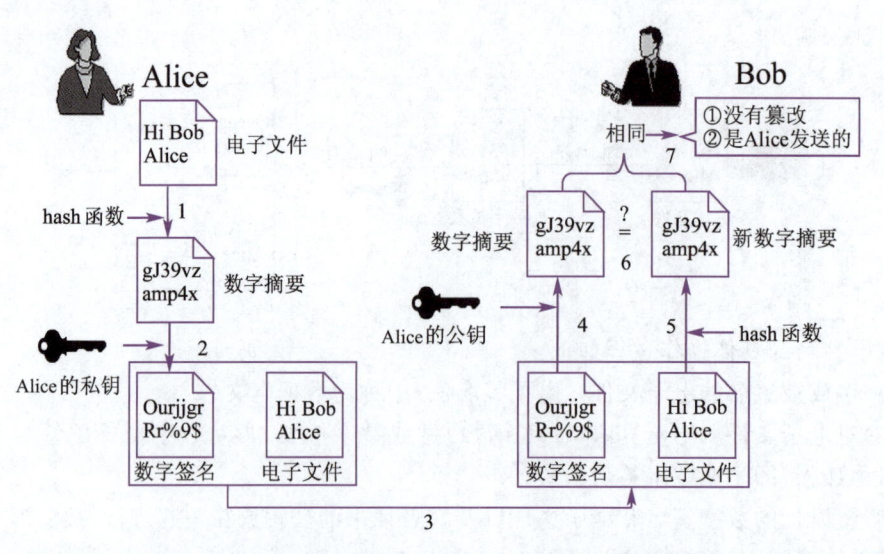

图 3-3 发送方的电子签名过程和接收方的电子签名验证过程

签署时,电子签名数据由电子签名人所控制。

（2）被签名的电子文件确实是经发送方签名后发送的,说明发送方用自己的私钥做了签名,并得到验证,达到不可否认的目的。

（3）接收方收到的电子文件在传输中没有被篡改,保持了数据的完整性,因为签署后对电子签名的任何改动都能够被发现。

以上三点就是对《电子签名法》第十四条中所规定的"可靠的电子签名与手写签名或者盖章具有同等的法律效力"的具体体现。

5. 原文保密的电子签名实现方法

上述电子签名原理中定义的是对原文做数字摘要和签名并传输原文,但在很多场合中,传输的原文是要求保密的。那么,要求对原文进行加密的电子签名如何实现呢？图 3-4 说明了该签名过程。

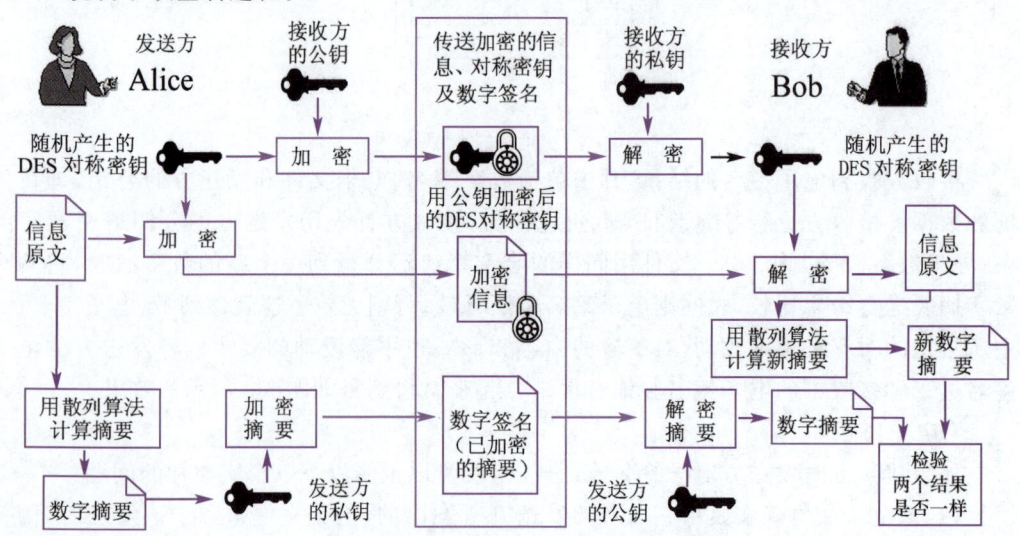

图 3-4 原文加密的电子签名与验证的完整过程

如图 3-4 所示的流程是一个典型的电子信封处理过程。基本原理是将信息原文用对称密钥加密传输,而将对称密钥用接收方的公钥加密发送给对方。接收方收到电子信封,用自己的私钥解密,取出对称密钥,解密得到原文。其详细过程如下:

(1)发送方 Alice 将信息原文进行散列算法(摘要)运算,得到数字摘要。

(2)发送方 Alice 用自己的私钥,采用非对称算法,对数字摘要进行加密,便得到电子签名,即加密后的信息摘要。

(3)发送方 Alice 用对称密钥对信息原文加密,得到加密后的密文信息。

(4)发送方 Alice 用接收方 Bob 的公钥,采用 RSA 算法对对称密钥加密,形成电子信封,就好像将对称密钥装到了一个用接收方公钥加密的信封里。

(5)发送方 Alice 将加密信息和电子信封一起发送给接收方 Bob。

(6)接收方 Bob 接收到电子信封后,首先用自己的私钥解密电子信封,取出对称密钥。

(7)接收方 Bob 用对称密钥解密加密信息,还原出信息原文、电子签名及发送方 Alice 证书的公钥。

(8)接收方 Bob 验证电子签名,先用发送方 Alice 的公钥解密电子签名得到数字摘要。

(9)接收方 Bob 同时将信息原文用同样的散列算法进行运算,求得一个新的数字摘要。将新得到的数字摘要和从数字签名中解密得到的数字摘要进行比较,验证原文是否被篡改。如果二者相同,说明数据在传输过程中没有被篡改,否则说明数据在传输过程中被篡改过。

3.4.4 《电子签名法》的基本内容和作用

我国《电子签名法》规定,可靠的电子签名与手写签名或者盖章具有同等的法律效力。《电子签名法》的颁布,标志着我国首部"真正意义上的信息化法律"正式诞生。它对我国电子商务、电子政务的发展起到了极其重要的促进作用。

我国《电子签名法》只有三十六条,十分精炼。根据我国电子商务发展的实际需要和实践中存在的问题,借鉴联合国及有关国家和地区电子签名立法的做法,我国《电子签名法》主要规定了以下几个方面的内容:

1. 确认电子签名的法律效力

确认电子签名的法律效力,关键在于解决两个问题:一是通过立法确认电子签名的合法性、有效性;二是明确满足什么条件的电子签名才是合法的、有效的。在众多的电子签名方法和手段中,并不是所有的都是安全有效的,只有满足一定条件的电子签名,才能具有与手写签名或者盖章同等的法律效力。对于确认电子签名的法律效力,《电子签名法》通过对电子签名进行定义,要求电子签名必须起到两个作用,即识别签名人身份、表明签名人认可文件中的内容。在此基础上,《电子签名法》明确规定了可靠的电子签名与手写签名或者盖章具有同等的法律效力。在解决什么条件下电子签名具有法律效力的问题上,参照联合国国际贸易法委员会制定的《电子签名示范法》的规定,以目前国际公认的成熟签名技术所具备的特点为基础,明确规定了与手写签名或者盖章同等有效的电子签名应当具备的条件。

2. 对数据电文做了相关规定

数据电文,通俗地讲,就是指电子形式的文件。现行的民商事法律关系多是基于以书面文件进行商务活动而形成的,使数据电文在很多情况下难以适用,形成了电子商务发展的法律障碍,因此,只有明确规定数据电文与书面文件具有同等的法律效力,才能使现行的民商事法律同样适用于数据电文。为此,《电子签名法》做了三方面的规定:一是规定了数据电文在什么情况下才具有法律效力;二是规定了数据电文在什么情况下可以作为证据使用;三是规定了数据电文发送人、发送时间和发送地点的确定标准。

3. 设立电子认证服务市场准入制度

电子商务中交易双方互不相识,缺乏信任。双方在使用电子签名时,往往要由第三方对电子签名人的身份进行认证,并为其发放证书,向交易对方提供信誉保证,这个第三方一般称为电子认证服务机构。考虑到电子认证服务机构的可靠与否对保证电子签名真实性和电子交易安全性起着关键作用,为了防止不具备条件的人擅自提供认证服务,《电子签名法》对电子认证服务设立了市场准入制度。同时,为了确保电子签名人身份的真实可靠,《电子签名法》要求电子认证服务机构为电子签名人发放证书前,一方面必须对签名人申请发放证书的有关材料进行形式审查,同时还必须对申请人的身份进行检验;另一方面,为了防止电子认证服务机构擅自停止经营、造成证书失效,使电子签名人和交易对方蒙受损失,《电子签名法》还规定了电子认证服务机构暂停、终止认证服务的业务承接制度。

4. 设立电子签名安全保障制度

为了保证电子签名的安全,《电子签名法》明确了有关各方在电子签名活动中的权利、义务。对于电子签名人一方,《电子签名法》规定了两方面的义务:一是要求其妥善保管进行电子签名所使用的私人密码。当知悉密码已经失密或者可能已经失密时,应当及时告知有关各方,并终止使用。二是要求其向电子认证服务机构申请电子签名证书时,提供的有关个人身份的信息必须是真实、完整和准确的。对于电子认证服务机构一方,《电子签名法》规定了三方面的义务:一是要求其制定、公布包括责任范围、作业操作规范、信息安全保障措施等事项在内的电子认证业务规则,并向国务院信息产业主管部门备案;二是要求其必须保证所发放的证书内容完整、准确,并使交易双方能够在认证证书中证实或者了解有关事项;三是要求其妥善保存与认证相关的信息。

总之,制定并颁布《电子签名法》,通过确立电子签名的法律效力,明确电子签名规则,可以清除电子商务发展的法律障碍,维护电子交易各方的合法权益,保障电子交易安全,为电子商务和电子政务的发展创造了有利的法律环境。

开篇案例结案

电子签名,医疗纠纷责任认定的不二法门

【本案焦点】

本案的焦点是能否通过信息技术手段对医院的电子病历是否被篡改进行准确鉴定。

【本案审理】

本案中的医院电子病历数据与数据库中的数据内容完全一致,通过数据库中的日志文件可以断定该电子病历在归档前和归档后均未经人为修改。院方在这方面无过错。

但经审理发现该院电子病历的电子签名位置为空,即相关医生在写完电子病历内容后没有对相关内容进行电子签名。如果医生均在写完电子病历后进行了可靠的电子签名,则此案可以直接通过可靠的电子签名来验证电子病历的真实性、完整性、未篡改性、责任可追溯性。在这方面医院存在过错。

所以,顺义区某医院虽没有对电子病历进行篡改,但未能严格按照《电子病历应用管理规范(试行)》操作锁定电子病历,以致引起患方对于电子病历真实性的质疑,导致诉讼期间进行了电子病历是否经修改等问题的司法鉴定,大大延长了案件审理周期,并由此产生了49 866元的司法鉴定费用,应由院方负担,驳回原告其他的诉讼请求。

【本案启示】

1. 电子签名可以规避医疗纠纷风险

在涉及电子病历的医疗纠纷案件中,患方对医院出具的电子病历,大都存在质疑。而在电子病历系统中引入电子签名,则能在医疗纠纷的责任认定方面发挥重要作用。

电子签名是一种基于PKI公钥密码运算的数字签名实现方案。在电子病历的书写过程中,医护人员使用电子签名认证证书完成对电子病历的签名运算,电子病历经数字签名后,数据内容会被数字签名锁定和保护,事后一旦发生修改,可以通过验证发现。我们常见的网上银行登录用U盾电子签名认证证书签名,就是电子签名的另一个普遍应用。

2. 确保电子病历的真实性,实现责任可追溯

在数字签名解决方案中,由权威第三方CA向医护人员颁发数字证书,相当于给每一个医护人员颁发一个标识其身份的"系统身份证",防止身份冒用;在医院业务流程的每一个节点、每一个环节上都进行电子签名,相当于在每个环节上都利用电子签名技术将"时间、地点、人物、事件"等要素进行了绑定,实现了过程中所有要素均可追溯。当时的责任人和操作人是谁?操作是什么时间进行的?这些均是不可抵赖的。

3. 对电子病历的有效锁定

传统纸质病历的"锁定"是将所有涉案的患者病历记录统统收集起来,在医患双方均在场的情况下,加贴封条,双方签字确认,实现对病历的封存。在数字签名解决方案中,提供的电子病历"锁定"方式是借助"可信数字身份+电子签名+时间戳"实现的。凡是经过医护人员电子签名后的病历内容,事后均无法被篡改,并且能够责任追溯到人;完成电子签名后,通过加盖"时间戳",将行为人、来自国家授时中心的权威时间信息、电子病历内容

绑定在一起,证明"自某年某月某日某时、某医生提交该电子病历文件起,电子病历中的任何数据内容都被锁定固化"。由于在事前,每一个医护人员签名时间点都实现了病历锁定,不存在事后再锁定的问题,因此针对传统纸质病历而言,基于电子签名实现的电子病历锁定更加合理、更加完善。

4.司法鉴定的可行性

一旦发生涉及电子病历的医疗纠纷,通过司法鉴定后,只有能够得出电子病历数据是否真实、是否完整、是否被篡改的明确结论,才能保障医患双方的合法权益。在上述案件中,由于院方没有实施可靠的电子签名,司法鉴定机构从医院提取的数据里无法得到相关的、可靠的、能够证明病历内容确实未经改动的信息,因此最终只能对相关系统数据库信息进行描述。但如果类似案情发生在已经使用了可靠的电子签名的电子病历系统中,情况就截然不同了:可靠的电子签名保证了数据的完整性和原始性,能够提供完整且可信的证据链。如果患者质疑一份经过可靠的电子签名保护的电子病历,司法鉴定机构能够在提取医院相关数据和CA提供的对应电子签名认证证书信息后,进行详细的分析说明,呈现一份直观、明确、更易被法庭理解和采信的司法鉴定报告。

技能实战

购房者使用电子签名引纠纷

刘先生和张女士夫妻二人在成都某房屋中介公司处求购房屋,并与其签订了《独家求购服务协议》。刘先生和张女士夫妻二人看中了黄先生所有的一套住房,由于黄先生是新加坡籍人,签约时人不在中国,双方约定可以使用电子签名方式签订合同。在中介公司的安排下,刘先生以电子邮件方式与卖房人黄先生签订了《房屋转让合约》,该合约中黄先生的签名系电子签名。

合约约定卖方将其所有的房屋出售给刘先生、张女士二人,并约定双方协同到成都市房地产交易中心签订《成都市存量房买卖合同》,否则视为违约,后卖房人拒绝前往办理手续,刘先生、张女士二人诉至法院要求卖房人承担违约责任。经查,签订合同后,刘先生、张女士已将定金交付给中介公司,纠纷发生后,中介公司将尚未交付给卖方的定金20 000元退还给刘先生、张女士二人。庭审中,被告黄先生称自己没有签订过《房屋转让合约》,也没有收取过两原告的定金,不承担法律责任。

【思考】

1.请指出本案争议的焦点。

2.如果你是法官,应当如何审理和判决本案?

技能训练

一、名词解释

电子认证　电子认证服务机构　电子签名认证证书　电子签名　生物识别技术　密钥技术

二、单选题

1.在电子认证过程中,有一个把电子签名和特定的人或者实体加以联系的专门管理机构,这个机构就是(　　)。

　　A.网络银行　　　　　　　　B.电子认证服务机构

　　C.EDI 中心　　　　　　　　D.物流配送中心

2.电子认证服务机构为每个使用公开密钥的用户发放一个认证证书,认证证书的作用是证明证书所列出的用户合法拥有证书中列出的(　　)信息。

　　A.电子签名　　　　　　　　B.公开密钥

　　C.私有密钥　　　　　　　　D.公开密钥和私有密钥

3.下列哪项不是电子签名认证证书应当载明的内容(　　)?

　　A.证书序列号　　　　　　　B.证书有效期

　　C.证书持有人的电子签名验证数据　D.证书持有人的电子签名

4.电子签名是指(　　)中以电子形式所含、所附用于识别签名人身份并表明签名人认可其中内容的数据。

　　A.电子邮件　　　　　　　　B.电子合同

　　C.数据电文　　　　　　　　D.磁盘

5.下列关于电子签名的说法中不正确的是(　　)。

　　A.电子签名是以电子形式出现的数据

　　B.电子签名是附着于数据电文中的

　　C.电子签名是用电子笔从屏幕输入的

　　D.电子签名可以是数据电文的一个组成部分,也可以是数据电文的连接,与数据电文具有某种逻辑关系,能够使数据电文与电子文件联系

6.在基于 PKI 的数字签名技术中,数字签名是指发送数据电文者用本人的私钥对(　　)进行加密的结果。

　　A.数据电文的明文　　　　　B.数据电文的摘要

　　C.数据电文的密文　　　　　D.发送者的姓名

三、多选题

1.电子认证的作用表现在(　　)方面。

　　A.信用公示　　　　　　　　B.防止欺诈

　　C.防止否认　　　　　　　　D.防止信息被截获

　　E.识别所有人身份

2.电子签名认证证书由电子认证服务提供者签发,应当准确无误,并应当载明(　　)。

　　A.电子认证服务提供者名称　B.电子认证服务提供者的电子签名

C.证书持有人名称 D.证书持有人私钥
E.证书持有人公钥

3.各国对电子认证服务机构的管理各有其政策。总的来说,可分为(　　)。
A.行业自律型 B.政府监管与市场培育相结合
C.政府主导型 D.企业主导型
E.个人主导型

4.电子签名同时符合下列条件的,视为可靠的电子签名(　　)。
A.电子签名制作数据用于电子签名时,属于电子签名人专有
B.签署时电子签名制作数据仅由电子签名人控制
C.签署后对电子签名的任何改动能够被发现
D.签署后对数据电文内容和形式的任何改动能够被发现
E.签署后的电子签名不能被任何第三方解密

5.从电子签名的功能性来看,其目的也是确保(　　)。
A.电子文件的不可否认性
B.电子签章的签署者同意的意思表示
C.电子文件的不可被篡改及截取性
D.电子文件的完整性
E.电子文件的截取性

6.目前,可以通过多种技术手段实现电子签名,这些技术主要有(　　)。
A.基于PKI的公钥密码技术的数字签名
B.以生物特征统计学为基础的识别标识
C.手印、声音印记或视网膜扫描的识别
D.一个让收件人能识别发件人身份的密码代号、密码或个人识别码(PIN)
E.基于量子力学的计算机技术

四、判断题

1.我国《电子签名法》所称电子签名是指以电子方式将发送信息者的姓名附于所发信息之上的一种形式。(　　)

2.电子签名签署后对数据电文内容和形式的任何改动能够被发现,满足此条件的电子签名即被视为可靠的电子签名。(　　)

3.确认电子签名的法律效力,关键在于解决两个问题:一是通过立法确认电子签名的合法性、有效性;二是明确满足什么条件的电子签名才是合法的、有效的。(　　)

4.基于PKI的数字签名的实现过程:发送者用自己的私钥对所发信息的摘要进行加密。(　　)

五、简答题

1.简述电子认证在电子商务领域中的地位。
2.简述电子认证服务机构的作用。
3.简述电子签名认证证书中应载明的内容。
4.简述电子认证的过程。

5. 简述电子认证过程中参与各方间的法律关系。
6. 简述当前电子签名的实现方法。
7. 比较电子签名与传统签名的功能。
8. 简述电子签名中签名人的法律责任与义务。

技能实战要点解析

1. 本案争议的焦点为以电子签名方式签订的房屋买卖合同是否具有法律效力。

2. 通过电子签名方式签订的合同,只要符合功能等同原则即具有法律效力。根据《电子签名法》的相关规定,"民事活动中的合同或其他文件、单证等文书,当事人可以约定使用或不使用电子签名、数据电文。当事人约定使用电子签名、数据电文的文书,不得仅因为其采用电子签名、数据电文的形式而否定其法律效力。前款规定不适用下列文书:(一)涉及婚姻、收养、继承等人身关系的;(二)涉及停止供水、供热、供气等公用事业服务的;(三)法律、行政法规规定的不适用电子文书的其他情形。"

综上,按照我国《电子签名法》的相关规定,涉及土地、房屋等不动产权益的转让情形适用于电子签名,本案中,刘先生和张女士约定可以使用电子签名方式签订合同,《房屋转让合约》中黄先生一方签名采用电子签名形式完成,具有与手写签名同等的法律效力,故双方电子版的《房屋转让合约》生效。刘先生与张女士夫妻二人可以要求黄先生继续履行合约,否则黄先生将承担违约责任。

第 4 章

电子合同法律问题

学习要点

◎ 电子合同的概念、特征与分类
◎ 电子合同订立
◎ 几种特殊形式的电子合同订立
◎ 电子合同的履行及违约救济

现在开庭

别拿"确认邮件"不当回事儿!

【基本案情】

被告某网络公司在其经营的网站举办"背包新品最高立减 500 元"的促销活动。按照活动公告及规则要求,原告小王参加了此次促销活动,使用了两张面额为 500 元的现金优惠券分别购买了两款背包。在订单成功提交后,网站以"不能采购到货"为由,删除了原告的订单。原告认为,网站用户在订单提交成功,并支付部分款项,且收到订单确认邮件后,合同的要约和承诺已同时具备,合同缔结成功,被告单方面取消订单属于违约。

被告代理律师则指出,网站在其每个页面的右下角及新用户注册时,页面有用户"使用条件"和"隐私声明"的提示,"使用条件"中着重标明了"如果您在××网上访问或购物,您便接受了以下条件"等相关字样。在"合同缔结"声明中也写明了"如果您通过我们网站订购产品,您的订单就成为一种购买产品的要约。我们将发送给您一封确认收到订单的电子邮件,其中载明订单的细节。但是只有当我们向您发出送货确认的电子邮件通知您我们已将产品发出时,我们对您合同申请的批准与接受才成立",即被告网站只有在"发货"时才意味着双方达成合同。被告指出,原告收到的第一份订单确认邮件并不能表明已达成合同。

(资料来源:自编)

【你是法官】
1. 指出本案争议的焦点。
2. 被告的"使用条件"是否是有效条款？
3. 如果你是法官，你该如何审理本案？

4.1 电子合同概述

4.1.1 电子合同的概念和特征

合同一直是民法领域中的一个重要概念。关于合同的概念各国法律均有明确规定，大陆法系认为合同就是当事人意思表示一致的"协议"，英美法系认为合同是受法律保护的"允诺"。两者对合同概念的理解一直存在着分歧，这是由两大法系的文化传统造成的。现在，两者在合同的概念问题上正在不断接近，已经基本上趋于一致。

《民法典》于 2020 年 5 月 28 日发布，于 2021 年 1 月 1 日起施行。因该法实施，我国原《民法通则》《民法总则》《合同法》等九部法律同时废止。《民法典》一共 1 260 条，其中合同编 526 条，基本上占据了《民法典》的半壁江山，充分说明了合同编在《民法典》中的重要地位。《民法典》合同编对原《中华人民共和国合同法》(共 428 条)有实质性修改的条款多达 145 条，足见《民法典》对合同部分的修订幅度之大。

我国《民法典》第四百六十四条规定："合同是民事主体之间设立、变更、终止民事法律关系的协议。婚姻、收养、监护等有关身份关系的协议，适用有关该身份关系的法律规定；没有规定的，可以根据其性质参照适用本编规定。"

《民法典》中合同的定义有如下要点：

(1) 合同是平等民事主体之间设立、变更、终止民事权利和义务关系的协议。民事主体有自然人、法人及非法人组织。自然人包括本国公民、外国公民及无国籍人。

(2) 有关身份关系的协议，是指与婚姻、收养、监护等有关身份关系的协议，这些协议包括结婚协议、离婚协议、收养协议、监护协议、遗赠扶养协议等。离婚协议不适用合同编的原因：

① 离婚协议是男女双方身份、财产等关系的复合协议。该协议中不仅有解除婚姻关系的条款，也有关于财产分割及子女抚养的条款。离婚协议主要解除的是身份关系，协议中财产的处理也与身份、情感、夫妻关系存续期间及离婚过错原因等因素有关。

② 夫妻以离婚分割共同财产，如将财产转移至一方、未成年子女名下等形式逃避债务的，实际是将家庭共有财产在家庭成员间的内部分配行为，这种分割协议和处分行为对家庭之外的人或债权人不产生对抗效力。

③ 身份关系是家庭成员间的共同财产分割的前提和原因，财产分割协议不能独立于

身份关系而存在。

④夫、妻及未成年子女等家庭成员间的财产登记行为非市场交易行为,不以等价有偿的市场经济原则进行衡量。

1. 电子合同的概念

关于电子合同,我国的《电子签名法》未有提及,《民法典》也只有第五百一十二条对电子合同当事人交付商品或者提供服务的方式和时间进行相关规定时直接提到了电子合同,其他条款均是间接提及。我国《电子商务法》中关于电子商务合同的规定较多,整个第三章都是关于电子商务合同的内容。而本教材所讲述的电子合同并不完全等同于电子商务合同。

我国《电子商务法》第四十八条规定:"电子商务当事人使用自动信息系统订立或者履行合同的行为对使用该系统的当事人具有法律效力。"这就是说,合同可以以电子化方式签订。

电子合同本质上还是合同,与传统合同的区别在于其形式要件的变更。电子商务的发展,使得电子合同从订立、确认到执行都具有与以往不同的特点。随着电子合同的广泛应用,由它产生的法律问题日益受到关注,因此,为了适应电子商务的发展,对电子合同进行准确界定是很有必要的,这对于双方当事人的权利和义务关系、交易行为的法律效力的确认是十分重要的。

我国《民法典》第四百六十九条规定:"当事人订立合同,可以采用书面形式、口头形式或者其他形式。书面形式是合同书、信件、电报、电传、传真等可以有形地表现所载内容的形式。以电子数据交换、电子邮件等方式能够有形地表现所载内容,并可以随时调取查用的数据电文,视为书面形式。"从本条规定中,我们可以得出电子合同的定义。

电子合同就是在电子商务环境下,平等主体的自然人、法人、其他组织通过电子形式和手段设立、变更、终止民事权利和义务关系的协议。具体来说,电子合同是指用电子数据交换、电子邮件、电报、电传、传真等电子化方式订立的关于双方当事人权利和义务关系的协议。从这个意义上来讲,电子商务合同只是电子合同的一部分。

2. 电子合同的特征

电子合同的主体、订立手段、存在方式等方面的特殊性,使得其具有区别于传统合同的许多特征:

(1) 电子合同的主体虚拟性

订立电子合同的双方当事人一般是在网络的虚拟市场中进行交易磋商和签订合同的,为了保证合同目的的实现,信用十分重要。在网络中,确定交易双方的身份有一定的困难,这主要是因为签订合同的双方可能彼此不能见面,同时合同信息要在远程网络上传输。所以电子合同的签订与传统合同的签订相比,合同的主体具有一定的虚拟性。

尽管各国合同法对当事人的缔约身份并没有特殊要求,但由于合同是一种民事法律行为,因此,有关民事法律行为合法成立的有效条件对订立合同也同样适用。法律行为的一般成立要件包括:行为人具有相应的民事行为能力;行为人意思表示真实;不违反法律或者社会公共利益。只有当事人具有相应的民事行为能力时,他所订立的合同才是有效的。

因此,在法律中规定双方当事人可以通过密码的辨认和电子认证服务机构的认证来确认对方的身份。

(2)电子合同订立的快捷性

由于电子合同的订立过程都是数据电文的传输,因此电子技术的快捷性大大加快了交易洽谈的速度,使电子合同的订立趋向电子化、无纸化,从而提高了电子合同的订立效率。

(3)电子合同信息的标准化

在交易磋商和电子合同的订立中,数据电文的传输要符合一定标准。各国语言、商务规定以及表达与理解上的歧义性,使得在电子邮件中书写报文必须有统一的规范和国际标准,应用十分广泛的 EDI 通信方式就已经制定了 EDI 业务的国际统一标准的数据格式。有了统一的国际标准,EDI 用户的计算机能够识别和处理传输的数据电文,消除各国语言、商务规定以及表达与理解上的歧义性,使国际贸易的各类单证数据有了交换的可能,大大提高了交易速度。

(4)电子合同效力确定的特殊性

我国《民法典》第四百九十二条规定:"承诺生效的地点为合同成立的地点。采用数据电文形式订立合同的,收件人的主营业地为合同成立的地点;没有主营业地的,其住所地为合同成立的地点。当事人另有约定的,按照其约定。"首先,电子合同生效的方式由传统的签字盖章变成数字签名;其次,电子合同的生效地点为数据电文接收人主营业地或其居住地,这与传统合同中"合同成立地点一般为合同生效地点"的规定不同。

(5)电子合同内容的易篡改性

交易双方对信息的发送、接收都是经由计算机应用系统来完成的,而电子数据具有易消失性和易改动性的特点,信息在传播时容易被截取、篡改,以电子文件的形式保存时,篡动、伪造可能会不留痕迹。因此,电子合同信息一般要经过加密处理后再在网络上传输,才能保证合同的内容不被篡改和泄露。

(6)电子合同的易保存和易复制性

由于数据电文可以十分方便地存储在计算机的软盘、硬盘等介质中,因此,电子合同的保存和复制也十分方便,并且复制件可以和原件完全一致。

4.1.2 电子合同的分类

1.按电子合同标的的不同

按照《民法典》第五百一十二条的规定,根据电子合同标的,可以把电子合同分为以下几种常见的类型:

(1)有形商品交易合同

《民法典》规定通过互联网等信息网络订立的电子合同的标的为交付商品并采用快递物流方式交付的,收货人的签收时间为交付时间。从交易的对象看,以有形货物为主要标的物的电子合同与传统交易合同相似,但订立方式和法律适用与传统合同有所区别。在电子商务中,这类合同通常采用电子邮件、EDI、点击方式或者其他数据通信方式订立。

(2)数字化商品交易合同

电子合同的标的物为采用在线传输方式交付的,合同标的物进入对方当事人指定的特定系统且能够检索识别的时间为交付时间。这类数字化商品一般指的是信息商品,与有形货物合同的履行区别在于,其不需要传统的物流配送系统,在互联网上就能基本完成合同履行的全部环节,从合同条款的洽谈、合同的签订到付款、交货、验收、使用以及售后服务均实现全程数字化交易。如计算机软件使用许可合同、技术开发与转让合同,在线书籍、杂志、音乐、电影、游戏的交易等均属此类。

(3)提供劳务交易合同

《民法典》规定电子合同的标的为提供服务的,生成的电子凭证或者实物凭证中载明的时间为提供服务时间。这类合同主要包括网络软硬件设备购买、技术服务和技术开发等合同,如网络服务器、路由器等大型硬件设备系统的技术交易,这一类设备的核心技术往往由大型跨国公司所掌握,这类合同格式规范、条款详尽,且一般不允许随意更改,具有格式合同的特点。在电子商务中,互联网的接入与运用,新的交易平台、技术平台和系统软件、应用软件的开发,都需要技术、设备的支持,以及协议的约束。因此,电子商务企业需要与网络服务提供商(ISP)签订网络接入、技术服务、主机托管等一系列技术性很强的合同协议,需要与相应的专业技术服务公司签订技术开发、咨询、服务合同,以及商业秘密保护协议等。

2. 按电子合同订立方式的不同

如前所述,电子合同是指用电子数据交换、电子邮件、电报、电传、传真等电子化方式订立的关于双方当事人权利义务关系的协议。依据这个定义,我们可以按电子合同订立方式的不同将其分为以下几类:

(1)以电子数据交换方式订立的合同

电子数据交换(Electronic Data Interchange,EDI)是一种通过计算机网络将贸易、运输、银行、海关等行业信息,用一种国际公认的标准格式在各有关部门或公司、企业之间进行数据交换与处理的电子化手段。

公司之间采用EDI方式传输订单、发票等作业文件,订立合同的过程为:企业收到一份EDI订单,则系统自动处理该订单,检查订单是否符合要求;然后通知企业内部管理系统安排生产;向零配件供销商订购零配件等;有关部门申请进出口许可证;通知银行并给订货方开出EDI发票;向保险公司申请保险等,从而使整个商贸活动过程在最短时间内准确地完成。真正的EDI系统是将订单、发货、报关、商检、银行结算合成一体的系统,从而大大加快了贸易的速度。

(2)以电子邮件方式订立的合同

电子邮件以方便、快捷、高效率、低成本、易于保存、全球畅通无阻等特点受到使用者的青睐,被广泛地应用。它使人们的交流方式得到了极大的改变,成为继电话、电报、传真以来又一重要的通信方式。

在电子商务中,通过电子邮件订立的合同很多,它可使当事人订立合同意思表达得更加丰富、直观、明确,且不受地域、距离的限制,安全、快捷、高效。

然而,电子邮件数据信息的易消失和易篡改性,给电子邮件的安全造成了很大的隐患,以电子邮件方式订立的合同在法律效力上容易产生纠纷。

(3)电子格式合同

格式合同,也叫标准合同,是指由一方当事人事先制定的,不需要另一方意思表示的参与,并适用于不特定的第三人,第三人不得加以改变,为了反复使用而事先拟定的合同。格式合同的非协议性特点,使其较多地体现了合同提供方的意志。使用人只有接受或拒绝的选择权。因此,格式合同也被称为附合合同。在订约过程中,简化了合同订立中必要的要约、承诺环节,当事人的真实意思很难得到真实反映,合同自由受到较多限制。在电子商务中,电子格式合同之所以得到广泛应用,是电子商务追求高效率的必然结果。但是,为了维护当事人的利益,必须对电子格式合同加以规范。《民法典》第四百九十六条规定:"格式条款是当事人为了重复使用而预先拟定,并在订立合同时未与对方协商的条款。采用格式条款订立合同的,提供格式条款的一方应当遵循公平原则确定当事人之间的权利和义务,并采取合理的方式提示对方注意免除或者减轻其责任等与对方有重大利害关系的条款,按照对方的要求,对该条款予以说明。提供格式条款的一方未履行提示或者说明义务,致使对方没有注意或者理解与其有重大利害关系的条款的,对方可以主张该条款不成为合同的内容。"《电子商务法》第四十九条规定:"电子商务经营者发布的商品或者服务信息符合要约条件的,用户选择该商品或者服务并提交订单成功,合同成立。当事人另有约定的,从其约定。电子商务经营者不得以格式条款等方式约定消费者支付价款后合同不成立;格式条款等含有该内容的,其内容无效。"

在网络环境下,许多电子商务活动采用的电子合同都是电子格式合同。互联网中,许多网站提供服务的前提是用户接受服务方的服务条款,用户只有在点击"我同意"之后,才能接受进一步的服务。而网站都声称,"点击"表明用户接受合同内容条款,该合同即告成立,这就是电子格式合同的订立过程,体现了格式合同的特点。

4.1.3 电子合同与传统合同的区别

1.订立形式不同

在电子商务中,电子合同与传统合同相比,合同的意义和作用没有发生改变,但其形式却发生了极大的变化。

传统合同采用纸面文件作为合同合法生效的法律形式要件之一,而电子合同所载信息是数据电文,是通过计算机传输的,以无纸化的数字形式存在,也不存在原件与复印件之分。

传统合同通过签署者手书签名才可生效,而电子合同无法用传统的方式进行签名和盖章,是用高科技的电子签名代替手写签名。

2.履行环境不同

合同订立和履行的环境不同。传统合同发生在现实世界里,交易双方可以面对面地协商、操作。而电子合同发生在虚拟空间中,交易双方一般互不见面,在电子自动交易中,甚至不能确定交易相对人。对他们身份的确认主要依靠密码的辨认或电子认证服务机构的认证。

3. 订立环节不同

电子合同的要约与承诺发出和收到的时间比传统合同复杂,合同成立和生效的构成条件也有所不同。

4. 权利和义务不同

在电子合同中,既存在由合同内容决定的实体权利和义务关系,又存在由特殊合同形式产生的形式上的权利和义务关系,如数字签名法律关系。在实体权利和义务关系中,某些在传统合同中不受重视的权利和义务在电子合同里却显得十分重要,如信息披露义务、保护隐私权义务等。

4.2 电子合同的订立

合同成立的基本要件是双方当事人的意思表示一致。双方当事人经过要约和承诺并达成一致是合同依法成立的一般原则。电子合同是合同的一种特殊类型,也必须遵守合同成立的一般原则。但正由于电子合同的特殊性,尤其是电子合同订立的方式和形式要件与传统合同有很大的区别,因此,电子合同确定要约与承诺的形式、合同成立及履行的时间与地点、电子数据信息的证据效力、合同的网上履行及责任承担等问题,都对传统的合同法提出了挑战。

4.2.1 合同订立的要约与承诺

《民法典》第四百七十一条规定:"当事人订立合同,可以采取要约、承诺方式或者其他方式。"合同的订立主要包括要约和承诺两个阶段,承诺生效时合同成立。

1. 要约

《民法典》第四百七十二条规定:"要约是希望与他人订立合同的意思表示,该意思表示应当符合下列条件:(一)内容具体确定;(二)表明经受要约人承诺,要约人即受该意思表示约束。"

《民法典》第一百三十七条规定:"以对话方式作出的意思表示,相对人知道其内容时生效。以非对话方式作出的意思表示,到达相对人时生效。以非对话方式作出的采用数据电文形式的意思表示,相对人指定特定系统接收数据电文的,该数据电文进入该特定系统时生效;未指定特定系统的,相对人知道或者应当知道该数据电文进入其系统时生效。当事人对采用数据电文形式的意思表示的生效时间另有约定的,按照其约定。"

这两条直接明确了要约的内涵和要约生效的时间。

要约生效后,对于要约人和受要约人均具有法律约束力。但要约是可以撤回的。要约的撤回适用《民法典》第一百四十一条的规定,即撤回意思表示的通知应当在意思表示到达相对人前或者与意思表示同时到达相对人。

《民法典》第四百七十六条规定:"要约可以撤销,但是有下列情形之一的除外:(一)要约人以确定承诺期限或者其他形式明示要约不可撤销;(二)受要约人有理由认为要约是不可撤销的,并已经为履行合同做了合理准备工作。"第四百七十七条规定:"撤销要约的意思表示以对话方式作出的,该意思表示的内容应当在受要约人作出承诺之前为受要约人所知道;撤销要约的意思表示以非对话方式作出的,应当在受要约人作出承诺之前到达受要约人。"

第四百七十八条规定:"有下列情形之一的,要约失效:(一)要约被拒绝;(二)要约被依法撤销;(三)承诺期限届满,受要约人未作出承诺;(四)受要约人对要约的内容作出实质性变更。"

2.承诺

承诺是受要约人同意要约的意思表示。《民法典》第四百八十条规定:"承诺应当以通知的方式作出;但是,根据交易习惯或者要约表明可以通过行为作出承诺的除外。"第四百八十一条规定:"承诺应当在要约确定的期限内到达要约人。要约没有确定承诺期限的,承诺应当依照下列规定到达:(一)要约以对话方式作出的,应当即时作出承诺;(二)要约以非对话方式做出的,承诺应当在合理期限内到达。"

第四百八十二条规定:"要约以信件或者电报作出的,承诺期限自信件载明的日期或者电报交发之日开始计算。信件未载明日期的,自投寄该信件的邮戳日期开始计算。要约以电话、传真、电子邮件等快速通讯方式作出的,承诺期限自要约到达受要约人时开始计算。"

除法律另有规定或者当事人另有约定的外,承诺生效时合同成立。

4.2.2 电子合同订立的要约与承诺

1.网络环境下的要约

在网络交易环境下,电子合同是以数据电文方式订立的,订立的各项内容、信息有些是经由网络自动化处理的。网络交易环境、交易手段都使双方当事人之间的意思表示产生很大的不确定性,对传统合同理论产生了很大冲击。

(1)意思表示的真实性很难确定

网络交易中,消费者和商家常常使用"点击合同",通常由网络商家事先在网页上载明合同条款,消费者用鼠标点击"同意"按钮后才可进行交易的下一步程序,而许多网络商家又会附带声明,一旦消费者点击鼠标,即视为同意网络商家在合同中已经订好的条款,而这些条款有些是对商家有利而对消费者不利的。但是,实践中往往是消费者在点击"同意"按钮前,对合同的详细内容并未仔细阅读,而这种点击又往往是消费者进行下一步注册等操作的前提条件,此时,消费者的意思表示是否真实,连消费者本人都很难确定。

(2)电子错误造成意思表示真实性的偏差

在法律实践中,因合同内容被计算机网络系统自动加以处理后产生错误,从而引发合同效力及责任承担的争议很多。例如,在一个交易过程中,如果买方的电子合同系统出现问题,在实际不需订货的情况下,而计算机自动发出订货要约并经对方承诺。发生争议后,判定该合同的意思表示是否是当事人的真实意思,是认定这一合同的法律效力的关键。

针对以上两种情况,我国《民法典》第四百九十六条已经进行了规定和说明。我国《电子商务法》第五十条也规定:"电子商务经营者应当清晰、全面、明确地告知用户订立合同的步骤、注意事项、下载方法等事项,并保证用户能够便利、完整地阅览和下载。电子商务经营者应当保证用户在提交订单前可以更正输入错误。"

2.网络环境下要约与要约邀请的区分

要约与要约邀请的区分,对于当事人是否受到法律约束十分关键;同时,在合同的订立中,也必须区分要约与要约邀请,才能判定合同是否有效成立。《民法典》第四百七十三条规定:"要约邀请是希望他人向自己发出要约的表示。拍卖公告、招标公告、招股说明书、债券募集办法、基金招募说明书、商业广告和宣传、寄送的价目表等为要约邀请。商业广告和宣传的内容符合要约条件的,构成要约。"

网络交易中,以电子邮件或EDI建立商务联系的情况下,依双方的交易习惯及信息内容,区分要约与要约邀请比较容易。但是在开放型商业网站上,推销商品或服务的信息究竟是否构成要约,则争议较大。

判定网上广告是属于要约或要约邀请,还应根据《民法典》的基本规定。一般,商业广告属于要约邀请,但其内容符合要约条件时视为要约。因此,有一种观点认为,网上商业广告都是对不特定的人群发出的,应将其视为要约邀请。

此外,还可根据交易的性质和网上登载的信息是否存在希望与他人订立合同的意图,来具体认定网上广告是要约还是要约邀请。

(1)网上广告具体介绍了商品的名称、性能、价格、数量,同时为用户设置了"购物通道",消费者一经点击"购买"即告成交的,这类广告属于广告发布者的要约。

(2)网上广告介绍商品的名称、性能,但未具体规定价格、数量等要件,只向消费者提供信息浏览,这类广告属于要约邀请。

3.网络环境下要约的撤回

《民法典》第一百四十一条规定:"行为人可以撤回意思表示。撤回意思表示的通知应当在意思表示到达相对人前或者与意思表示同时到达相对人。"网络信息传输的迅捷性,使得要约人不易在要约到达受要约人前撤回其要约。

根据交易手段来区别,如果采用电子自动交易系统发出要约的,要约不能撤回,因为要约一经发出,即可到达受要约人,要约到达即可生效,要约人不能撤回已经生效的要约。所以网络交易中因交易的即时达成也几乎没有撤销要约的机会,要约是否属于要约人的真实意思表示也极易产生争议。例如,EDI合同订立过程是完全自动化的,无须人工介入,即当事人意思表示通过其主机或预先设置好的计算机程序独立发起或回应,要约、承诺均由计算机按既定程序选择、判断、做出,整个过程完全自动实现。因此,极易产生两个问题:一是一方的要约与对方的承诺可能并不能反映双方当事人当时的真实意思;二是这一自动化的订约过程使得合同被执行之前,要约人和承诺人可能都无法察觉合同中所发生的错误,这将导致合同中的错误往往到合同执行完毕才可能被发现,从而造成难以弥补的损失。

从理论上讲,要约人在遵守法律规定的条件下行使其要约撤销权是其一项应有的权利,尽管在电子贸易中,这种撤销的可能性极小,但并不能因为这种极小的可能而完全否认这种已获得普遍认同的法律权利。如我国《民法典》第四百七十六条和第四百七十七条的规定。

网络环境下也是如此,只要受要约人并未对要约做出承诺,要约人即可撤销其要约。当然,这种撤销权的行使必须借助发达的技术手段才可使其成为可能。

4.网络环境下的承诺

(1)电子合同的承诺生效时间

在网络环境中,承诺生效的时间直接决定了电子合同的生效时间。传统法律以承诺生效时间为合同成立时间的理论也适用于网络交易。

在网络交易中,数据电文是意思表示的载体,数据电文的到达关系到要约的效力及合同成立的时间等问题,因此,确认数据电文到达时间具有重要意义。世界各国对数据电文的到达时间有不同的规定,在此不详述,下面仅就我国的相关规定进行阐述。

以通知方式做出的承诺,其生效时间适用于《民法典》第一百三十七条的规定,即以对话方式做出的意思表示,相对人知道其内容时生效。以非对话方式做出的意思表示,到达相对人时生效。

网络环境下,以非对话方式做出的采用数据电文形式的意思表示,相对人指定特定系统接收数据电文的,该数据电文进入该特定系统时生效;未指定特定系统的,相对人知道或者应当知道该数据电文进入其系统时生效。当事人对采用数据电文形式的意思表示的生效时间另有约定的,按照其约定。

《电子签名法》第十一条规定:"数据电文进入发件人控制之外的某个信息系统的时间,视为该数据电文的发送时间。收件人指定特定系统接收数据电文的,数据电文进入该特定系统的时间,视为该数据电文的接收时间;未指定特定系统的,数据电文进入收件人的任何系统的首次时间,视为该数据电文的接收时间。"

但在网络交易环境下,承诺的构成确定并非都是清楚可辨的,如用户下载软件或资讯信息的行为是否构成承诺。一般情况下,基于用户的下载行为即在用户与网络供应商之间建立了网络服务合同关系,供应商可通过网络为用户迅速传送软件或资讯信息,这种网络服务合同的订立方式大体上可分为两种:一是网络供应商通过网络向用户提供相关的产品或信息条款,用户只有详细阅读并决定接受该条款内容后,才被允许对资料进行下载,或者网络服务商在其网上商品促销合同条款中规定"一旦用户使用了或安装了所促销的商品,即表示接受了合同条款",这两种情形下的下载行为,无疑应被认定为确定的承诺;二是网络服务商在网上提供的信息中并没有任何有关下载或使用的说明,这时,应根据一般的行业习惯做法进行判定,或者在用户与网络服务商之间存在长期的交易实践时,把双方以前的多次行为或约定作为认定承诺是否存在的依据。

(2)电子合同的承诺生效地点

合同成立地点与合同成立时间紧密相连,国际商事合同成立地点又涉及不同国家管辖权的竞相行使,从而使纠纷发生后,当事人可以挑选法院、择地行诉。按照承诺"到达生效"原则,传统环境下合同成立的地点即承诺的生效地点。而网络交易合同的订立是通过连接于网络中的不同地点的计算机系统完成的,电子通信技术的使用使得对订约地点的认定更加复杂。

网络交易中常常会出现这种情况:电子商业的使用者将信息从一国发到另一国,但并不知道通信作业是经由哪些地点的信息系统来完成的。此外,某些通信系统可能在通信各方并不知晓的情况下改变了所在地。那么,应如何确定合同成立的地点呢?

联合国国际贸易法委员会《电子商务示范法》首先明确规定,信息系统的所在地并不作为合同成立地点的决定性因素,而是拟定了一个更加客观的标准——当事各方的营业地点。同时,该示范法采取"营业地""最密切联系地""惯常居住地"等原则作为确定数据电文到达地点的标准,即原则上视发件人或收件人设有营业地的地点为其发出地或收到地;而在存在多个营业地的情况下,采用最密切联系地或主营业地作为发出地或收到地;在不存在营业地的情况下,则以惯常居住地作为发出地或收到地。以营业地作为发出地或收到地的主要原因在于,在电子商业环境下,收件人收到数据电文的信息系统或检索到数据电文的信息系统常常不是设在收件人所在地的一个管辖区内,因而以营业地作为发出地或收到地,旨在确保收件人与视作收到地点的所在地有着某种合理联系,且收件人可以随时查到该地点。

我国《民法典》和《电子签名法》的规定与该示范法规定完全相同。《民法典》第四百九十二条规定:"承诺生效的地点为合同成立的地点。采用数据电文形式订立合同的,收件人的主营业地为合同成立的地点;没有主营业地的,其住所地为合同成立的地点。当事人另有约定的,按照其约定。"

(3)电子合同的承诺撤回

在网络交易中,受要约人承诺的方式一般表现为以下两种:在网站上用鼠标点击,按下 Enter 键;受要约人利用电子邮件进行承诺时,用鼠标点击将邮件发出。这两种承诺方式传送的信息均在极短的时间内(常以秒计)被传送并且到达要约人处,意思表示在瞬间即时完成,撤回承诺的可能性也极小。但是,只要技术上撤回是可行的,则也应对撤回承诺予以肯定。

在电子合同订立中,如要约与承诺违背了行为人的真实意思,应如何认定合同的效力?传统的法律制度在网络空间也应变通使用。因此,在电子合同被确认为无效或被撤销后,双方当事人也应承担财产返还、赔偿损失等民事责任。

4.3 几种特殊形式的电子合同订立问题

要约和承诺作为合同订立的一般原理适用于电子合同的订立,但由于电子合同有许多区别于传统合同的特殊性,在订立中也出现了许多新的法律问题,如电子自动交易的合同订立问题、电子代理人在合同订立中的法律地位问题、点击合同订立的法律效力问题等。这些问题的研究,对于确立电子合同的法律有效性十分重要。

4.3.1 电子自动交易及相关问题

1. 电子自动交易

电子商务中,新的交易模式层出不穷,许多方便、迅捷的交易方式受到人们的青睐,其中电子自动交易成为常见的模式,它大大提高了交易效率,节约了交易成本。

电子自动交易是指由一方或双方当事人在数据正常传送的情况下不干预交易的进行,而由当事人的计算机信息处理系统自动完成合同的订立、合同义务的履行或合同的其他随附义务。电子交易的前提是当事人要在自己的计算机系统中预先设置自动交易程序,由该程序根据情况自动完成订立合同等一系列环节。

电子自动交易的使用有以下几种情况:

(1)在B2C中,商家设置自动销售系统,该系统自动与消费者完成要约、承诺、交货的一系列过程,商家不用干预。这种自动交易在现今的电子商务中应用十分普遍,如网上购物。

(2)在B2B中,长期合作的交易双方均设置自动交易程序,由该程序自动查询库存情况、自动发出订单、自动发货,整个交易过程不用审核。

(3)电子自动竞价系统,作为当事人共同的电子代理人,自动寻找具有合适条件的当事人完成交易,在网络证券买卖中使用的就是自动竞价系统。

2.电子自动交易的法律效力

电子自动交易系统完成交易后,其过程和结果是否得到当事人的确认,即电子自动交易是否具有法律效力是法律界和当事人都十分关注的问题。因为交易行为是以合同形式实现的,合同的成立和履行则取决于当事人的意思表示,而在计算机自动完成的交易中,当事人没有干预,计算机系统的自动处理代表了当事人的意思。交易中出现纠纷的焦点往往在于当事人否认了该意思表示。但这个纠纷比较容易解决,法律调解的是人与人的交易关系,而计算机自动交易是通过人预先设置的程序来完成的,这种自动交易归根结底还是人的交易,它不能改变人的法律关系。但是,如果由于电子系统本身出现故障,造成信息被错误传递或在传输途中丢失,或在双方当事人并不知晓的情况下,电子交易系统自动订立了合同,此时,因电子错误或自动处理产生的合同效力应当视具体情况而定。

4.3.2 电子代理人的概念、法律性质与效力

1.电子代理人的概念

电子代理人是指不借助于当事人的审查或行为,独立用于全部或部分地发动一个交易行为,或者应答数据电文,或者履行合同全部或部分义务的一个计算机程序,或者电子的或其他自动化手段。随着电子商务的发展,将电子代理人作为基本的交易手段将是一种必然趋势。

2.电子代理人的法律性质与效力

具有自动处理数据信息功能的电子代理人,不同于法律意义上的代理人。具有法律意义的代理人是独立于被代理人的民事主体,是具备一定民事行为能力的自然人或法人。而电子代理人只是一种智能的机器,能够执行人的意思的、智能化的交易工具,并不具备法律主体资格,不具有法律人格。之所以被冠以"代理人"之名,是因为电子代理人"行代理人之实,借代理人之名",其行为等同于具有法律主体资格的"代理人"的行为,其意思表示是代表当事人的,是被代理人的行为的延伸,其行为的后果归结于被代理人,这些特点

都类似于"代理人"。

正是由于电子代理人被人预先设置了自动化程序,它才可以代替人处理事务,按照预设模式发出或接受要约,但其思维能力毕竟是有限的,不具备人所特有的综合判断行为后果的能力,而且它没有承担义务的财产基础,因此,它只是人的工具。而法律之所以要规范它,是因为它是商事交易者脑、手功能的结合与延伸,虽然不具有法律人格,但却执行预设程序人的意思表示,或根据其意思履行合同,与当事人的权利和义务有着十分密切的联系。

电子代理人订立和履行合同代表着当事人的意思,关系着电子合同当事人的权利和义务,因此,电子代理人订立的合同的法律有效性和可执行性,电子代理人履行合同的行为的法律效力等都必须得到法律的确认。

4.3.3 点击合同订立中的法律问题

1. 点击合同的概念

点击合同是指由商品或服务的提供人通过计算机程序预先设定合同条款的一部分或全部,以规定其与相对人之间的法律关系,是网络环境下的格式合同。设定点击合同条款一方的义务主要包括:根据公平原则拟订条款;合理提醒消费者注意免责或限制责任的条款;按照对方要求对格式条款进行解释说明。

从网络上购买软件或安装软件时,我们通常会看到软件提供商的格式条款,在点击"同意"按钮或点选相关条款后,购买或安装才得以继续。

许多电子商务活动采用的电子合同都是电子格式合同。在互联网中,许多网站服务的前提是用户接受服务方的服务条款,用户只有在点击"同意"按钮之后,才能接受进一步的服务,这就是电子格式合同的订立过程,而网站都声称,"点击"表明用户接受合同,该合同即告成立。这种点击合同就是网络环境下的格式合同。

点击合同较容易损害相对人的利益。合同的提供方通过加重相对人的责任、免除或减少自己的责任、不合理地分担风险责任等格式条款以谋求自身利益的最大化,从而损害了合同相对人的利益。这在实质上破坏了契约正义,有损于良好交易秩序。

2. 点击合同有效的原则

设置点击合同文本的一方应履行的义务有:

(1) 根据公平原则拟定条款。

(2) 合理提醒消费者注意免责条款或限制责任的条款。

(3) 订约者在订约时要以合理的方式提醒消费者。

(4) 按照对方要求对格式条款进行说明。

《民法典》第四百九十八条规定:"对格式条款的理解发生争议时,应当按照通常理解予以解释。对格式条款有两种以上解释的,应当作出不利于提供格式条款一方的解释。格式条款和非格式条款不一致时,应当采用非格式条款。"

3. 点选条款和格式条款的无效

点选条款和格式条款的有效与否可以按是否违反法律的强制性规定和公平性原则,

结合案件的具体情形来判断。《民法典》第四百九十七条和第五百零六条明确规定,有下列情形之一的,该格式条款无效:

(1) 具有本法第一编第六章第三节规定的无效情形。
(2) 造成对方人身损害的。
(3) 因故意或者重大过失造成对方财产损失的。
(4) 提供格式条款一方不合理地免除或者减轻其责任、加重对方责任、限制对方主要权利。
(5) 提供格式条款一方排除对方主要权利。

4.4 电子合同的履行及违约

合同的订立,确立了交易双方当事人的权利和义务关系。如何遵循诚实信用的原则,实现当事人的权利和履行相对的义务,就是规范合同行为的关键环节。电子合同和传统合同一样,也在交易双方当事人之间形成了一定的法律关系,而电子合同的履行又与传统合同有区别。

4.4.1 电子合同的履行

合同的履行是指当事人按照合同的约定履行自己的义务,从而使债权人的合同债权得以实现。合同的履行主要指合同的债务人全面、适当地履行合同的义务,从而使合同的目的得以实现,这是合同履行的基本原则,我国《民法典》也明确了"当事人应当按照约定全面履行自己的义务"。

1. 电子合同的履行原则

与传统合同相比,电子合同的特殊性只在于订立的过程和形式不同,因此,《民法典》规定的遵循诚信的合同履行原则,也适用于电子合同的履行。电子合同的当事人在履行合同中除了要遵守《民法典》的基本原则外,还要遵守电子合同履行中的特有原则:

(1) 全面、适当的履行原则

合同的当事人应当按照合同的约定,全面履行自己的义务,同时履行要适当,即不完全拘泥于合同的标的物,而是要求履行主体适当、履行标的适当、履行期限适当、履行方式适当等,以使交付的这些标的物及提供的服务符合法律和合同的规定。

(2) 协作履行原则

合同的当事人基于诚信的原则,同时还要根据合同的性质、目的和交易习惯履行义务,如通知义务、协助义务和保密义务。

2. 电子合同的履行时间

《民法典》第五百一十二条明确了电子合同的履行时间:

(1) 通过互联网等信息网络订立的电子合同的标的为交付商品并采用快递物流方式

交付的,收货人的签收时间为交付时间。

(2)电子合同的标的为提供服务的,生成的电子凭证或者实物凭证中载明的时间为提供服务时间;前述凭证没有载明时间或者载明时间与实际提供服务时间不一致的,以实际提供服务的时间为准。

(3)电子合同的标的物为采用在线传输方式交付的,合同标的物进入对方当事人指定的特定系统且能够检索识别的时间为交付时间。

(4)电子合同当事人对交付商品或者提供服务的方式、时间另有约定的,按照其约定。

4.4.2 电子合同的违约

合同缔约人订立合同的目的是使自己的利益得以实现,而合同一方当事人的违约行为可能使对方当事人的利益得不到实现。因此,研究违约行为及其救济方法,对于保护合同当事人有着重要意义。

1.违约行为

(1)违约行为的概念

违约行为是指当事人一方不履行合同义务或履行合同义务不符合约定条件的行为,也指合同当事人违反合同约定义务的行为。违约行为是违约责任的基本构成要件,没有违约行为,也就没有违约责任。

(2)违约行为的分类

我国《民法典》对违约行为做如下划分:

①预期违约。《民法典》第五百七十八条规定:"当事人一方明确表示或者以自己的行为表明不履行合同义务的,对方可以在履行期限届满前请求其承担违约责任。"可见,我国《民法典》与英美法的预期违约一样,都可分为明示毁约和默示毁约两类。

②实际违约。具体有两种情况:

A.拒绝履行:债务人对债权人表示不履行合同。这种表示一般是明示的,也可以是默示的。

B.不适当履行:债务人虽然履行了债务,但其履行不符合债务的宗旨。

2.违约责任

(1)违约责任的概念

违约责任是指合同当事人因违反合同义务所承担的责任。《民法典》第五百七十七条规定:"当事人一方不履行合同义务或者履行合同义务不符合约定的,应当承担继续履行、采取补救措施或者赔偿损失等违约责任。"违约责任是合同当事人违反合同义务所产生的民事责任。

(2)违约责任的特点

①合同义务的有效存在。不以合同义务的存在为前提所产生的民事责任,不是违约责任,这使违约责任与侵权责任、缔约过失责任相区别,后两者都不是以合同义务的存在为必要前提。

②债务人不履行合同义务或者履行合同义务不符合约定。这包括了履行不能、履行迟延和不完全履行等,还包括瑕疵担保、违反附随义务和债权人受领迟延等可能与合同不履行发生关联的制度。

(3)承担违约责任的形式

承担违约责任有以下几种形式:

①继续履行。所谓继续履行,也称实际履行,就是按照合同的约定继续履行义务。当事人订立合同都是追求一定的目的,这一目的直接体现在对合同标的的履行上,义务人只有按照合同约定的标的履行,才能实现权利人订立合同的目的。《民法典》第五百七十九条规定:"当事人一方未支付价款、报酬、租金、利息,或者不履行其他金钱债务的,对方可以请求其支付。"第五百八十条规定:"当事人一方不履行非金钱债务或者履行非金钱债务不符合约定的,对方可以请求履行,但是有下列情形之一的除外:(一)法律上或者事实上不能履行;(二)债务的标的不适于强制履行或者履行费用过高;(三)债权人在合理期限内未请求履行。"这两条分别对金钱债务和非金钱债务的继续履行进行了明确。

②采取补救措施。债务人履行合同义务不符合约定的,主要是品质、数量等不符合约定,可以考虑一些补救措施。这有利于维持当事人之间的合同关系。《民法典》第五百八十二条规定:"履行不符合约定的,应当按照当事人的约定承担违约责任。对违约责任没有约定或者约定不明确,依据本法第五百一十条的规定仍不能确定的,受损害方根据标的的性质以及损失的大小,可以合理选择请求对方承担修理、重作、更换、退货、减少价款或者报酬等违约责任。"

③赔偿损失。这包括法定的赔偿损失和违约金、定金等约定的赔偿损失。赔偿损失,是指行为人违反合同约定给对方造成损失时,行为人向受害人支付一定数额的金钱以弥补其损失,是运用较为广泛的一种承担责任方式。《民法典》第五百八十四条规定:"当事人一方不履行合同义务或者履行合同义务不符合约定,造成对方损失的,损失赔偿额应当相当于因违约所造成的损失,包括合同履行后可以获得的利益;但是,不得超过违约一方订立合同时预见到或者应当预见到的因违约可能造成的损失。"

(4)违约责任的归责原则

违约责任的归责原则是指合同的当事人不履行合同债务时,确定其民事责任的标准。纵观各国立法实践,对违约责任归责原则的规定主要有过错责任原则和严格责任原则两种。

①过错责任原则。过错责任原则是指合同一方当事人违反合同义务,不履行或不适当履行合同义务时,应以过错为标准判定当事人是否应承担违约责任。只有在当事人主观上有过错时,才对过错承担违约责任,并且往往依据过错程度来确定其违约责任的轻重。若当事人主观上没有过错,即使其违约行为给对方造成经济损失,也不承担违约责任。在过错责任原则中,还适用推定过错责任,即在以过错作为承担违约责任的条件时,若当事人有违约行为,又不能证明自己没有过错,就推定其主观上有过错。

②严格责任原则。严格责任原则又称无过错责任原则,是指合同当事人只要因其不履行合同义务而给对方当事人造成损失,就应当承担违约责任,无须证明违约行为人主观

状态如何,因为当事人的主观状态有时是难以确定的。而且,合同义务的履行也是实现合同目的的保障,不履行合同义务,就违背了当事人的本意,由此造成的损害,理应进行赔偿。

目前我国《民法典》中对违约责任的归责原则偏向于严格责任原则。如《民法典》第五百七十七条的规定。此外,第五百九十三条规定:"当事人一方因第三人的原因造成违约的,应当依法向对方承担违约责任。当事人一方和第三人之间的纠纷,依照法律规定或者按照约定处理。"

电子合同的违约责任归责原则也应是严格责任原则。作为电子合同的当事人,只要有违约行为就得承担违约责任,不再以"违约人的过错"作为判定的要件。

开篇案例结案

别拿"确认邮件"不当回事儿!

【本案焦点】

本案争议的焦点有二:一是被告在网站中公布的"使用条件"是否对双方发生约束力,二是被告与原告之间的买卖合同是否已经成立。

【本案审理】

《民法典》第四百九十七条规定:"有下列情形之一的,该格式条款无效:(一)具有本法第一编第六章第三节和本法第五百零六条规定的无效情形;(二)提供格式条款一方不合理地免除或者减轻其责任、加重对方责任、限制对方主要权利;(三)提供格式条款一方排除对方主要权利。"

法院经审理认为,被告在其经营的网站中公布的"使用条件"系格式条款,其实质和后果是赋予了被告单方决定是否发货的权利并免除了被告不予发货的违约责任,这是对消费者基于一般的消费习惯所认知的交易模式的重大改变,因而对消费者的合同利益会产生实质的影响。网站对此应当做出合理的、充分的提示,提醒消费者注意该项特别约定,并判断选择是否达成此项交易。但从查明的事实看,网站并未尽到提醒注意的义务,被告关于"使用条件"的相关条款应视为没有订入合同,当然也不应对消费者发生效力。被告将待售商品的名称、型号、价款等详细信息陈列于其网站之上,内容明确具体,与商品标价陈列出售具有同一意义,根据法律规定和一般交易观念判断,符合要约的要件。原告确认订单的行为应当视为进行了承诺。被告在原告提交订单后向其发出的订单确认邮件中的提示系双方达成合意后的通知。

当地法院做出判决如下:被告向原告交付订单中两款背包,原告同时向被告给付价款。

【本案启示】

　　随着我国电子商务行业的发展,网络交易平台的格式合同在网络交易中的地位与作用逐步显露出来。为了提高交易效率,经营者往往向消费者提供格式合同供双方签订,这在 C2C 模式网络交易中尤为突出。但其弊端在于,提供商品或者服务的网络经营者往往利用其优势地位,制定有利于自己而不利于交易对方的格式条款。这影响到合同当事人之间的利益平衡。《民法典》第四百九十六条进行了严格的限制,即提供格式条款的一方应当遵循公平原则确定当事人之间的权利和义务,并采取合理的方式提示对方注意免除或者减轻其责任等与对方有重大利害关系的条款,按照对方的要求,对该条款予以说明。本案中,网站的"使用条件"的规定属于格式条款,并且排除了其商品陈列系要约以及消费者基于要约进行承诺的权利,理应对此做出充分提示,提醒消费者特别注意该约定。但从本案查明的事实看,该"使用条件"不仅不够醒目,而且还有隐蔽之嫌,不易被消费者注意,所以该条件对原告没有约束力。

　　在 C2C 模式网络交易中,合同是否成立同样应当遵循《民法典》关于合同成立的一般规则进行判断,即网络经营者是否发出了要约,消费者是否对该要约进行了承诺。在网络交易中,要约是网络经营者向消费者做出的希望与其订立合同的意思表示,承诺是消费者同意要约的意思表示。一般情况下,要约应当依据内容具体确定,并且表明经受要约人的承诺,要约人即受意思表示的约束。受要约人一旦承诺,双方即达成合意。本案中,网站上待售的商品名称、型号、价款等信息非常明确,完全符合要约的要件。原告根据购物流程,通过网站在其有库存的状态下自由选购特定商品点击加入购物车,并在确定付款信息之后确认订单,这一行为完全符合承诺的要件。根据合同成立的有关法律规定和交易习惯,买卖双方的合同已经成立。被告在原告提交订单之后再发出的订单确认邮件中的有关提示在买卖合同已经成立之后,不能产生否定先前已经成立的合同的效力。由于涉案商品是种类物,被告不存在履行不能的问题,因此,其应承担继续履行合同的义务。

技能实战

电子版合同有效吗?

　　买方甲与卖方乙协商《向日葵杂交 A 购买合同》,该合同初步约定乙方向甲方提供进口向日葵杂交 A 29 000 千克,单价为每千克 180 元,总价款为 522 万元;双方以银行汇兑形式进行结算;交货地点由甲方指定。合同起草完毕后乙方以电子邮件形式传送给甲方,甲方以同样形式告知乙方该合同已经审批完毕,要求其签字盖章后邮寄给甲方。乙方于两日后对合同进行修改并征求甲方意见后将盖章的合同文本邮寄给甲方,但甲方却未向乙方提交加盖双方公章的合同书。合同签订后,甲方向乙方支付定金 201 600 元,乙方依约向甲方交付向日葵杂交 A 27 562.20 千克,货款总计 4 961 196 元,扣除甲方已付定金,尚欠乙方货款 4 759 596 元,经乙方多次催要未果。现乙方请求法院依法判令甲方支付所欠货款;本案诉讼费用由甲方承担。甲方在一审答辩中称双方并未签订购买向日葵杂交 A 的合同,乙方亦未向自己交付货物。综上,请求法院依法驳回乙方的诉讼请求。

【思考】
1. 指出本案争议的焦点。
2. 如果你是法官,你应如何审理此案?

技能训练

一、名词解释

电子合同　电子格式合同　电子代理人　点击合同

二、单选题

1. 合同是（　　）的自然人、法人、其他组织之间设立、变更、终止民事权利和义务关系的协议。

　　A. 平等民事主体　　　　　　B. 对立民事主体

　　C. 交易民事主体　　　　　　D. 不明民事主体

2. 书面形式是指可以有形地表现当事人订立的合同内容的形式,但不包括（　　）。

　　A. 合同书　　　　　　　　　B. 传达的口信

　　C. 信件　　　　　　　　　　D. 电子邮件

3. 下列有关电子代理人的说法错误的是（　　）。

　　A. 电子代理人只是一种能够执行人的意思的、智能化的交易工具,并不是具备法律主体资格的民事主体

　　B. 预先设置了自动化程序,它才可以代替人处理事务,按照预设模式发出或接受要约

　　C. 思维能力超出常人,具备人所特有的综合判断行为后果的能力

　　D. 电子代理人是商事交易者脑、手功能的结合与延伸,虽然不具有法律人格,但却执行预设程序人的意思表示,或根据其意思而履行合同,与当事人的权利和义务有着十分密切的联系

三、多选题

1. 下列有关合同的说法正确的是（　　）。

　　A. 合同是一种民事法律行为,合同以意思表示为基本要素

　　B. 合同是平等主体之间的协议,双方当事人的法律地位是平等的

　　C. 合同主体的范围具有广泛性,是双方以上当事人意思表示一致的民事法律行为

　　D. 合同的内容是以设立、变更、终止权利和义务关系为目的的民事法律行为

　　E. 合同的客体具有多样性

2. 电子合同与传统合同的区别主要表现在（　　）。

　　A. 形式不同

　　B. 运作环境不同

C.合同当事人的权利和义务有所不同
D.合同的标的不同
E.合同的有效期不同

3.承诺是受要约人同意要约的意思表示,承诺生效时合同成立,一项有效的承诺的构成要件有(   )。

A.承诺由受要约人向要约人做出,受要约人必须是要约指向的特定人,在未确定受要约人的情况下,由具备接受要约条件的人做出
B.承诺应当以通知的方式做出,但根据交易习惯或者要约表明可以通过行动做出承诺的除外
C.承诺必须在要约的存续期限内做出,这里的存续期限是确定的或合理的期限。超过承诺期限发出的承诺,除要约人及时通知受要约人该承诺有效外,为新要约
D.承诺的内容应当与要约的内容一致,承诺是无条件的、绝对的
E.承诺的内容应当与要约的内容一致,承诺是有条件的、相对的

四、简述题

1.简述电子合同的特征。
2.简述电子合同与传统合同的区别。
3.简述电子代理人在合同签订过程中的作用与法律地位。
4.简述电子商务领域中的要约和承诺与传统领域中的要约和承诺的区别。
5.简述电子合同的违约责任。

技能实战要点解析

【本案焦点】

本案争议的焦点主要是合同是否可以以电子邮件的方式订立以及以电子邮件方式订立的合同是否具有法律效力的问题。

【本案审理】

我国《电子商务法》第四十八条规定:"电子商务当事人使用自动信息系统订立或者履行合同的行为对使用该系统的当事人具有法律效力。"第四十九条规定:"电子商务经营者发布的商品或者服务信息符合要约条件的,用户选择该商品或者服务并提交订单成功,合同成立。"

电子合同就是指双方或多方当事人之间通过电子信息网络以数据电文(电子数据交换、电子邮件等)形式达成的设立、变更、终止民事权利和义务关系的协议。当事人订立合同有书面形式、口头形式和其他形式。书面形式是指合同书、信件和数据电文(包括电报、电传、传真、电子数据交换和电子邮件)等可以有形表现所载内容的形式。乙方将拟定的合同文本以电子邮件方式发送给甲方,该合同内容包括交易标的、数量、质量、价款、履行期限、违约责任等主要条款,故此电子邮件是要约,到达甲方时生效。

甲方收到上述合同文本后对合同内容并未提出异议,并且接受甲方送达的货物,

向乙方发送电子邮件确认已经收到其按照合同约定交付的货物视为以实际行动做出承诺。所以上述合同虽未经双方当事人签字或者盖章,但根据法律规定应当认定双方合同关系成立。依法成立的合同,自成立时生效,当事人各方应当按照约定全面履行义务。乙方已经按照合同约定履行相关义务,而甲方并未履行向乙方交付全部货款的义务。现乙方请求法院依法判决甲方支付货款4 759 596元的诉讼请求符合合同约定和法律规定,法院应予以支持。甲方的抗辩意见没有依据,法院应不予采信。

综上所述,依照《民法典》第五百七十七条等规定,当事人一方不履行合同义务或者履行合同义务不符合约定的,应当承担继续履行、采取补救措施或者赔偿损失等违约责任。可以判决:甲方于判决生效后七日内给付乙方所欠相应货款。

【本案启示】

国内企业在进行电子邮件往来时一定要注意以下几点:

1.可以通过书面合同的形式确定双方电子邮件往来时有效的电子邮箱地址。

2.注意保存电子邮件,不要随便删除,以便应对不时之需。

3.如果交易中发生纠纷,可以在公证处进行电子邮件的公证,明确该电子邮件的法律效力。

4.通过邮件的后续行为确定前期电子邮件的存在,例如在发出电子邮件交易信息后,发出方在之后的交易单证中证明了前期电子邮件中的内容。

第 5 章

电子支付法律问题

学习要点

◎ 电子支付概述
◎ 电子支付法律规范
◎ 电子货币法律
◎ 网上银行的准入、风险和监管
◎ 手机支付的法律问题

现在开庭

"网络钓客"来了,为之奈何?

【基本案情】

某日,周某的手机收到一个陌生号码发来的短信,内容为告知其网银密码即将于今日过期,要求其尽快登录指定网站进行升级。周某信以为真,立即赶到家中,登录该网站进行升级,并输入了账号、密码及动态口令,但该网页一直显示网络繁忙。第二天,周某再次登录该网站,仍是如此,他自感不对,到银行去核查,被告知其借记卡中的 35 万元已被转出。顿时,周某如梦初醒,发现上当受骗,立即向派出所报案。公安机关经侦查发现,上述资金已于同年 7 月 20 日通过层层转账分散到数十个银行账户中。自觉寻回资金无望,周某遂向法院提起诉讼,以网银交易系统存在安全漏洞为由状告银行,要求银行赔偿其 35 万元存款及利息。

(资料来源:自编)

【你是法官】

1. 银行是否应对储户的损失负责?
2. 对于真正的罪犯应以什么罪论处?

5.1　电子支付概述

5.1.1　电子支付的概念

电子支付是指单位、个人通过电子终端,直接或间接向金融机构发出支付指令,实现货币支付与资金转移的一种支付方式。电子支付有广义和狭义之分。广义的电子支付是指支付系统中所包含的所有以电子方式,或者称为无纸化方式进行的资金的划拨与结算。狭义的电子支付也称网上支付,是指在电子商务的应用和推广中,为顺利完成整个交易过程所建立的一套通用的电子交易支付方法和机制。

按照指令发起方式的不同,电子支付可分为网上支付、电话支付、移动支付、销售点终端支付、自动柜员机支付以及其他电子支付;根据支付金额的大小还可分为小额电子支付和大额电子支付。

5.1.2　电子支付的方式与流程

中央银行和商业银行是支付服务的主要提供者。银行体系包括中央银行、国有商业银行、小型商业银行、城市信用合作社和农村信用合作社、合资银行以及外国银行的分行和办事机构等。三家政策性银行也提供一些支付服务。全国电子资金汇兑系统大约有三分之二的异地支付交易是通过这些系统进行清算的。我国现代化电子支付清算系统如图 5-1 所示。

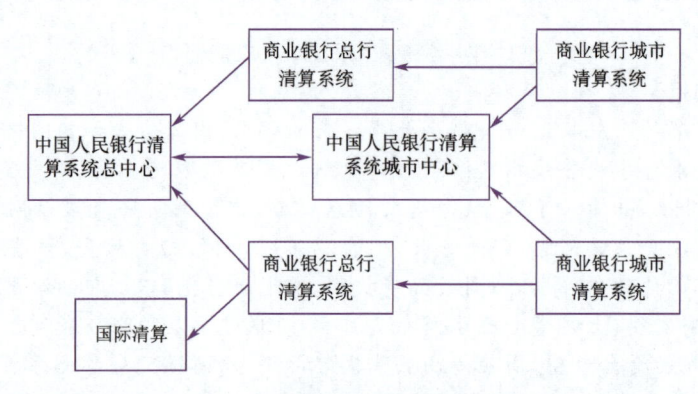

图 5-1　我国现代化电子支付清算系统

中国人民银行运行着三个跨行支付系统,包括同城清算所、全国手工联行系统和全国电子联行系统。中国人民银行运行的支付系统主要处理跨行(包括同城和异地)支付交易和商业银行系统内的大额支付业务。中国人民银行的支付系统为一些自己系统内没有支付网络的小型银行提供支付服务,使它们能够不依赖于其竞争者。

受到多层次管理和高度分散式中央银行账户的影响,我国目前的支付系统大致可以分为以下六个：全国手工联行系统、全国电子联行系统、同城清算所、全国电子资金汇兑系统（四大国有商业银行的行内系统）、银行卡授权系统和邮政汇兑系统。下面简单介绍其中的四个支付系统：

1. 全国手工联行系统

（1）运行规则

中国人民银行和四大国有商业银行都有自己的全国手工联行系统，对于异地纸凭证支付交易的处理采用了"先横后直"（先跨行后行内）的处理方式。在这种意义上，只存在同城跨行系统和异地行内系统两种。在许多方面，这些行内清算系统类似于发达国家的跨行清算系统。尽管存在着某些差别，但单个商业银行行内手工联行系统的基本框架是相同的。

（2）系统参与者

手工联行系统是一家银行内的转账系统，所以其系统参与者是同一家银行的各分/支行，但并不是所有分/支行都有资格参加全国手工联行清算。参加全国手工联行系统的分/支行每天发出的支付交易必须超过规定数目。

（3）处理的交易类型

商业银行的系统，贷记和借记支付业务都可以办理；中国人民银行的系统，办理的支付业务包括：中国人民银行各分/支行间的资金划拨，国库款项的上缴下拨及划转，以及商业银行内大额资金（50万元以上）转账。

2. 全国电子联行系统

（1）运行规则

全国电子联行系统的主要设计思想是要克服纸票据传递迟缓和清算流程过分烦琐造成的大量在途资金等问题，从而加速资金周转，减少支付风险。

全国电子联行系统采用VSAT（甚小天线地球站）卫星通信技术，在位于北京的全国总中心主站和各地中国人民银行分/支行等小站之间传递支付指令。

（2）系统参与者

所有在中国人民银行分/支行开设账户的商业银行分行，以及中国人民银行各分/支行都可以参加电子联行系统，办理自己或其代表的客户所发出的支付指令。但是，由于系统覆盖范围的限制，一些金融机构至今仍然无法利用该系统提供的服务。中国人民银行拥有并运行这一系统。

（3）处理的交易类型

目前，全国电子联行系统只办理该系统参与者之间的贷记转账，包括全部异地跨行支付、商业银行行内大额支付以及中国人民银行各分支机构之间的资金划拨。

（4）业务流程

全国电子联行系统的业务流程可以概括如下：

①汇出行（商业银行分/支行）把支付指令（以手工或电子方式）提交到当地发报行（中国人民银行分/支行）。

②发报行将支付指令经账务处理（借记汇出行账户）后送入系统，然后经卫星通信链路传输到全国清算总中心。

③全国清算总中心(实际作为信息交换中心)将支付指令按收报行分类后,经卫星通信链路发送到收报行。

④收报行接收到支付指令后,按汇入行分类。

⑤收报行为每一家汇入行生成支付凭证和清单,发送给汇入行。

3. 同城清算所

全国有很多家同城清算所,分布在中心城市和县城、镇。全部同城跨行支付交易和大部分同城行内支付业务都经由同城清算所在商业银行之间进行跨行清算后,再交行内系统进行异地处理。

(1)运行规则

中国人民银行分/支行拥有和运行当地的同城清算所,对清算所成员进行监管和提供结算服务。票据在成员之间进行交换,每一成员根据提交和收到的全部贷记和借记支付交易计算出自己的结算金额。在支付业务量大的城市和较大的县城,清算所每天上午和下午各进行一次票据交换,小城市和大多数县城、镇只在每天上午进行一次票据交换。

(2)系统参与者

同城清算所辖区内的绝大多数银行分支机构都依据同城清算所成员间达成的协议直接参加同城清算和结算处理。

(3)处理的交易类型

贷记和借记支付项目都可以交换和结算,其中支票占多数。

4. 全国电子资金汇兑系统

各商业银行的电子资金汇兑系统具有大致相同的框架结构,业务处理流程也基本相同。但在网络结构、技术平台等方面,各系统不尽相同。与原来的手工联行相比,电子支付指令经各级处理中心进行交换,取代了在发起行和接收行之间直接交换纸票据的方式,因而支付清算速度也大大加快。资金结算依然和手工联行时一样,定期经中国人民银行系统办理。

(1)运行规则

与手工联行清算系统一样,电子资金汇兑系统也具有多级结构。一般情况下,系统有一个全国处理中心、几十个省级处理中心、数百个城市处理中心和上千个县级处理中心。一家分行必须在每一级处理中心开设单独的账户,各级分行接受纸凭证支付项目,将纸票据截留后以电子方式发往相应的处理中心。处理中心在当天或第二天营业前将净额结算头寸通告分支机构。

(2)系统参与者

一家银行所有的分/支行都是其电子汇兑系统的合法参与者。当然这取决于这家分支机构是否连接入网。中国银行的电子汇兑系统还有其他机构提供支付服务。

(3)处理的交易类型

这些电子汇兑系统既办理贷记支付业务,又办理借记支付业务。

5.2 电子支付法律规范

根据参与主体的不同,电子支付可分为发生在银行之间的电子支付、银行与其客户之间的电子支付以及其他支付服务组织与其客户之间的电子支付。随着电子商务的发展,作为银行向客户提供的新型金融服务产品——电子支付服务,针对的是个人消费者和商业企业在经济交往中产生的一般性支付需求。其服务对象数量众多,支付需求千差万别。这类电子支付参与主体众多,涉及银行、客户、商家、系统开发商、网络运营服务商、认证服务提供机构等,其中银行与客户之间的关系是这类电子支付赖以生存的基础和前提。因此,电子支付立法应以调整银行和客户之间的关系为主线,引导和规范境内发生的银行为客户提供的电子支付业务。

5.2.1 电子支付相关法律法规

我国关于电子支付方面的立法主要有:
(1)《非银行支付机构客户备付金存管办法》(由中国人民银行于2021年1月19日发布)。
(2)《关于规范商业银行通过互联网开展个人存款业务有关事项的通知》(由中国银保监会、中国人民银行于2021年1月13日发布)。
(3)《电子商务法》(2018年8月31日发布)。
(4)《移动终端支付可信环境技术规范》(由中国人民银行于2017年12月11日发布)。
(5)《条码支付业务规范(试行)》(由中国人民银行于2017年12月25日发布)。
(6)《非银行支付机构网络支付业务管理办法》(由中国人民银行于2015年12月28日发布)。
(7)《国务院关于实施银行卡清算机构准入管理的决定》(国务院于2015年4月22日发布)。
(8)《关于加强商业银行与第三方支付机构合作业务管理的通知》(由原中国银监会、中国人民银行于2014年4月9日联合发布)。
(9)《中国人民银行关于建立支付机构客户备付金信息核对校验机制的通知》(由中国人民银行于2013年10月28日发布)。
(10)《非金融机构支付服务管理办法》(由中国人民银行于2010年6月14日发布)。
(11)《电子银行业务管理办法》(由原中国银行业监督管理委员会于2006年1月26日发布)。
(12)《电子支付指引(第一号)》(由中国人民银行于2005年10月26日发布)。

5.2.2 第三方支付立法

第三方支付在消费者和银行之间架起一座桥梁，它具有支付网关或者内部结算的作用。第三方支付平台这种模式对现行金融制度有一定的突破，目前主要存在以下一些法律问题：

1. 第三方支付服务的法律性质

国内的第三方支付平台采取的办法大多是试图确立自身是为用户提供网络代收代付的中介机构。比如，支付宝作为国内较具实力的第三方支付平台，充当电子支付中的信用中介和支付中介。自成立以来，其从事支付业务的合法性受到各方面的质疑，支付企业与客户间的法律关系亦没有明确定位。直到2010年中国人民银行《非金融机构支付服务管理办法》及其实施细则的颁布，才将第三方支付机构正式纳入监管。2011年5月26日，中国人民银行发放了酝酿已久的"第三方支付牌照"，此举让包括支付宝、财付通在内的几十家第三方支付企业摆脱了长期以来在法律上一直属于"黑户"的尴尬地位，拥有了自己的合法"身份证"。

2. 第三方支付的法律责任问题

目前许多国家并无专门的法律调整电子支付法律关系，一般而言，是通过一组合同群来调整各方当事人之间的法律关系，如《民法典》等。但是，如果将电子支付各当事人的法律关系完全交由《民法典》等调整，消费者的合法权益往往得不到充分保障。例如，支付宝与客户的服务合同包括规则和协议两部分，内容涉及服务方式、支付宝的使用方法、用户的权利和义务、免责条款等。用户要想使用支付宝必须先注册，接受所有的格式条款。一旦发生纠纷，消费者因处于弱势地位，其权益往往难以得到有效保护。

现有的法律能否保护网上支付的一系列环节和各方的利益？如果出现问题，损失由谁来承担？如果发生客户在交易后财产被盗取，或者由于系统故障使客户遭受损失的情况，这时候应该由谁来承担责任？在实践中也出现了客户在第三方支付平台交易，资金丢失的案例。这些问题如果不在立法中予以规范，最终将制约第三方支付的发展。

3. 第三方支付的安全问题

金融监管机构应该密切关注第三方支付可能存在的风险。目前支付宝等提供的服务很容易成为仿冒和攻击的对象。犯罪者通过钓鱼网站窃取大量资料。支付宝提供多家银行的支付端口，一旦被仿冒和攻击会给客户带来巨大的损失。

同时，金融监管机构难以跟踪其内部资金流向，这就给国家对资金流向的控制带来困难，也给犯罪分子的洗钱行为带来可乘之机。中央银行在充分引导第三方网上支付业务积极发挥作用的同时，也对非银行机构从事网上支付业务采取了必要的监管措施，加强了管理，以促进和保障其健康发展。

4. 第三方支付的电子货币管理问题

在第三方支付平台上，买卖双方可能会把一些钱先存入自己的账户，对支付服务提供商来说，这相当于发行一种电子货币，表现形式上可能会有所不同，但基本上都属于电子货币发行行为。此外,还可能涉及网络或一些软件发行电子货币,随着电子商务的发展规模和范围达到一定程度后,会对现有货币体系产生冲击。

中国人民银行目前正在积极开展立法工作,加强对第三方支付的监督和管理。在具体支付结算规则方面,在《电子支付指引(第一号)》中,针对第三方支付平台信用风险、资金交易安全、网络交易权利和义务平衡、打击网上洗钱等方面制定了相应的规则。

我来分析

上海的龚先生在××网上看中了一款超薄型手机,他一口价拍下,并与身处异地的卖家姜某约定运输方式为平邮,手机价加邮费共1 585元。当日,龚先生即按要求将全部货款汇至指定第三方支付平台账户中。三天后,手机通过快递送达,龚先生拿到包装盒时发现纸盒有明显的拆开迹象,打开时竟发现手机和电池板全无,剩下的只是些其他配件和说明书等物品。龚先生当即拒绝在快递签收单上签字确认。他向××网方面申请退款,在数日未见结果之后,又向网站的客户服务中心投诉。但是投诉了近三个月,始终没有结果,据××网的说法,是卖家不同意退款,××网便拒绝将货款退还给龚先生。按照××网中《争议处理规则》的规定,自买卖双方争议发生之日起30天内,第三方支付平台未收到交易双方协商一致的意见或公安机关、法院的案件受理通知书等法律文书,若交易双方中的一方申请第三方支付平台对争议货款进行处理,第三方支付平台可在七天内自行判断将争议货款的全部或部分支付给交易一方或双方。对此,龚先生提出质疑,××网凭什么可以行使这一权力?龚先生认为,第三方支付平台的身份和任务是为买卖双方代收代付货款,起一个代理人的作用,但是,第三方支付平台凭什么让人信服其裁判的结果一定是公平、公正的?而且,××网久调未果,钱款一直被扣,也会耽误买卖双方提起诉讼的时间。龚先生表示他将向法院提起诉讼。

【请你思考】

××网制定了《争议处理规则》,该规则规定,自买卖双方争议发生之日起30天内,第三方支付平台未收到交易双方协商一致的意见或公安机关、法院的案件受理通知书等法律文书,若交易双方中的一方申请第三方支付平台对争议货款进行处理,第三方支付平台可在七天内自行判断将争议货款的全部或部分支付给交易一方或双方。××网的这个管理规则是否合理?提出你的建议和意见。

5.3 电子货币法律

电子支付体系的核心是电子货币。目前,已有许多金融机构开发出电子货币项目,在世界范围内引导着消费者,并逐步将电子货币引到商业层面。同时,一些国家的政府也正为电子支付体系的发展创造良好的环境。这表明,电子货币的应用深度和广度将直接影响电子商务的发展,它的普及应用将为网络经济开辟新的更为广阔的空间。而有关电子货币的法律问题的解决,将为电子货币的普及应用扫清法律方面的障碍。

我国央行数字货币研发起步较早,2014年成立专门团队开始对数字货币发行框架、关键技术、发行流通环境以及相关国际经验进行研究;2016年中国人民银行数字货币研究所成立,是全球最早从事法定央行数字货币研发的官方机构;2017年末,中国人民银行组织部分商业银行和有关机构共同研发数字货币体系;2020年4月底,我国央行宣布数字货币先行在深圳、苏州、雄安、成都及未来的冬奥场景进行内部封闭试点测试。目前来看,我国央行数字货币的研发处于全球前列。

5.3.1 电子货币的法律性质

电子货币目前没有一个统一的定义,一般是指以电子设备和各种交易卡为媒介,以计算机技术和通信技术为手段,以电子数据形式存储,并通过计算机网络系统以电子信息传递形式实现流通和支付功能的非现金流通的货币。电子货币是以计算机技术为依托的一种新型的支付工具,具有支付适应性强、变通性好、交易成本低廉等优点。关于电子货币是否为货币的一种形态,在我国银行法中尚无明确规定。但根据电子商务在现实中的发展来看,我国实际上已经认可其作为货币的一种形态。电子货币与现有货币并不冲突,实际上电子货币是以现金、存款等货币的现有价值为前提,通过其发行者将其电子信息化之后制造出来的,从这个意义上讲,电子货币是以现有通货为基础的二次性货币。

5.3.2 电子货币的法律关系

电子货币交易中主要存在着发行人与消费者之间的法律关系、消费者与商户之间的法律关系以及发行人与商户之间的法律关系。各国法律大多数认为,这些法律关系属于合同关系。事实上,电子货币的运作就是通过这一组合同群来调整各方当事人权利和义务的法律关系的。

1.发行人与消费者之间的法律关系

发行人与消费者之间的法律关系是较为复杂的合同关系,主要包含以下几种不同性质的合同关系:

(1)使用电子货币作为支付结算工具的合同关系

根据电子货币系统的运作规则,消费者需首先向发行人提出申请,发行人同意后,为消费者提供电子货币结算工具,这在法律上可认定为发行人与消费者之间建立了合同关系。根据这种合同关系,发行人同意申请人利用其电子货币系统,有义务为申请人提供能够安全运转的电子货币系统,申请人的义务是接受电子货币系统技术规则及其正常运作的最后结果。

(2)以法定货币购买电子货币的合同关系

消费者欲取得电子货币,必须向发行人通过转账或直接支付的方式支付与其所申请发行的电子货币数额相等的法定货币,这部分法定货币称为电子货币资金。围绕电子货币资金的支付,消费者与发行人之间形成了以法定货币购买电子货币的合同关系。这一合同关系的主要内容是消费者向发行人支付一定的法定货币作为电子货币资金,发行人向消费者发行与电子货币资金同等数额的电子货币。一方面,消费者不仅有权自主决定把法定货币或账户存款以及债权额(如工资支付)等作为电子货币资金,而且有权随时把电子货币回赎为法定货币。另一方面,发行人对电子货币资金的支付形式也有选择权。同时,发行人负有应消费者的请求把电子货币回赎为法定货币的义务,即发行人的这一义务具有法定强制性。

(3)储蓄存款关系

电子货币的发行人与消费者之间是否存在储蓄存款关系,在国际上并没有明确一致的看法。美国的相关法律和澳大利亚《电子资金划拨指导法》对此并没有提及。但欧洲议会与欧盟理事会于2000年9月18日颁布的《关于电子货币机构业务开办、经营与审慎监管的2000/46/EC指令》(简称《2000/46/EC指令》)中则有明确的界定:

电子货币发行的性质,可分为两种情况加以理解:

①该行为若在发行机构的账户上形成了一个贷方余额,则构成《2000/46/EC指令》意义上的接受存款或其他可偿付资金的行为。

②鉴于电子货币作为法定货币与钞票的电子替代品,具有独特之处,倘若收取的资金立即兑换成电子货币,则电子货币的发行在本质上不构成《2000/46/EC指令》第三条所称的吸纳存款活动。

依据该界定,电子货币的发行人(银行)与消费者之间的储蓄存款关系在以计算机为基础的电子货币中表现得较为典型。在这类电子货币的运行中,消费者首先要在银行开设一个真实的存款账户,用于贷记划拨,然后再在发行人那里开设一个虚拟的网络账户,供网上支付使用。在进行网上支付时,只需把真实账户中的钱转移到虚拟账户中。不进行网上支付时,银行与消费者之间就只有储蓄存款关系。

2.消费者与商户之间的法律关系

消费者与商户之间的法律关系属于消费合同关系,但其以电子货币支付的特点,使得这一消费合同与一般消费合同存在着较大的区别:一般消费合同以法定货币进行支付,转移的是法定货币的所有权,与法定货币的发行人没有任何联系,而该消费合同则是以电子货币进行支付,转移的仅是消费者对电子货币发行人所享有的回赎请求权,而不是所有权。因此,从电子货币交易的角度来说,消费者和商户之间构成了电子货币债权转让的合同法律关系,消费者向商户转让的是对发行人享有的储存价值的请求权,其对价则是商户提供的货物或服务。

3.发行人与商户之间的法律关系

发行人与商户之间的法律关系包括电子货币支付系统使用合同关系和电子货币储存价值的回赎关系。前一种关系是后一种关系存在的前提和基础,而后一种关系则是电子货币交易的结果。在电子货币支付系统使用合同关系中,发行人有义务向商户提供电子货币支付系统,并对商户进行培训和指导,商户有义务按照要求使用电子货币支付系统,并按要求的条件和程序接受消费者以电子货币进行支付。在电子货币储存价值的回赎关系中,发行人有义务以法定货币向商户等额回赎电子货币的储存价值(通常是在商户的账户中记上适当的金额,也不排除应商户的要求向商户支付现金)。商户则有义务就接受电子货币支付所增加的收益向发行人缴付一定比例的手续费。

5.3.3 电子货币引发的法律问题

随着电子商务的不断推广和应用,利用电子货币立法不健全的漏洞进行犯罪的现象也日益突出。法院受理的网络案件逐年增加,并呈现上升趋势,案件涉及刑事、民事、经济、知识产权和行政等多个法律部门。

从总体上讲,主要表现在以下三个方面:

(1)个人信用资信的法律障碍。由于电子货币的支付是在双方不见面的虚拟环境下完成的,因此对个人信用的要求很高。目前,国内有关个人资信的规定还没有立法性质的文件,对资信进行评估的法制化程度也较低。

(2)安全认证的标准不统一。我国网上银行所采用的安全认证方式各不相同,国家对此还没有一个明确的标准,对电子货币安全技术系统的认定,其唯一性和一致性没有相配套的法律约束和保障。

(3)电子货币交易各方的权利、责任没有立法予以明确。电子货币支付涉及的当事人有付款人(客户)、付款行(开户银行)、结算行(清算中心)、收款人(商家),众多的当事人在法律上处于不稳定地位,造成在实务中纠纷较多,出现问题时各自应负的损失赔偿责任没有明确规定。

1. 电子货币的法律效力

电子货币的物是存储于计算机或IC卡中的电子数据,那么电子数据的法律效力问题就是传统法律所要解决的首要问题。根据我国《民法典》第四百六十九条的规定,数据电文为书面形式的一种。据此,以电子数据为物质载体的电子货币与以纸面为物质载体的纸币具有同等的效力。但是,我们认为,此种"功能等同"模式的立法只是过渡性质的立法。我国法律应明确规定作为意思表示的电子数据的法律效力,也应明确规定作为电子货币的物之一的电子数据的法律效力。另外,承认电子数据的效力固然重要,但解决电子数据的认证问题则更具重大意义。《电子签名法》以法律形式对直接关系公共利益的电子认证服务业设定行政许可,并授权工业和信息化部作为实施机关,对电子认证中的服务提供者实施监督管理。

2. 电子货币安全

安全是银行业内部和外部每一个人都密切关注的焦点问题。电子货币增加了安全风险,将自古以来孤立的系统环境转变成开放的充满风险的环境。所有零售支付系统在某种程度上自身都是脆弱的,而电子货币产品也增加了一些诸如鉴定、认可、完整性方面的问题。安全崩溃可能在消费者、商家或发行者任何一个层面发生,其潜在问题包括:盗用消费者和商家的设备、伪造设备、更改存储或设备间传输的数据、更改产品的软件功能等。安全攻击大部分是为了利益,但也可能是为了攻击系统本身。因此,电子货币安全问题也是立法中应充分考虑的问题之一。

3. 电子货币的监管

电子货币的产生与发展给各国的金融机构提出了新的问题,特别是电子货币给现行金融监管制度带来了直接或间接的影响。为维护金融体系的稳定和安全,防止侵害消费者利益的行为发生,避免出现恶性竞争和无秩序的行为,"政府适度监督有没有必要"成为各国比较关注的问题。我们如果将电子货币作为一种科技产品来管理,沿用统一、规范和标准化原则,势必会与电子货币兴起进程中出现的产品多样化以及技术、协议等的快速进化相矛盾,同时也会形成一些业务领域的规则和管理的真空。因此,我们需要通过详尽的法律规定来完善电子货币的监管。

4. 电子货币的隐私权保护

就法定货币而言,除了通过银行转账结算的情形外,其流通完全是匿名的,即除交易当事人以外的第三人无从知晓货币的流向,持币人支付了多少金额、支付给谁,都无据可查,从而在技术上很好地保护了当事人的交易隐私。但就目前的电子货币而言,却不能如此成功地实现这一点。账户依存型电子货币的流通完全依赖于转账结算,账户管理者保存其交易记录。因此,对账户管理者而言,交易当事人毫无隐私。现金型电子货币流通不依赖于转账,在现实生活中谁向谁支付了多少资金,第三人并不知晓,故其具有一定的匿名性,在很大程度上保护了当事人的交易隐私。但是,现金型电子货币系统要求每一个使用者都必须在发行者处开设一个存款账户,便于使用者申请电子货币或最后兑换法定货币时转账之用,发行者可由此掌握货币的流向,造成使用者的隐私权受到一定程度的损害。由此可见,目前的电子货币类型都不能像法定货币那样解决使用者的隐私保护问题。这就需要我们在法律上和电子技术上加以完善。

5. 电子货币洗钱犯罪

电子货币的出现和使用,为犯罪分子进行洗钱活动提供了便利。就大规模的洗钱犯罪来讲,传统货币给犯罪分子带来许多不便,如其面值有限,较大价值的货币必然占据较大的空间;其运输、清点和计算都需要花费时间,远距离的传输更需要花大量的时间与资源,且容易被人发现。电子货币则不存在这些问题,犯罪分子可以通过电话线、互联网瞬间将巨额资金从地球的一端转到另一端。所以电子货币尤其是现金型电子货币,对洗钱犯罪分子具有无限吸引力,他们可以把来源于非法活动的钱利用电子货币很快转移到法律上对洗钱犯罪监管较为薄弱的国家,在那里会更容易将这些钱合法化。如何有效地预防和打击洗钱犯罪,是电子货币发展中亟待解决的问题。

【小资料】

中央银行数字货币

中央银行数字货币(Central Bank Digital Currencies),简称CBDC。国际清算中心(BIS)与支付和市场基础设施委员会(CPMI)两个权威国际组织联手在2018年和2019年对全球60多家中央银行进行了两次问卷调查。问卷调查内容包括各国央行在数字货币上的工作进展、研究数字货币的动机以及发行数字货币的可能性。70%的央行都表示正在参与(或将要参与)数字货币的研究。

中国版CBDC被描述为数字人民币,是由中国人民银行发行,由指定运营机构参与运营并向公众兑换,以广义账户体系为基础,支持银行账户松耦合功能,与纸钞和硬币等价,并具有价值特征和法偿性的可控匿名的支付工具。而我们所说的DC/EP是中国版的央行数字货币,译为"数字货币和电子支付工具"。

5.4 电子银行法律问题

自20世纪90年代以来,随着国际上电子银行的兴起,我国商业银行的电子银行业务迅速发展。为规范商业银行利用互联网开展银行业务,2001年6月,中国人民银行制定并颁布了《网上银行业务管理暂行办法》(中国人民银行令〔2001〕第6号,以下简称《暂行办法》)。《暂行办法》的颁布对于加强商业银行网上银行业务的管理起到了积极的作用。但是,随着商业银行电子银行业务的不断发展,《暂行办法》已经不能适应电子银行风险监管的要求。发布《暂行办法》时,我国电子银行的发展与监管都处于探索时期,对电子银行业务的整体发展研究还有待深入,因此,《暂行办法》主要着眼于网上银行的监管,只对商业银行利用互联网开展银行业务进行了初步规范,而没有涉及利用同一平台开展的手机银行业务、个人数字助理(PDA)银行业务等的监管与规范。《暂行办法》已于2007年1月5日废止。

因此,为有效控制电子银行业务风险,需要尽快完善电子银行业务的监管规章体系,原银监会在认真分析和总结我国商业银行电子银行业务发展的基础上,结合我国现有金融法律制度,借鉴境外有关机构对电子银行业务的监管经验,发布了《电子银行业务管理办法》和《电子银行安全评估指引》,并于2006年3月1日起开始施行。

5.4.1 《电子银行业务管理办法》

1.《电子银行业务管理办法》的内容结构

《电子银行业务管理办法》(以下简称《办法》)共九章九十九条:

第一章(总则)明确界定了电子银行的概念和范围,将网上银行、电话银行、手机银行等统一到电子银行的监管范畴之中,并规定了《办法》的适用范围及开展电子银行业务的基本原则。

第二章(申请与变更)规定了金融机构申请开办电子银行业务,或者变更电子银行业务品种的条件、要求和审批程序。

第三章(风险管理)规定了电子银行战略风险、运营风险、法律风险、声誉风险、信用风险、市场风险等风险管理的基本原则和方法,明确了电子银行风险管理体系和内控制度建设、授权管理机制等要求。

第四章(数据交换与转移管理)规定了电子银行数据转移的条件和管理方式。

第五章(业务外包管理)规定了电子银行业务外包和选择外包方的基本要求,以及对业务外包风险的管理原则。

第六章(跨境业务活动管理)界定了跨境业务活动的范围,明确了开展跨境业务活动的要求。

第七章(监督管理)规定了电子银行业务日常监管的基本要求。

第八章(法律责任)规定了金融机构应当承担的法律责任。

第九章是附则。

2.《电子银行业务管理办法》与国际标准的衔接

电子银行的监管既要立足于国内电子银行业务发展和管理的实际情况,遵守国家法律的有关规定,又需要积极借鉴境外电子银行监管的良好做法以及符合电子银行技术和信息安全的国际准则。原银监会在制定《办法》的过程中,研究和参考了大量境外相关机构的有关规定,在电子银行监管方式、信息技术标准、监管原则等方面基本实现了与国际接轨。

《办法》主要借鉴了巴塞尔银行监管委员会的《电子银行业务风险管理原则》(Risk Management Principles for Electronic Banking)、美国货币监理署(OCC)的《电子银行最终规则》(Electronic Banking:Final Rule)、《规则 E:电子资金转移法》(Regulation E:Electronic Funds Transfer Act)、《电子通道信息披露统一标准:规则 M、Z、B、E 和 DD》(Uniform Standards for the Electronic Delivery of Disclosures:Regulations M、Z、B、E and DD)、《网络银行检查手册》(Examination Handbook on Internet Banking)、欧洲银行标准委员会《电子银行》报告等金融机构和监管机构有关的监管规定和规则,总结了我国电子银行发展与监管的经验和问题,侧重于切实提高商业银行等金融机构自身的电子银行风险管理能力和监管机构对电子银行风险状况的及时监测与评估能力,提高电子银行监管的针对性和可操作性。

3.电子银行的范围

不同国家对电子银行的定义有所不同,但总的来看,一般是将利用互联网(包括无线网络)、电信网络、有线电视网络等开放型网络提供的银行服务,纳入电子银行的范畴。考虑到我国电子银行发展的实际情况和相关的法律法规,《办法》规定:"本办法所称电子银行业务,是指商业银行等银行业金融机构利用面向社会公众开放的通讯通道或开放型公众网络,以及银行为特定自助服务设施或客户建立的专用网络,向客户提供的银行服务。"

具体而言,电子银行可以分为两大部分:一是网上银行、电话银行和手机银行;二是其他利用电子服务设备和网络,由客户通过自助服务方式完成金融交易的银行业务,包括自助银行、ATM 机等。但由于对自助银行和电子银行外部服务设施的管理已经有相关规定,为保持相关规章制度的连续性和稳定性,《办法》对自助银行和电子银行外部服务设施的管理分成了两个层面:一是在业务管理层面,仍按原有的管理规定执行;二是在安全和技术风险等风险管理层面,参照本《办法》。也就是说,银行业金融机构利用为特定自助服务设施或客户建立的专用网络提供的银行业务,有相关业务管理规定的,遵照其规定,但网络安全、技术风险等管理应参照本《办法》的有关规定;没有相关业务规定的,遵照本《办法》。

4.《电子银行业务管理办法》对电子银行业务的审批方式进行了调整

《暂行办法》规定:"政策性银行、中资商业银行(城市商业银行除外)、合资银行、外资银行获准开办网上银行业务后,若需增加新的网上银行业务经营品种,应由其总行统一报中国人民银行总行审查。外国银行分行获准开办网上银行业务后,若需增加新的网上银行业务经营品种,应由该分行在中华人民共和国境内的主报告行统一报中国人民银行总行审查。城市商业银行若需增加网上银行业务经营品种,应由其总行统一报中国人民银行当地分行、营业管理部审查。"

从电子银行的监管实践看,上述规定虽然有利于减轻监管部门总部审批工作的压力,增强监管部门分支机构的监管责任,但是,由于大、小银行使用的电子银行系统和网络设施性质一样,而监管部门总部与其分支机构之间在监管人员配置、专业技能等方面却有明显差距,致使对于相同性质的网上银行系统采用了不同的审批尺度,这导致一些地区网上银行问题较多,反而不利于监管效率的提高。因此,在本《办法》中,未再按照国有制、股份制和城市商业银行的分类办法设计审批权限,而是依据商业银行是否实现了数据集中处理,是否开展了全国性业务设定审批权限。

《办法》规定:"业务经营活动不受地域限制的银行业金融机构(以下简称全国性金融机构),申请开办电子银行业务或增加、变更需要审批的电子银行业务类型,应由其总行(公司)统一向中国银监会申请。按照有关规定只能在某一城市或地区内从事业务经营活动的银行业金融机构(以下简称地区性金融机构),申请开办电子银行业务或增加、变更需要审批的电子银行业务类型,应由其法人机构向所在地中国银监会派出机构申请。"如果全国性金融机构的分支机构使用单独的电子银行系统,该分支机构开办电子银行视同地区性金融机构。外资金融机构的有关审批方式基本未变。

这种调整一是有利于简化审批手续,为电子银行的健康有序发展创造良好的外部监管环境;二是有利于加强电子银行总体风险管理和安全管理,更加有效地利用监管资源。

5.4.2 电子银行的安全问题

电子银行业务不同于传统银行业务,电子银行业务实际上是为商业银行等金融机构开展其他业务、销售产品与服务提供了一个电子网络平台,并可以在此基础上构成可独立存在的业务品种。作为银行业务运行的平台,电子银行对安全性和可靠性的要求较高,其风险超出了传统意义上金融风险的概念,电子银行的风险不仅包括传统意义上的金融风险,还包括技术风险等。同时,银行风险已不仅来源于银行与客户之间的互动关系,而且很大程度上与第三方行为有关。因此,提高电子银行的安全管理水平,是促进电子银行发展和监管需要解决的主要问题之一。

由于电子银行的安全和技术风险在相当程度上取决于采用的信息技术的先进程度、系统的设计开发水平、相关设施设备及其供应商的选择等,银行依靠传统的风险管理机制已很难识别、监测、控制和管理相关风险,同样,监管机构也难以完全依靠自身的力量对电子银行的安全性进行准确评价和监控,因此,大部分国家都采用了依靠外部专业化机构定期对电子银行的安全性进行评估的办法,提高对电子银行安全性和技术风险的管理和监督。

依赖外部专业化机构对电子银行实施安全评估,必须要有相关的标准和要求,否则外部评估活动就可能流于形式。《电子银行安全评估指引》(以下简称《指引》)制定的目的就是规范电子银行安全评估活动,加强电子银行业务的安全与风险管理,保证电子银行安全评估的客观性、及时性、全面性和有效性。

关于电子银行的安全评估,《指引》要求金融机构电子银行的安全评估工作,应当由符合一定资质条件、具备相应评估能力的评估机构实施。为保证相关评估机构具备相应的资质,原银监会(现银保监会)利用其掌握的专家资源和专业经验,开展对评估机构的电子银行安全评估业务资格认定工作。但原银监会对安全评估机构资质的认定,不同于行业或企业准入资格性质的行政许可,不是评估机构开展电子银行安全评估业务的必要条件,只作为金融机构选择评估机构时的参考。

只要安全评估机构符合有关条件和要求,即使没有经过原银监会的资质认定,金融机构也可以聘请其实施电子银行安全评估,但应按照有关规定进行监管。

5.4.3 网上银行业务的风险管理

可以说,网上银行的出现,一方面改变了传统金融机构的经营方式和业务运作模式,提高了服务质量和效率,降低了服务成本,但另一方面它也赋予了银行一些新的特征。这些特征包括技术和客户服务变革的加速、网络的开放性和全球性、电子银行和计算机系统的结合以及银行与提供必要技术信息的第三方日益紧密的依存关系。虽然这些新特征并不必然会带来新的风险,但这些新特征会增加和改变传统银行实践中的风险。所以有必要建立网上银行的风险管理系统。

1. 网上银行面临的主要风险

(1) 策略风险

策略风险是指由于某一机构的战略目标、业务决策、投入资源与实施的效果之间不相一致而带来的风险。在电子银行业务中,技术的不断变革和竞争的加剧加大了银行的策略风险。这主要是因为,一方面,电子银行更多地依赖技术支持,但是技术变革又是快速的,所以可能出现银行决定采用的新技术在短期内被淘汰的问题,这就会使实际结果和预期目标不相符合,从而造成风险;另一方面,由于银行的客户接受在线服务的同时,也同样希望和银行保持原有的关系,这样就使银行不得不使用多重支付方式(既有传统支付方式,又有网上银行的支付方式),从而使电子银行服务增加了额外的成本(从短期来看)。与新设立的仅用网络提供服务的银行相比,传统银行处于劣势,这就容易造成策略风险。就此而言,银行的管理者在制定商业策略时就应考虑到如何使电子银行业务在增强银行的竞争力和效益的同时,又不增加策略风险。

(2) 操作风险

操作风险是指由于银行内部控制和信息系统的缺陷带来的不可预见的风险。网上银行更多地依赖于技术,因此操作风险是网上银行所带来的各种风险中最为常见的也是最为直接的一种风险。这种风险一般包括以下几个方面:

①安全风险。网上银行与传统银行的不同就在于其开放性的支付系统,即客户可以通过外部网络直接进入银行的内部系统。而开放性的支付系统在为银行带来方便和快捷的同时,也带来了新的安全问题,即如何保证系统的安全问题(包括保证系统不受外来的恶意入侵、数据的完整性、系统的可使用性)。

②内控风险。及时发现并纠正错误是银行内控机制的重要组成部分。对于网上银行而言,其"系统直接进入"的特性,要求其必须有完善的内控机制以防范来自外部或内部的欺诈,从而保证银行系统的稳定和安全。但是由于网上银行是一项新兴技术,操作人员缺乏相关的技术支持和操作实践,这就会给网上银行带来较大的内控风险。

③外部资源风险。与传统银行相比,网上银行需要更多地依赖于外部资源,如软硬件提供商、电信公司或其他的第三方服务提供商(特别是中小银行,它们没有像大银行一样具有充足的资金和技术支持可以单独建立一套网上银行支付系统,所以大多只能依赖第三方服务提供商提供支付系统)。这些第三方服务提供商可以使银行节省人力和物力,同时有利于银行利用高科技方便快捷地提供服务,但也相应增加了银行的风险。例如,有可能因为外部服务提供商的服务中断或是提供瑕疵服务而导致银行声誉降低以及实际收益上的损失。此外,使用外部资源有可能会带来额外的风险,即隐私权和数据保密问题。这是由于服务提供商在提供服务时必然会有大量的客户数据或是银行的商业数据保留在服务提供商的信息系统中,相关数据的所有权和使用权的归属又是不明确的,因此会带来新的风险。

(3)声誉风险

声誉风险是指由于重大的负面公众评价所带来的资金和客户损失方面的风险。网上银行越来越依赖于网络技术提供服务,这为银行降低了交易成本,但同时也加大了声誉风险。一方面,如果一家银行出现重大的、影响广泛的系统缺陷或是重大的安全事故(病毒的破坏或是黑客的入侵造成系统故障和资料的丢失),就会像多米诺骨牌效应一样,导致客户对网上支付方式产生怀疑,甚至对整个网上银行业务产生不信任感,从而影响银行的声誉。另一方面,声誉风险也来自客户的错误操作或是疏忽。安全风险会被夸大从而导致客户对网上支付方式失去信心。

(4)法律风险

法律风险主要是指由于违反或不遵守有关的法律、法规、规则、行业做法和伦理标准等带来的风险。网上银行与传统银行相比具有更高的法律风险。因为网上银行较传统银行更便捷、更潜地扩展其业务范围。因此,就会出现这样的情形,银行在向东道国提供相关服务时并不熟知东道国的法律制度,比如,提供网上银行服务是否需要通过审批或备案。如果不需要审批,网上银行便与东道国失去了管理上的联系,那么网上银行则很难与东道国的法律变动保持同步。网上银行就很可能在不知情的情况下违反了东道国的消费者权益保护法,如侵犯了客户的隐私权。

另外,网上银行是一项新型业务,其相关法律制度尚未构建完备,就有可能出现现行的法律如何适用、是否需要新的法律加以调整的问题。由于法律建立的滞后,银行在从事网上银行业务时,相关规定的不确定性会给银行带来潜在的法律风险。

2.网上银行的风险管理和控制

网上银行面临的主要风险不同于传统银行,因此电子银行业务的运营风险管理也不同于传统银行。

(1)实施安全政策和措施

银行应保证系统不受外来的恶意入侵,保持数据的完整性、系统的可使用性,采取包括加密技术、口令、防火墙、病毒控制等安全措施,防止外部的非法入侵。

(2)对内部操作人员的管理

网上银行的系统安全最终是依赖于受过专门训练的操作人员的合规操作来维护的。因此,加强对内部人员的管理、明确安全操作规则对于保证系统安全、防范操作风险是十分重要的。应要求内部操作人员遵循以下三种安全操作原则：禁止单人操作原则、职责分离原则和准入控制原则。

（3）对客户的管理

由于网上银行无法像传统银行一样采用面对面的方式向客户提供服务，因此客户的身份认证就成为保证银行运营安全的首要问题。需要注意的问题主要有：

①要求网上银行对仅通过网络开立账户的客户设置严格的开立标准并且及时通报客户的可疑活动。当客户通过网络开立新账户时，网上银行应当负有必要的谨慎和注意义务，对客户的身份进行认证。同时，网上银行应严格遵守"了解你的顾客"的政策，以防止有意或无意地被罪犯利用或欺诈的情况发生。

②要求网上银行进行消费者教育。网上银行操作复杂，因此有可能会出现因客户的错误操作或是疏忽而导致错误的情况。对此的解决办法就是进行消费者教育。这可以由管理者或是立法者提供相关帮助。例如，银行的管理者可以在网站上提供相关链接，允许客户查证在线银行的执照和存款保险，或是对网上银行的业务流程进行演示。这样可以使消费者了解网上银行业务的运作流程和操作、有关费用、权利和义务及争端解决程序等。

（4）设立事故恢复计划和业务持续性计划

事故恢复计划和业务持续性计划对于网上银行的风险管理框架而言是至关重要的，其有助于在发生意外事故后及时恢复和继续一些重要的商业交易，以维持银行的声誉。可以说，没有任何一个系统是绝对可靠或是对灾难免疫的，所以设立有效的、及时的事后恢复措施至关重要。银行应根据不同类型的突发事故来设计不同性质的事故恢复计划。

5.5 手机支付法律问题

中国互联网络信息中心发布的数据表明，截至 2020 年 6 月，我国网民规模达 9.4 亿人，互联网普及率达 67％；其中手机网民达 9.32 亿人，网民使用手机上网的比例达 99.2％；网络支付用户规模达 8.05 亿人，其中手机网络支付用户规模达 8.02 亿人，占手机网民的 86％。从这些数据可以看出，网络支付方式中手机支付占比相当高，正在成为新的发展趋势。

5.5.1 手机支付的概念

《中国人民银行关于手机支付业务发展的指导意见》规定："手机支付是以手机作为支付终端，基于无线通信网络与后台服务器之间的远程信息交互（即远程支付），或基于手机与受理终端的近场信息交互发起支付指令（即近场支付），实现货币资金转移的支付方式。"手机支付属于电子支付方式的一种，它避免了传统金融机构在时间、空间上所受到的制约，具有随时、随地、方便、快捷的特点，存在着巨大的发展潜力和利润空间。目前，交通、零售等多个小额的支付领域是手机支付的主要场所。

5.5.2 手机支付的主体及法律地位

手机支付涉及多方主体，包括商业银行、支付机构、银行卡清算机构等。当事人之间的法律关系错综复杂。根据我国目前移动支付商业模式（以移动运营商为运营主体的移动支付业务、以银行为运营主体的移动支付业务和以独立的第三方为运营主体的移动支付业务），支付机构分别由移动运营商、银行和独立的支付平台运营商来担当。在《中国人民银行关于手机支付业务发展的指导意见》中，中国人民银行对商业银行、支付机构、银行卡清算机构三者身份给予定位。商业银行应充分利用资金管理和风险管理优势，在手机支付服务市场继续发挥基础性、推动性作用；支付机构应进一步利用机制灵活、创新能力强的优势，加强风险管理，在小额便民支付领域形成对传统支付服务的延伸与补充；银行卡清算机构应继续发挥在银行卡产业链中的枢纽作用，为手机支付业务提供安全、高效的银行卡交易处理与清算服务。这等于明确了手机支付中的主角应是商业银行，支付机构只是需要规范的配角。

5.5.3 手机支付的法律风险

手机支付业务的法律属性可以概括为：具有增值电信业务与金融业务的双重属性。因此，手机支付业务面临一系列法律风险，表现在以下方面：

1. 监管方面

手机支付业务存在着多重法律关系，涉及中国人民银行、市场监督管理部门、移动运营商、电商等多个主体，它们通常各自为政，缺乏一个主导部门，极易产生监管和执法盲区。我国目前没有专门针对手机支付的监管办法，但针对第三方的监管办法，内容也涵盖了移动第三方支付领域。自2006年开始，中国人民银行、证监会、原银监会、原保监会一直在为第三方非金融机构（包括支付宝、财付通等）企业发放许可证，并将其纳入监管范围。这些支付平台中的账户如有不正常流动数据都会被中国人民银行监管，但是，小额用户的资金进出却一直处于监管空白状态，这让不少被盗刷的用户感到投诉无门。

2. 立法方面

一般而言，在社会发展过程中，新领域的社会实践、商业实践往往领先于法律建设。2017年12月11日，金融行业标准JR/T 0156—2017《移动终端支付可信环境技术规范》由中国人民银行正式发布。本标准规定了移动终端支付领域可信环境的整体框架、可信执行环境、通信安全、数据安全、客户端支付应用等主要内容。2017年12月25日，中国人民银行印发《条码支付业务规范（试行）》，配套印发了《条码支付安全技术规范（试行）》和《条码支付受理终端技术规范（试行）》，对当前日渐放开的条码（二维码）支付的相关技术及业务进行规范。

3. 风险方面

手机支付俨然成为新宠，而为消费者设置的安全保护伞却一直没有完善。2010年9月实施的《非金融机构支付服务管理办法》属于部门规章，其法律效力远远低于法律和行政法规，导致在司法实践中手机支付和电子商务的问题分散于《刑法》《消费者权益保护法》《民法典》等多项法律法规中。

开篇案例结案

"网络钓客"来了,为之奈何?

【本案焦点】

本案争议的焦点为电子支付中犯罪嫌疑人通过网络钓鱼诈骗用户钱财银行所需承担的法律责任。

【本案审理】

银行在借记卡和网银口令卡上均留有银行全国统一客户服务电话及银行官方网址,周某在收到非银行客服电话发来的短信后,既未核实消息来源是否真实,又未认真核对网址是否准确,就登录他人提供的钓鱼网站进行网银业务操作,致使个人银行卡信息泄露。周某的损失系其自身错误所致,损失结果与银行无法律上的因果关系,同时,周某也并未提供证据证明被告网银操作系统存在漏洞或安全隐患,故应判决驳回其诉讼请求。

公安机关可以通过网络手段锁定犯罪嫌疑人的线索,将其抓获归案。该犯罪嫌疑人涉嫌诈骗罪,应依法对其批准逮捕。

【本案启示】

网络钓鱼是通过电子邮件或即时通信工具大量发送声称来自银行或其他知名机构的欺骗性垃圾邮件,意图引诱收信人给出敏感信息(如用户名、口令、账号 ID、ATM PIN 码或信用卡详细信息)的一种攻击方式。多数钓鱼网站为网络购物、在线支付、旅游票务类。据金山毒霸公布的数据显示,钓鱼欺诈类型逐年递增。如何保护财产安全,防止上当受骗? 首先应该了解一下网络钓鱼攻击的常用伎俩。

伎俩1:建立各类假冒网站,骗取用户账号、密码,实施盗窃。

伎俩2:发送电子邮件,以虚假信息引诱用户中圈套。

伎俩3:利用虚假的电子商务进行诈骗。

伎俩4:利用木马和黑客技术等手段窃取用户信息后实施盗窃活动。

伎俩5:利用用户弱口令等漏洞破解、猜测用户账号和密码。

个人用户对网络钓鱼防范方法的建议如下:

(1)提高警惕,键入网站地址的时候要校对,以防输入错误而误入钓鱼网站;慎重登录链接网站,细心就可以发现一些破绽。

(2)不要打开陌生人的电子邮件,特别是即时通信工具上传来的消息,很有可能是病毒发出的。

(3)安装杀毒软件并及时升级病毒知识库和操作系统补丁。

(4)对敏感信息进行隐私保护,打开个人防火墙。

(5)登录银行网站前,要留意浏览器地址栏,如果发现网页地址不能修改,最小化窗口后仍可看到浮在桌面上的网页地址等现象,请立即关闭浏览器窗口,以免账号、密码被盗。

此外,在外出时,也应多注意手机信息安全。一些免费 WiFi 也暗藏钓鱼信息,如不慎使用了黑客搭建的"钓鱼 WiFi",也会造成个人信息泄露。需要注意的是,一般不需要密码即可上网的WiFi最好不要"蹭"。最保险的方法是,在公共场所,最好不要使用购物、收发邮件等功能,以防止不法分子盗取私密信息。对于时时开着WiFi的用户,在商场购物时,最好关闭WiFi自动连接功能,以防止误落"钓鱼WiFi"的陷阱。

提醒:储户轻率登录钓鱼网站,银行免责。

技能实战

轻信他人,借出手机,追悔莫及!

被告人王某在某快餐店借用被害人杜某的手机后,趁被害人不注意,采用短信验证获取支付密码后通过支付宝转账的方法,分两次将被害人手机支付宝账号绑定的中国农业银行借记卡账户内的人民币转账至被告人自己的中国农业银行借记卡账户,共窃得人民币2 800元。

【思考】
1.王某的行为该如何定性?
2.王某应承担什么样的刑罚?

技能训练

一、名词解释

电子支付　电子货币　网上银行　策略风险

二、单选题

1.2005年10月26日,中国人民银行发布了(　　),对银行从事电子支付业务提出指导性要求,以规范和引导电子支付的发展。

A.《电子支付指引(第一号)》　　　B.《电子支付指引(第二号)》

C.《电子银行业务管理办法》　　　D.《电子银行风险管理原则》

2.(　　)在消费者和银行之间架起一座桥梁,具有支付网关或者内部结算的作用。

A.第一方支付　　B.第二方支付　　C.第三方支付　　D.第四方支付

3.电子支付体系的核心是(　　)。

A.电子银行　　　B.ATM机　　　C.电子货币　　　D.网络消费者

三、多选题

1.网上银行面临的主要风险有(　　)。

A.策略风险　　B.操作风险　　C.安全风险　　D.内控风险

E.外部风险

2.下列属于电子银行的有(　　)。

A.手机银行　　B.电话银行　　C.网上银行　　D.ATM机

E.其他利用电子服务设备和网络,由客户通过自助服务方式完成金融交易的银行业务,包括自助银行

3.电子货币的发行人与消费者之间的法律关系是较为复杂的合同关系,主要包含( )。

A.储蓄存款关系

B.以法定货币购买电子货币的合同关系

C.使用电子货币作为支付结算工具的合同关系

D.电子货币支付系统使用的合同关系

E.电子货币储存价值的回赎关系

四、简答题

1.简述电子支付与传统支付的联系和区别。

2.简述电子货币的发行与使用。

3.简述网上银行的风险管理。

4.简述电子货币引发的法律问题。

5.简述手机支付中存在的法律风险。

技能实战要点解析

【本案焦点】

本案争议的焦点为王某的行为应定为盗窃罪还是诈骗罪。

【本案审理】

主观上,王某在获得被害人杜某的手机以及第三方支付账号后所产生的首要想法是窃取账户内的资金,通过第三方支付账户来非法获取所关联的银行卡信息,这些都在王某的窃取故意之中。客观上,王某在未经杜某允许的情况下,擅自使用其支付宝完成账户转账,其行为本质是窃取他人账户资料,被害人也是在不知情的情况下遭受了财产损失。王某的行为是以隐蔽、不为人知的手段,破坏原财产占有状态,建立新的财产占有状态,这符合盗窃罪秘密窃取的特征,所以王某的行为应认定为盗窃罪。一审法院以盗窃罪判处被告人王某拘役五个月,并处罚金人民币1 000元。

【本案启示】

随着支付宝、微信等第三方支付应用的普及,当前第三方支付类侵财犯罪行为日益频发,犯罪行为亦呈现多样化的特点。那么对于用户来说,如何防止自己的线上资金账户(支付宝、微信等)被盗刷呢?

1.坚决不点击(扫描)任何来历不明的链接(二维码)

在过去,有风险的链接比较好用肉眼识别,但现在不一样了。尤其是手机端上,基本都是短链接,虽然用户省事,使用体验好,但对于不熟悉网络安全的用户来说,难以辨认链接是否可靠,反而增加了风险。而二维码的风险就更大。因为二维码是一堆黑色点的集合,如果不扫描,用户根本不知道这个二维码包含着什么信息。正是这个需要扫描后才能获知信息的特点,让它的风险倍增。所以凡是陌生人、陌生号码发过来的链接、二维码,统统不要打开。

2. 一定装好杀毒软件

杀毒软件是自计算机时代就有的东西，手机上也能装，所以不要嫌麻烦，一定要装上杀毒软件。它能帮助用户在打开了不明链接之后抵挡来自病毒、木马的侵袭。

3. 切忌下载来历不明的应用

安装应用软件要去正规应用市场。现在各大手机品牌都开发了自己独有的应用市场，所以安全渠道很多。以安卓手机为例，进入手机设置菜单，进入安全页面——设备管理，关闭"未知来源应用下载和安装"选项，基本上可以排除来自应用软件的风险。

4. 务必养成安全防范习惯

前面这几点都是被动防御，但最关键的还是用户自身要有极强的安全防护意识，比如手机加上"开屏锁"，支付宝加上"指纹解锁"，定期修改各种支付密码等。更要注意在任何时候都不能轻易泄露自己的手机验证码。现在金额稍大的网上转账，无一例外都要求提供手机验证码。因此，手机验证码是最后一道防御墙，如果用户将手机验证码透露给犯罪分子，那么就算做好了前面几步，"钱包"依然会被盗刷。

第 6 章

网络环境下的知识产权保护

学习要点

- 网络环境下的著作权保护
- 网络环境下的商标权保护
- 域名保护
- 网络环境下的专利权保护
- 网络环境下的商业秘密保护

现在开庭

网页能否受到《著作权法》的保护？

【基本案情】

原告诉称，自己是一家致力于为中小企业提供网站制作服务的高新企业。原告发现被告公司网站上擅自将原告制作的相关精品网站案例作为被告自己的案例进行宣传，使人误以为这些网站案例是被告设计制作的，借以宣传被告自己。由于被告所从事的主要业务与原告的业务基本相同，且经营地点在同一个城市，被告的行为侵害了原告的著作权，并涉嫌不正当竞争，给原告造成了经济损失，给原告的名誉造成了不良影响。为此，原告将被告诉至地方中级法院，请求判令被告停止侵权并赔偿损失。

被告在庭审时答辩称：被告在公司网页中明确表示精品案例、成功故事均来源于搜索引擎和相关新闻网站，并未表明是被告制作。而且，被告在明显位置区分了被告自己制作的网站与来源于搜索引擎的网站。被告自成立以来，一直亏损经营，请求法院查明事实，依法驳回原告的诉讼请求。

（资料来源：自编）

【你是法官】
1. 请指出本案争议的焦点。
2. 被告的行为是否构成不正当竞争？
3. 如果你是法官，你该如何审理此案？

6.1 网络环境下的著作权保护

6.1.1 著作权概述

1. 著作权的含义

著作权（也称版权）是基于特定作品的精神权利以及全面支配该作品并享有其经济利益权利的合称。著作权的客体是指《著作权法》所认可的文学、艺术和科学等作品。

计算机网络传播的作品具有可数字化的特点，《著作权法》第三条规定：

"本法所称的作品，是指文学、艺术和科学领域内具有独创性并能以一定形式表现的智力成果，包括：

"（一）文字作品；

"（二）口述作品；

"（三）音乐、戏剧、曲艺、舞蹈、杂技艺术作品；

"（四）美术、建筑作品；

"（五）摄影作品；

"（六）视听作品；

"（七）工程设计图、产品设计图、地图、示意图等图形作品和模型作品；

"（八）计算机软件；

"（九）符合作品特征的其他智力成果。"

它们的存在形式均可以转化为数字化形式，同样具有可数字化的特点。目前计算机网络的发展速度很快，《著作权法》所涉及的保护对象非常适于通过计算机网络传播，换句话说，它们非常适于进行电子商务。

2. 著作权的内容

我国《著作权法》第十条规定：

"著作权包括下列人身权和财产权：

"（一）发表权，即决定作品是否公之于众的权利；

"（二）署名权，即表明作者身份，在作品上署名的权利；

"（三）修改权，即修改或者授权他人修改作品的权利；

"（四）保护作品完整权，即保护作品不受歪曲、篡改的权利；

"（五）复制权，即以印刷、复印、拓印、录音、录像、翻录、翻拍、数字化等方式将作品制作一份或者多份的权利；

"（六）发行权，即以出售或者赠与方式向公众提供作品的原件或者复制件的权利；

"（七）出租权，即有偿许可他人临时使用视听作品、计算机软件的原件或者复制件的权利，计算机软件不是出租的主要标的的除外；

"（八）展览权，即公开陈列美术作品、摄影作品的原件或者复制件的权利；

"（九）表演权，即公开表演作品，以及用各种手段公开播送作品的表演的权利；

"（十）放映权，即通过放映机、幻灯机等技术设备公开再现美术、摄影、视听作品等的权利；

"（十一）广播权，即以有线或者无线方式公开传播或者转播作品，以及通过扩音器或者其他传送符号、声音、图像的类似工具向公众传播广播的作品的权利，但不包括本款第十二项规定的权利；

"（十二）信息网络传播权，即以有线或者无线方式向公众提供，使公众可以在其选定的时间和地点获得作品的权利；

"（十三）摄制权，即以摄制视听作品的方法将作品固定在载体上的权利；

"（十四）改编权，即改变作品，创作出具有独创性的新作品的权利；

"（十五）翻译权，即将作品从一种语言文字转换成另一种语言文字的权利；

"（十六）汇编权，即将作品或者作品的片段通过选择或者编排，汇集成新作品的权利；

"（十七）应当由著作权人享有的其他权利。"

从以上规定中可以看出，著作权保护的方式就是赋予著作权人控制作品传播方式的专有权。在网络环境下，如何让著作权人的专有权有效地覆盖作品在网络上的传播是著作权保护制度的核心问题。

目前，著作权国际保护的基本内容是由《保护文学和艺术作品伯尔尼公约》（以下简称《伯尔尼公约》）规定的，《伯尔尼公约》中有关著作权人的各项传播权的规定是随着技术的发展而逐步出现的，但是具体保护方式和权利的内容仍然由各成员国国内法加以规定。作品在信息网络上的传播主要具有以下特点：

（1）传统的复制类权利和传播类权利的结合。传统的复制类权利包括复制权、发行权、出租权等，其特点是作品的使用滞后于提供，人们需先获得作品的复制件，再学习、研究或者欣赏；传统的传播类权利包括表演权、放映权、展览权、广播权等，其特点是作品的提供与使用同时发生。交互性传输可以在两类权利中自由地转换，用户一方面可以将作品下载成为永久性复制件供日后使用，另一方面也可以在线欣赏作品，但不永久复制性留存。

（2）随着网络广播、数据流式传输、信息推送等技术的发展，某些交互性传输已经具备了广播的性质，但是原有的关于广播权的规范不宜直接适用于交互性传输。互联网上的广播具有全球性的特点，对于广播权的强制许可，从世界各国立法来看，一般没有直接延伸到网络广播领域。

(3)在交互性传输中,信息传输的范围、程度及信息的使用方式是由信息的发送者和接收者双方共同决定的。以网上软件发行为例,公众可以自由地获得关于软件作品的权利管理信息,用户如果对该软件产生兴趣,需要提交注册信息,使软件的技术措施部分解除,从而浏览该软件、了解软件的功能和运行情况,如果需要解除对该软件的复制限制措施,下载软件,用户就必须按照提示付款。在这一过程中,信息交流是双向的。

6.1.2 网络环境下著作权的相关法律问题

传统的版权作品,要想在网络上传输,首先应将其进行数字化转换,即将图书、音乐、电影、电视、图片等转换为计算机信息,或者作品本身就是以数字化形式存在的,如运用计算机软件或在计算机上直接完成的作品或网络作品等,然后将这些信息上传到网络终端服务器的储存器中,通过连接世界各地的互联网络传送至最终用户,供用户浏览、下载或用于网站之间的转载。

下面介绍网络环境下几类特殊的著作权客体:

1. 网站(网页)的法律保护

网站(网页)的设计需要投入大量的创造性智力劳动,是网站(网页)设计者思想感情的表达,也存在被复制的可能性,因此网站(网页)应成为《著作权法》保护的客体。

一个网站(网页)能否获得著作权的保护取决于该网站(网页)是否构成汇编作品。汇编作品保护的前提是内容的选择和编排体现了独创性,只有网站(网页)对内容的选择或编排体现了独创性才受《著作权法》的保护。网站(网页)为了更加吸引人,往往用受著作权保护的图像或音乐作为背景图案或音乐,其不可避免地用于商业目的,如同在广播或电视中使用受著作权保护的图像或音乐一样,显然是对该作品著作权的侵犯,侵权人应当承担相应的法律责任。

在网站(网页)拥有者无法获得《著作权法》保护的情况下,一般会转而依据反不正当竞争法,对他人相似的网站(网页)提出指控,来保护自身的合法权益。反不正当竞争法在一定程度上对知识产权法起到了补充作用。但不应当仅仅由于被告的网站(网页)与原告相似就认定其违反了反不正当竞争法,判断被告行为是否构成不正当竞争不仅要考虑造成相似的原因,而且需要考虑相关的网站(网页)是否会混淆,被告的网站(网页)是否会误导普通公众。如果两个网站虽然相似,但是属于不同的领域或从事不相近的经营活动,而且被告已经在网站(网页)上使用了自己的商标、商号等商业标志,标明了自己的产品或者服务的来源,造成混淆的可能性很小,则属于正常的经营行为。反之,不满足上述条件,则属于不正当竞争,应当承担相应的法律责任。

2. 数据库的法律保护

数据库是制作者通过对作品、数据和其他材料进行选择、编排而形成的一个集合,也可以认为是经选择及编排而成的作品文集或汇编构成的智力创作。

数据库大致相当于汇编作品,其收集的内容可能包括一些本来就受著作权保护的作品、数据和资料,也可能包括自由使用的作品、数据。作为受《著作权法》保护的作品,数据库必须符合作品的基本条件,即具有独立创作性或原创性。独立创作性是就整体而言的,而不是对构成数据库内容或者资料的要求,即在资料选择或者编排上表现出智力创作性,符合作品实质要件而不是要求构成材料具有作品特性。

我国《著作权法》专门对汇编作品的著作权保护做出了明确规定,该法第十五条规定:"汇编若干作品、作品的片段或者不构成作品的数据或者其他材料,对其内容的选择或者编排体现独创性的作品,为汇编作品,其著作权由汇编人享有,但行使著作权时,不得侵犯原作品的著作权。"

3. 网络环境下技术保护措施的法律规定

由于数字技术的发展,作品的复制变得简便和快捷,从而大大刺激了盗版的产生。保护著作权不仅仅要通过技术措施,更需要通过法律对是否侵犯著作权的行为进行认定。以下是几种常见的侵犯著作权的行为:

(1) 非法下载网络上传输的作品

随着电子商务的发展,越来越多的数字化商品(多为受著作权保护的作品)通过网络传送给用户,网络上各种各样的信息非常丰富,如果未经权利人同意,擅自下载网络上的信息(作品)并用于其他商业目的,属于对著作权的侵犯。但是对于通过网络浏览或者下载只供个人使用,应视为合理使用,是对著作权的一种权利限制,而不应视为对著作权的侵犯。

(2) 非法转载网络上的作品

有些网站由于自己的信息资源不足,只能依靠转载其他网站的信息来维持,这个问题与传统媒体中的转载有相同之处,在这个过程中,网站的作者没有经过创造性的劳动就获得了他人所创造的成果,根据著作权保护的基本原则是绝对不允许的,应视为对著作权的侵犯行为。

(3) 非法破坏网络的加密措施

由于网络上传输的数字化作品非常容易获得和修改,为了维护网络秩序和权利人的利益,在网络上传输作品时往往增加一些加密措施,一般的加密措施不属于《著作权法》调整的范围,但为了实现著作权所赋予的权利而设置的加密措施应该受到《著作权法》的保护,否则网络上著作权人的合法利益将不能得到保障。

6.1.3 网络内容提供者(ICP)和网络服务提供者(ISP)的法律责任

网络内容提供者是指向网络发布信息的提供者。他们一般将数字化后的作品或者本身就是以数字形式存在的作品上传到网络中(输入作为网络服务器的计算机中)。一旦将作品上传到网络中,根据网络的特性,在世界上任何地点、任何时间,都可以通过与网络相连接的计算机得到该作品。在网络世界里,ICP 和 ISP 经常是合二为一的。对于 ICP 来说,未经著作权人许可将作品上传到网上属于侵权行为,而对于在网上传播网络作品是否属于侵权行为则要视具体情况而定。对于 ISP 来说,网络上每天要增加数以十万计的主页,并且增加的速度在不断加快,其原因之一就是存在大量的 ISP 平台,它们提供了大量的存储空间(甚至是免费的),为主页设计提供大量的服务,使得制作网络主页成为每一个网络用户非常容易操作的事情。随着 ISP 平台主页数量的增多,其影响力就会不断增加,必然会带来可观的经济效益。在这个过程中，ISP不可能对每一个使用其存储空间用户的网页内容进行审查，不可避免地会出现一些主页设计者侵犯了别人的著作权。在这种情况下，许多主页的设计者是不容易被找到的，著作权人只能找ISP说理。

我来分析

ISP的侵权责任如何认定？根据《著作权法》的一般原则，凡不经权利人的许可、不付报酬而使用作品或者制品的，均应承担相应的法律责任。网络服务商也不例外，其侵权行为应区分不同情况承担不同的责任。其一，如果所传播的内容存在侵权内容，而网络服务商已知、应知或主动参与传播行为的，应承担完全的民事责任，即停止侵害、消除影响、公开赔礼道歉、赔偿损失等；其二，如果所传播的内容存在侵权内容，而网络服务商不可能知道，不应承担完全的民事责任，但在被告知存在侵权内容时，也应承担停止侵害等法律责任；其三，如果传播的内容存在侵权行为，在被告知后仍不关闭或撤销侵权内容的，可以认为是有意侵权，应承担完全的民事责任；其四，如果仅仅提供接入服务的设备，则不承担法律责任。

【请你思考】

当下有许多搜索引擎类网站，可以让用户搜索、下载和在线聆听各种歌曲，请问这些搜索引擎类网站是否也构成侵权呢？

1. 避风港原则

近年来，网站经营者逐渐成了法院被告席上的"常客"，网络侵权纠纷不断。多数案例中，其矛头都指向网站发布的内容侵权。而此时，网站经营者最常见的抗辩理由就是避风港原则，利用它来规避侵权责任。

网络服务商是提供信息存储空间服务的，在其不知道，也没有合理的理由应当知道，其存储空间中的作品侵权的情况下，在接到权利人通知后，及时删除侵权作品，则不承担侵权责任。这就是避风港原则。

避风港原则

理解这个原则要注意以下五点：

①网络服务商只提供信息存储的空间服务，并不直接上传信息内容。

②信息内容由其他用户上传，网络服务商没有对信息内容进行修改和编辑。

③权利人发现信息内容侵权后，对网络服务商进行了有效通知。

④网络服务商审核后要及时删除侵权作品。

⑤网络服务商不能直接获得经济利益。

只有满足以上五点，网络服务商才能免去侵权责任。

为了更好地理解避风港原则的内涵和适用条件，让我们再来看一个案例。

> **相关案例**
>
> **避风港原则的法律适用**
>
> 中国电影集团B公司以侵犯著作权为由,在北京海淀区人民法院起诉了××网,称××网在某影片公映初期,未经许可擅自在网上提供该影片的在线播放服务,构成侵权,给原告造成巨大损失,请求判令被告赔偿经济损失。
>
> 而在该电影上映首日,中国电影集团B公司就曾向××网发出律师函,要求其不要传播该影片。
>
> ××网称:涉案影片系网友上传,网站并不知道该影片侵权。
>
> 中国电影集团B公司认为:××网对网友上传的内容应当进行审查和选择,却忽视审查义务,并以分享收益诱惑网友上传作品,属于共同侵权。
>
> 法院审理查明以下事实:
>
> 1.××网在接到律师函并通知员工注意后,没有删除该电影,网站仍在传播该影片。
>
> 2.××网对用户上传作品自动添加了××网水印。
>
> 3.××网的所有视频,在播放正式内容之前,均要播放一段长约30秒的广告。
>
> 4.该影片的投资规模和影响力较大,视频传播在影片公映初期。
>
> 基于法院查明的以上事实,就可以依据避风港原则,分析××网是否构成侵权。
>
> ××网是网络视频服务提供商,这个身份没有问题,满足了适用避风港原则的主体资格要求。但是:
>
> 1.××网在接到权利人侵权通知后,没有及时删除侵权作品,行为消极。
>
> 2.××网对用户上传作品添加了网站水印,可以视为:对用户上传的内容进行了编辑和修改。
>
> 3.××网在缓冲视频时播放了广告,从广告商处获得了收益,这一行为可以视为直接获得经济利益。
>
> 综上,虽然该电影是网友上传,但××网存在间接侵权行为,要承担侵权责任。当平台型网站面临侵权诉讼时,简单拿出避风港原则并不能保证其免责。但与此同时,这些诉讼也并未让避风港原则失效,因为网络服务商之所以败诉,说到底,是因为其行为存在"瑕疵",即要么没有遵守"通知—移除"的原则,要么没有履行作为网络服务商的足够"注意义务"。

2.红旗原则

避风港原则并不能成为网络服务商免责的挡箭牌,法律上还有红旗原则作为它的补充:如果侵权事实是显而易见的,像红旗一样在那飘扬,网络服务商对侵权行为仍视而不见,无动于衷,就属于"明知或应知侵权",应当承担法律责任。

6.1.4 网络著作权的侵权表现与侵权责任

1. 网络著作权的侵权表现

《著作权法》第五十一条规定：

"未经权利人许可，不得进行下列行为：

"（一）故意删除或者改变作品、版式设计、表演、录音录像制品或者广播、电视上的权利管理信息，但由于技术上的原因无法避免的除外；

"（二）知道或者应当知道作品、版式设计、表演、录音录像制品或者广播、电视上的权利管理信息未经许可被删除或者改变，仍然向公众提供。"

《著作权法》第五十二条规定：

"有下列侵权行为的，应当根据情况，承担停止侵害、消除影响、赔礼道歉、赔偿损失等民事责任：

"（一）未经著作权人许可，发表其作品的；

"（二）未经合作作者许可，将与他人合作创作的作品当作自己单独创作的作品发表的；

"（三）没有参加创作，为谋取个人名利，在他人作品上署名的；

"（四）歪曲、篡改他人作品的；

"（五）剽窃他人作品的；

"（六）未经著作权人许可，以展览、摄制视听作品的方法使用作品，或者以改编、翻译、注释等方式使用作品的，本法另有规定的除外；

"（七）使用他人作品，应当支付报酬而未支付的；

"（八）未经视听作品、计算机软件、录音录像制品的著作权人、表演者或者录音录像制作者许可，出租其作品或者录音录像制品的原件或者复制件的，本法另有规定的除外；

"（九）未经出版者许可，使用其出版的图书、期刊的版式设计的；

"（十）未经表演者许可，从现场直播或者公开传送其现场表演，或者录制其表演的；

"（十一）其他侵犯著作权以及与著作权有关的权利的行为。"

2. 网络著作权的侵权责任

《著作权法》第五十三条规定：

"有下列侵权行为的，应当根据情况，承担本法第五十二条规定的民事责任；侵权行为同时损害公共利益的，由主管著作权的部门责令停止侵权行为，予以警告，没收违法所得，没收、无害化销毁处理侵权复制品以及主要用于制作侵权复制品的材料、工具、设备等，违法经营额五万元以上的，可以并处违法经营额一倍以上五倍以下的罚款；没有违法经营额、违法经营额难以计算或者不足五万元的，可以并处二十五万元以下的罚款；构成犯罪的，依法追究刑事责任：

"（一）未经著作权人许可，复制、发行、表演、放映、广播、汇编、通过信息网络向公众传播其作品的，本法另有规定的除外；

"（二）出版他人享有专有出版权的图书的；

"(三)未经表演者许可,复制、发行录有其表演的录音录像制品,或者通过信息网络向公众传播其表演的,本法另有规定的除外;

"(四)未经录音录像制作者许可,复制、发行、通过信息网络向公众传播其制作的录音录像制品的,本法另有规定的除外;

"(五)未经许可,播放、复制或者通过信息网络向公众传播广播、电视的,本法另有规定的除外;

"(六)未经著作权人或者与著作权有关的权利人许可,故意避开或者破坏技术措施的,故意制造、进口或者向他人提供主要用于避开、破坏技术措施的装置或者部件的,或者故意为他人避开或者破坏技术措施提供技术服务的,法律、行政法规另有规定的除外;

"(七)未经著作权人或者与著作权有关的权利人许可,故意删除或者改变作品、版式设计、表演、录音录像制品或者广播、电视上的权利管理信息的,知道或者应当知道作品、版式设计、表演、录音录像制品或者广播、电视上的权利管理信息未经许可被删除或者改变,仍然向公众提供的,法律、行政法规另有规定的除外;

"(八)制作、出售假冒他人署名的作品的。"

6.2 网络环境下的商标权保护

相关案例

浙江A工具有限公司诉李某计算机网络域名侵犯商标权纠纷案

原告浙江A工具有限公司是一家专业生产和销售切削工具的企业,具有十几年制造切削工具的历史,通过了ISO 9001质量管理体系认证,公司拥有18 000平方米厂房,300余名员工,5 000余万元固定资产及各类设备450台套。

原告诉称:原告经过自主创新及与众多高校协作攻关形成了公司的主导产品,取得了3项实用新型专利证书、11项外观设计专利证书,同时拥有申请中的发明专利1项、实用新型专利4项。2018年1月22日原告向商标局申请注册"××"商标,2018年4月10日原告收到注册申请受理通知书,2018年4月13日原告对"××"商标进行了加项申报,同时又对该商标申请了国际注册。2018年4月27日商标局向原告颁发了第**号商标注册证。经过原告多年来不断的研究开发,公司主打产品钢板钻系列产品性能不断升级且处于世界领先水平,目前公司90%的产品出口至欧洲、美洲、大洋洲、东南亚国家和地区,客户遍及全球各地,原告企业、产品获得了众多荣誉。同时原告也通过网络、展会、杂志等多途径、多渠道地对产品进行宣传,范围遍及全国大多数省市,原告的"××"商标也因此在相关公众中有了较高知名度和稳定的客户群。

被告李某擅自使用与原告注册商标完全一样的字母作为申请注册了计算机网络

域名。为维持合法权利,原告依照《最高人民法院关于审理商标民事纠纷案件适用法律若干问题的解释》第二十二条之规定,特向法院起诉,请求认定原告"××"商标为驰名商标,并判令被告停止侵权,同时赔偿因此给原告造成的经济损失2 000元。

被告李某辩称,原告的"××"商标不满足《中华人民共和国商标法》规定的驰名商标的认定条件,不应认定为驰名商标;被告在使用"www.××.net"计算机网络域名时并不知道原告的"××"商标已被注册,被告无使用原告商标的恶意,故不构成对原告商标的侵权。综上,请求法院驳回原告的诉讼请求。

(资料来源:根据法律快车网站案例改编)

【思考】
1. 指出本案争议的焦点。
2. 本案争议的客体属于知识产权中的哪种类型?
3. 如果你是法官,你将如何审理此案?

6.2.1 商标权概述

1. 商标与商标权

商标是商品的生产者、经营者在其生产、制造、加工、拣选或者经销的商品上或者服务的提供者在其提供的服务上采用的,用于区别商品或服务来源的,包括文字、图形、字母、数字、三维标志、颜色组合和声音等,以及上述要素的组合,具有显著特征的标志,是现代经济的产物。商标是商品信息的载体,传达着商品的信息,商标作为一种无形资产,体现着"品牌就是实力"。随着市场的繁荣,品牌的作用日益突出,商标的作用也日益重要。

商标权是商标所有人依法对其使用的商标所享有的权利。按照《中华人民共和国商标法》(1982年颁布,后经1993年、2001年、2013年和2019年四次修正,以下简称《商标法》)第三条的规定:"经商标局核准注册的商标为注册商标,包括商品商标、服务商标和集体商标、证明商标;商标注册人享有商标专用权,受法律保护。本法所称集体商标,是指以团体、协会或者其他组织名义注册,供该组织成员在商事活动中使用,以表明使用者在该组织中的成员资格的标志。本法所称证明商标,是指由对某种商品或者服务具有监督能力的组织所控制,而由该组织以外的单位或者个人使用于其商品或者服务,用以证明该商品或者服务的原产地、原料、制造方法、质量或者其他特定品质的标志。集体商标、证明商标注册和管理的特殊事项,由国务院工商行政管理部门规定。"有关商品商标的规定,适用于服务商标。

注册商标专用权包括使用权和禁止权两个方面,使用权包括商标所有人自己使用、许可他人使用以及转让商标等处分的权利;禁止权包括依法禁止他人申请注册、使用与该商标相同或者相类似的商标的权利。注册商标专用权受到法律保护,商标所有人可以依法行使自己的权利,对于侵犯自己合法权利的行为可以依法请求商标局和人民法院给予惩处。

电子商务的发展也给商标的法律制度带来了许多问题。一旦域名、网站名称、网站图形等在使用和宣传中逐渐具有标识性和显著性,产生了商业价值,使用者就希望这些网络标志能够如传统意义上的商标那样,为法律所认可和保护。因此,申请将这些网络标志注册为商标的情况越来越普遍。

2. 网络环境下商标的可注册性

虽然网络标志与传统意义上的商标表现形式不同,但是在申请商标注册时必须遵循一般的商标注册审查规则。

(1) 网络标志的注册不得违反禁止性规定

如果某企业的域名已经很驰名,则其他企业将不能再获得以该域名为商标的商标注册。

(2) 网络标志应具有显著性

一般认为,顶级或二级域名(如我国的 edu、gov、cn)等属于通用技术标志,不能作为独立的商标注册,即使与表示域名注册人网上的名称的部分互相结合获得了商标注册(如peixun.com.cn),该商标注册人对这些通用标志也不享有专有权。又如,"peixun.com.cn"的域名注册人申请商标注册,商标局在审查过程中就会要求申请人删除该商标的".com.cn"部分或放弃对该部分的专用权,如果申请人拒绝这一要求,那么这一商标根本不会获准注册。

《商标法》第五十九条规定:"注册商标中含有的本商品的通用名称、图形、型号,或者直接表示商品的质量、主要原料、功能、用途、重量、数量及其他特点,或者含有的地名,注册商标专用权人无权禁止他人正当使用。"

(3) 网络标志注册的商品或服务类别

商标是标识商品或服务来源的,可以用来区分同类的商品或服务,但并非所有的网络标志都可以作为商标使用。如果某个域名仅仅作为域名注册人的网上地址而存在,类似于域名注册的电话号码、经营地址、名片或广告,那么它就不是标识商品或服务来源的标志,也就不能被注册为商标。在申请商标注册时,仅仅证明在域名之下提供了商品或服务,例如,只说域名使用在"电子商务"上是不够的,还必须把域名标识的商品或服务特定化,并按照商标注册的商品或服务分类提出注册申请。

(4) 网络标志注册的在先权利

如果有人申请注册与他人在先使用的网络标志相同的商标,标志使用人能否以在先权利人的身份阻止该商标的注册呢?如果该网络标志在商标注册的申请国为公众所熟知,该商标申请就有恶意抢注的嫌疑,标志使用人应当有权对此加以阻止。

我国《商标法》有对未在我国注册的驰名商标的法律保护,因此一旦知名的网络标志被抢注为商标,权利人可以要求商标局撤销该商标注册。同时也必须看到,即使某个网络标志在上网的用户中广为人知,但没上过网的人也可能对其一无所知,因此,在判断某个网络标志是否知名时,应根据其在我国网络用户中的知名度来判断。

3. 网络环境下商标的使用

《商标法》第四十八条规定:"本法所称商标的使用,是指将商标用于商品、商品包装或者容器以及商品交易文书上,或者将商标用于广告宣传、展览以及其他商业活动中,用于识别商品来源的行为。"第四十九条规定:"商标注册人在使用注册商标的过程中,自行改变注册商标、注册人名义、地址或者其他注册事项的,由地方工商行政管理部门责令限期改正;期满不改正的,由商标局撤销其注册商标。注册商标成为其核定使用的商品的通用名称或者没有正当理由连续三年不使用的,任何单位或者个人可以向商标局申请撤销该注册商标。商标局应当自收到申请之日起九个月内做出决定。有特殊情况需要延长的,经国务院工商行政管理部门批准,可以延长三个月。"

商标的使用是有地域性的,商标的有效使用必须发生在一国地域之内。然而网络是开放的,外国商标注册人仅仅在互联网上使用了与某国注册商标相同的网络标志,却不一定因为网络全球性的特点而在该国当然构成该商标的有效使用,只有当使用该标志提供的商品或服务与该国的国内市场具有某种联系(例如,向该国市场提供某种商品或服务,或至少该国用户提出要求时能在该国市场上找到该种产品或服务),才能构成商标在该国的使用。因此,经营者应当收集各国用户访问其网站的记录,以证明自己的商标在哪些国家使用。

6.2.2 商标权的法律保护

《商标法》规定,注册商标的专用权,以核准注册的商标和核定使用的商品为限。第五十七条明确规定,有下列行为之一的,均属侵犯注册商标专用权:

(1)未经商标注册人的许可,在同一种商品上使用与其注册商标相同的商标的。

(2)未经商标注册人的许可,在同一种商品上使用与其注册商标近似的商标,或者在类似商品上使用与其注册商标相同或者近似的商标,容易导致混淆的。

(3)销售侵犯注册商标专用权的商品的。

(4)伪造、擅自制造他人注册商标标识或者销售伪造、擅自制造的注册商标标识的。

(5)未经商标注册人同意,更换其注册商标并将该更换商标的商品又投入市场的。

(6)故意为侵犯他人商标专用权行为提供便利条件,帮助他人实施侵犯商标专用权行为的。

(7)给他人的注册商标专用权造成其他损害的。

将他人注册商标、未注册的驰名商标作为企业名称中的字号使用,误导公众,构成不正当竞争行为的,依照《中华人民共和国反不正当竞争法》处理。《商标法》第六十条规定:"有本法第五十七条所列侵犯注册商标专用权行为之一,引起纠纷的,由当事人协商解决;不愿协商或者协商不成的,商标注册人或者利害关系人可以向人民法院起诉,也可以请求工商行政管理部门处理。"第六十一条规定:"对侵犯注册商标专用权的行为,工商行政管理部门有权依法查处;涉嫌犯罪的,应当及时移送司法机关依法处理。"

相关案例评析

浙江 A 工具有限公司诉李某计算机网络域名侵犯商标权纠纷案

通过以上对商标知识的学习,我们来共同分析一下本案。

本案中,2018 年 1 月 22 日原告向商标局申请注册"××"商标,2018 年 4 月 10 日原告收到注册申请受理通知书,2018年4月13日原告对"××"商标进行了加项申报,同时又对该商标申请了国际注册。2018年4月27日商标局向原告颁发了第＊＊号商标注册证。至此,浙江A工具有限公司对该商标具有了合法拥有权,在特定领域内不可侵犯。

然而被告李某并不是在与原告相同或者相类似的领域中使用该商标,而是在互联网上注册了一个与原告商标相同的域名。被告的域名对原告的商标是否构成侵权,还要关注一下域名的相关知识。

本案中法院首先应当确定浙江A工具有限公司的商标注册和李某的域名注册哪个在先。其次就是要确定浙江A工具有限公司的商标是否是驰名商标,而后再确定李某的域名注册时间、理由、网站的经营范围以及域名的设计思想。通过以上几个方面的证据收集便可以对本案的商标与域名间的纠纷案做出合理的分析和判决。

6.3 域名保护

6.3.1 域名

1. 域名的概念

域名是一种由英文字母(A～Z,a～z)或汉字、数字和连接符(-)以及实点(.)构成的互联网上的计算机地址。在互联网产生之初,网上计算机地址是以用实点隔开的阿拉伯数字(如222.106.211.64)——IP地址——来表示的。但IP地址难以记忆和理解。

2. 域名的法律性质

从技术角度讲,域名只是联入网络的"易被人记忆和识别"的特定的计算机标识符,或者说是计算机IP地址的外部代码。但随着互联网的日益普及和商业化,域名已经不再是找到网上计算机的一种技术参数或简单的标识符,而已经成为用户在网上寻找、认知和评价网站及网页的一种重要符号,因而域名本身也就具有一定的商业价值。许多企业利用域名宣传自己的网站来创造新的网上利润。域名的商业价值引起了域名抢注、贩卖牟利等不法行为。为解决有关纠纷,需要明确域名的法律性质。

(1)域名是知识产权保护的客体

这是因为:

第一,域名具有无形财产的价值。域名是网上用户寻找、认识和评价网站及网页的重要标识,因此其具有类似于商标的商业价值。域名又可以独立于具体的网站和网页存在,因此具有无形的特点。

第二,域名具有排他的专有性。域名是计算机在网上对应的地址符号,因此,同一等级内域名具有事实上的唯一性,只能由注册人专有,虽然这种专有权是域名的技术本质决定的,而不是法律赋予的,但这并不否定其独有的特点和知识产权的属性。

第三,域名具有时间性。各国域名注册和管理法规一般都规定,域名注册经过一段时间后要申请续展,否则将失去注册。

第四，域名具有法定性。域名在各国都是依法注册取得的。

关于地域性，传统知识产权具有地域性特点，但随着全球经济一体化的发展，其严格的地域性正在不断地被弱化，因此域名地域性的缺乏不应成为它作为知识产权客体得到保护的障碍。

（2）域名是不同于商标的新型知识产权

域名在一定程度、领域、范围内充当商业标识符号，成为消费者识别、评价与认知商业经营者，尤其是网上商业经营者的重要符号，代表着经营者在网络空间的商业形象。因此，在消费者这个层面上，域名和商标没有什么本质的不同，但在其他方面，二者仍然有明显的区别。

第一，商标可以由文字、图形或其组合构成，有些国家还规定可以由立体的图形或声音构成，而域名只能由英文字母（或汉字）、数字、实点及连接符构成，因此，在显著性和便于识别性等方面域名不如商标。

第二，根据《商标法》的规定，相同或类似的商标可以在不同种类的商品上同时使用，并为不同的商标所有人注册和专用，而域名的唯一性和专有性却是绝对的。

第三，商标是按类别注册的，在种类不同的商品或服务上不同的企业可以使用相同的商标，而域名是唯一的。商标相同的不同类型的企业也只能有一个供自己使用的域名。

第四，商标具有地域性，商标所有人的权利一般只能在授予该项权利的国家受到保护，在其他国家并不发生法律效力（驰名商标除外），而域名则具有国际性，缺乏地域性特点。

6.3.2 域名权与商标权冲突的表现形式及原因

1. 域名权与商标权冲突的表现形式

（1）域名注册在先

域名注册在先是指域名所有人注册域名之后，商标注册人才能对该域名具有标识性部分申请商标注册并取得商标权。此时，商标专用权是不能延及到该域名的，因为域名是全球性的，而商标有严格的地域性，而且，域名注册在先，受法律保护。

（2）注册的域名中含有他人注册商标的名称

域名与商标一样，都有重要的识别价值，只是域名识别性的基础是网络空间。网络用户为拓展互联网业务，往往要在网络上创建主页，宣传企业形象。而网络用户一般愿意选择与其商标名称相同的文字作为注册和使用的域名，把商标上已建立的商业信誉拓展到网络空间。如果域名注册人所注册域名的可识别部分与他人注册商标的名称相同或近似，域名所有人与商标权人就会发生争议。根据《商标法》的规定，商标专用权不能用于网络空间，域名中包含他人的注册商标并不会侵犯他人的商标权。但如果该域名使用不当，如域名所有人在以其域名为识别标志的网站上向消费者提供的商品或服务，与商标权人向消费者提供的商品或服务相同或类似，足以造成普通消费者对域名所有人与商标权人之间的误认或误解，则域名与商标的权利冲突不可避免。在这种情况下，主要适用保护公平竞争原则和保护在先权利原则。

(3) 恶意抢注域名

恶意抢注域名是指网络用户明知自己申请注册的域名的标识部分与他人的注册商标名称相同,仍然予以注册的行为。通常有两种情况:一是只抢注域名而不使用,想通过转让来牟利,如美国麦当劳公司的域名曾被他人恶意抢注,而后公司花了 800 万美元才得以购回;二是抢注域名后使用它从事不正当竞争活动,如妨碍他人以属于自己的商号、商标等进行注册和开展网上活动。

(4) 同一域名的标识部分存在多个注册商标所有人

商标权的保护范围以核准注册的商标和核定使用的商品为限。一般情况下,商标权人不能排斥在既不相同又不类似的商品上使用相同或近似的商标。现实中,在既不相同又不类似的商品或服务上有相同或近似的商标的现象比较多。域名如以他人商标标识性文字注册,就可能导致多个商标权人为同一域名的归属性发生争议。解决这类争议,应坚持保护在先注册域名的原则来处理。

2. 域名权与商标权冲突的原因

(1) 域名主体的唯一性与商标主体多元性之间的矛盾

由于技术上的限制,在全球范围内,域名是绝对唯一的,一个域名不可能由多个所有人同时享有,而商标则不必如此,除驰名商标外,商标在不同类别的商品或服务上可以是相同的。又由于商标只在核准国内有效力,只要两国未加入相同的商标国际条约或双边国际条约,则同一商标可同时并存于两国的同种类商品或服务上。正是由于这种矛盾,拥有相同商标的主体不能同时各自拥有以该商标命名的同一域名,则引起了商标和域名的冲突。常见的纠纷就是互联网用户使用的域名正好是另一公司的注册商标,更有甚者,同一商标的两个合法拥有者都想以他们的商标做域名。

(2) 开放性注册原则的结果

域名的申请实行"先申请,先注册"的原则。域名注册机构仅对域名注册申请人的申请材料进行真实性审查,而不负责对域名是否侵犯他人在先商标专用权益进行实质审查。因此,域名注册服务提供的仅是技术服务。如《中国互联网络域名注册暂行管理办法》第二十三条规定:"各级域名管理单位不负责向国家工商行政管理部门及商标管理部门查询用户域名是否与注册商标或者企业名称相冲突,是否侵害了第三者的权益。"这样的规定无法有效地提前预防域名权和商标权冲突的发生。

(3) 商业利益的影响

域名本身没有任何商业价值,但随着电子商务的发展,其商业价值日益显现。它已经成为企业商品或服务的电子商标,是知识产权的客体,代表了商业信誉,是可以创造巨大利益的无形资产。然而,现有的商标、商号是有限的,而域名不能重复,必然使有限的商标域名供给与无限的商标域名需求发生矛盾,有些人就以抢注的方式来强占那些热门的域名资源,而后卖给商标权人。

6.3.3 有关域名与商标权的法律纠纷及解决

《互联网域名管理办法》由 2017 年 8 月 16 日工业和信息化部第 32 次部务会议审议

通过,自 2017 年 11 月 1 日起施行。关于域名领域的各种纠纷处理,主要依据是《互联网域名管理办法》《商标法》《中国互联网络域名注册暂行管理办法》等。

实践中,域名与商标权的冲突主要包括以下两种情况:

1. 域名盗用行为

域名盗用行为是指自己没有商标,或者自己商标的知名度低,于是将他人有一定知名度的商标作为域名抢先注册,而当真正的商标权人试图将自己的商标作为域名使用时,发现已不能获得注册。

域名盗用行为的解决,因被盗用的商标是否驰名而不同。

(1)对驰名商标的盗用。商标权人可以通过各国驰名商标的特殊保护规定寻求法律保护。我国《商标法》第十三条规定:"为相关公众所熟知的商标,持有人认为其权利受到侵害时,可以依照本法规定请求驰名商标保护。就相同或者类似商品申请注册的商标是复制、摹仿或者翻译他人未在中国注册的驰名商标,容易导致混淆的,不予注册并禁止使用。就不相同或者不相类似商品申请注册的商标是复制、摹仿或者翻译他人已经在中国注册的驰名商标,误导公众,致使该驰名商标注册人的利益可能受到损害的,不予注册并禁止使用。"

(2)对普通商标的盗用。商标权人在不同国家可能获得的法律保护不完全相同。在我国,商标权人可以直接要求有关的域名管理机构停止为与自己商标冲突的域名申请者服务。因为《中国互联网络域名注册暂行管理办法》第二十三条规定:"当某个三级域名与在我国境内注册的商标或者企业名称相同,并且注册域名不为注册商标或者企业名称持有方拥有时,注册商标或者企业名称持有方若未提出异议,则域名持有方可以继续使用其域名;若注册商标或者企业名称持有方提出异议,在确认其拥有注册商标权或者企业名称权之日起,各级域名管理单位为域名持有方保留 30 日域名服务,30 日后域名服务自动停止,其间一切法律责任和经济纠纷与各级域名管理单位无关。"

2. 域名抢注行为

域名抢注行为是指故意将数量众多的与他人知名商标相同的标识部分设计注册为域名,并通过贩售或出租牟利,或者再以高价将域名卖给商标权人。

域名抢注基本都具有以下几个特征:一是被抢先注册的域名与他人知名的商标、商号或其他商标标志相同或相近;二是抢注的域名数量众多;三是域名抢注通常与域名贩售相联系。

如果被抢注的是驰名商标,可以依据各国驰名商标的特殊保护规定予以制止;如果被抢注的是普通商标,一般很难引用《商标法》进行保护,因为抢注者多是"注"而不是"用",但这种行为已经构成了不正当竞争,可以通过《中华人民共和国反不正当竞争法》(以下简称《反不正当竞争法》)寻求保护。

6.3.4 域名注册的禁止内容

《互联网域名管理办法》第二十八条规定,任何组织或者个人注册、使用的域名中,不得含有下列内容:

(1)反对宪法所确定的基本原则的;
(2)危害国家安全,泄露国家秘密,颠覆国家政权,破坏国家统一的;
(3)损害国家荣誉和利益的;
(4)煽动民族仇恨、民族歧视,破坏民族团结的;
(5)破坏国家宗教政策,宣扬邪教和封建迷信的;
(6)散布谣言,扰乱社会秩序,破坏社会稳定的;
(7)散布淫秽、色情、赌博、暴力、凶杀、恐怖或者教唆犯罪的;
(8)侮辱或者诽谤他人,侵害他人合法权益的;
(9)含有法律、行政法规禁止的其他内容的。
域名注册管理机构、域名注册服务机构不得为含有上述所列内容的域名提供服务。

相关案例审理

浙江Ａ工具有限公司诉李某计算机网络域名侵犯商标权纠纷案

1.本案争议的焦点:李某注册的计算机网络域名是否侵犯了浙江Ａ工具有限公司的商标权。

2.本案争议的客体类型属于知识产权中的商标权类。

3.本案审理:

(1)浙江Ａ工具有限公司的商标是否是驰名商标的认定问题

认定驰名商标应当考虑以下几个因素:

①相关公众对该商标的知晓程度。

②该商标使用的持续时间。

③该商标的宣传工作的持续时间、程度和地理范围。

④该商标作为驰名商标受保护的记录。

⑤该商标驰名的其他因素。

本案中:

①相关公众对"××"商标的知晓程度并不高。

②"××"商标使用的持续时间:2018年1月22日原告向商标局申请注册"××"商标,2018年4月10日原告收到注册申请受理通知书,2018年4月13日原告对"××"商标进行了加项申报,同时又对该商标申请了国际注册。2018年4月27日商标局向原告颁发了第﹡﹡号商标注册证。至今原告仍然在使用该注册商标。

③"××"商标宣传工作的持续时间、程度和地理范围:原告公司连续多年通过网络、展会、杂志等渠道进行广告宣传,但对其宣传的程度和地理范围未提供相应的证据予以证实。

④"××"商标受保护的记录:原告对该事实未提供相应的证据予以证实。

综上,虽然"××"商标在消费者中有一定的知名度,产品和质量也受到国家相关行业、部门的肯定,但原告提供的证据尚不足以使人信服该"××"商标构成驰名商标,因此,对该商标是否驰名不予认定。

(2) 关于被告是否构成侵权的问题

根据《最高人民法院关于审理涉及计算机网络域名民事纠纷案件适用法律若干问题的解释》第四条的规定，人民法院审理域名纠纷案件，对符合以下各项条件的，应当认定被告注册、使用域名等行为构成侵权或不正当竞争：

①原告请求保护的民事权益合法有效。

②被告域名或其主要部分构成对原告驰名商标的复制、摹仿、翻译或音译；或者与原告的注册商标、域名等相同或近似，足以造成相关公众的误认。

③被告对该域名或其主要部分不享有权益，也无注册、使用该域名的正当理由。

④被告对该域名的注册、使用具有恶意。

综上所述，被告李某注册"www.××.net"网络域名的行为侵犯了原告"××"注册商标的专用权，应承担停止侵害的民事责任，故对原告要求注销"www.××.net"网络域名的诉讼请求，予以支持。对被告称其合法取得该域名的答辩理由，证据不足，不予采信。对于原告提出要求被告赔偿损失 2 000 元之请求，因无证据证明，不予支持。

6.4 网络环境下的专利权保护

6.4.1 专利权

电子商务把商业方法、计算机程序、计算机、通信设备等各种软件和硬件融为一体，使得传统的商业方法技术化、程序化，形成了一种崭新的交易方法——电子商务方法。从技术角度来看，计算机程序和电子商务方法都不再是单纯的智力活动的规则和方法，而是具有很强的技术功能，是一种可实施的技术方案，这就使计算机程序和电子商务方法从根本上具有了可专利性的属性。

1. 计算机程序的可专利性

如果发明专利申请是把一个计算机程序输入计算机，从而形成一种计算机程序控制的装置或者计算机程序控制的生产方法，那么在这种情况下，将计算机程序与计算机硬件作为一个整体来考虑，则该计算机和该计算机程序已经构成了一个发明主题，并且该发明主题具有技术效果，构成完整的技术方案，因而属于可授予专利权的发明专利申请。

(1) 涉及计算机内部运行性能改进的发明专利申请。如果发明专利申请涉及利用一个计算机程序来对计算机进行控制而使计算机系统内部性能得以改进，那么计算机程序与该计算机作为一个整体，可以获得专利权。

(2) 通过测量或测试过程的发明专利申请。如果发明专利的主题是采用计算机程序来控制或者执行测量或测试过程，那么只要这种含有计算机程序的测量或测试的装置和方法能够产生技术效果，构成一个完整的技术方案，也可以获得专利权。

(3) 涉及自动化技术处理过程的发明专利申请。如果发明专利申请是把一个计算机程序输入计算机，从而形成一种计算机控制的装置或者计算机程序控制的生产方法，则该计算机程序与计算机一起可以获得专利。

(4)汉字编码方法和计算机汉字输入方法的发明专利申请。汉字编码方法本身一般不能成为可专利性主题，但是如果将汉字编码方法与该编码方法所使用的特定键盘相结合而作为计算机系统处理汉字的一种计算机汉字输入方法或者计算机汉字信息处理方法，使计算机系统能以汉字信息为指令，产生若干新的功能，乃至实现生产过程的自动化控制或者办公系统的自动化管理等，而且构成具有技术效果的完整技术方案时，是可以获得专利的，能够成为专利性主题。

2.商业方法的可专利性

西方国家(如美国)法律规定商业方法可以授予专利。1999年9月，美国的亚马逊书店取得了"一次点击"的专利。该技术的主要内容：只要购买者执行单一的点击动作下订单，即可以通过该客户服务系统通知服务器，服务器将购买者的特定采购信息加入采购的项目信息，就可以完成整个采购过程，之后传回客户系统。

《中华人民共和国专利法》(1984年颁布，后经1992年、2000年、2008年和2020年四次修正，以下简称《专利法》)没有明确规定商业方法不能成为专利性主题，但是在商业实践中，我国对商业方法是不授予专利的，而是把商业方法视为智力活动的规则和方法的一种表现形式。《专利法》第二十五条规定：

"对下列各项，不授予专利权：

"(一)科学发现；

"(二)智力活动的规则和方法；

"(三)疾病的诊断和治疗方法；

"(四)动物和植物品种；

"(五)原子核变换方法以及用原子核变换方法获得的物质；

"(六)对平面印刷品的图案、色彩或者二者的结合作出的主要起标识作用的设计。"

组织、生产、商业实施和经济规律的方法和制度，会计、统计和记账的方法等均属于智力活动的规则和方法，是人们的思维活动，不具备技术特征，故不能成为专利。

6.4.2 专利权的法律保护

我国《专利法》第六十四条、第六十五条、第六十八条规定，发明或者实用新型专利权的保护范围以其权利要求的内容为准，说明书及附图可以用于解释权利要求的内容。外观设计专利权的保护范围以表示在图片或者照片中的该产品的外观设计为准，简要说明可以用于解释图片或者照片所表示的该产品的外观设计。

未经专利权人许可，实施其专利，即侵犯其专利权，引起纠纷的，由当事人协商解决；不愿协商或者协商不成的，专利权人或者利害关系人可以向人民法院起诉，也可以请求管理专利工作的部门处理。管理专利工作的部门处理时，认定侵权行为成立的，可以责令侵权人立即停止侵权行为，当事人不服的，可以自收到处理通知之日起十五日内依照《中华人民共和国行政诉讼法》向人民法院起诉；侵权人期满不起诉又不停止侵权行为的，管理专利工作的部门可以申请人民法院强制执行。进行处理的管理专利工作的部门应当事人的请求,可以就侵犯专利权的赔偿数额进行调解;调解不成的,当事人可以依照《中华人民共和国民事诉讼法》向人民法院起诉。

假冒专利的,除依法承担民事责任外,由负责专利执法的部门责令改正并予公告,没收违法所得,可以处违法所得五倍以下的罚款;没有违法所得或者违法所得在五万元以下的,可以处二十五万元以下的罚款;构成犯罪的,依法追究刑事责任。

第七十四条规定,侵犯专利权的诉讼时效为三年,自专利权人或者利害关系人知道或者应当知道侵权行为以及侵权人之日起计算。发明专利申请公布后至专利权授予前使用该发明未支付适当使用费的,专利权人要求支付使用费的诉讼时效为三年,自专利权人知道或者应当知道他人使用其发明之日起计算,但是,专利权人于专利权授予之日前即已知道或者应当知道的,自专利权授予之日起计算。

6.5 网络环境下的商业秘密保护

相关案例

利用网络泄露软件源代码案

被告甲、乙均系新加坡商人投资的A信息技术(上海)有限公司(以下简称A公司)的软件工程师。2020年4月,甲被公司派往马来西亚B公司(以下简称B公司)进行门户网站建设。其间,B公司曾以高薪邀甲加盟,但因故未果。因两家公司合作关系破裂,甲被本公司招回。甲因其个人要求未得到满足,对公司不满,遂积极拉拢乙一起离开A公司,加盟B公司。两人商定,乙将其编制的软件源代码交给甲,由甲转交B公司并进行演示,借此向对方推荐乙。5月初,甲前往B公司,通过个人信箱下载了乙从国内发出的软件源代码,并将源代码安装到B公司服务器上进行演示。此事被A公司发现后,向警方报案,遂案发。

甲上诉辩称,其行为不构成侵犯商业秘密罪,原判证据不足,适用法律不当。理由如下:一是本案所涉软件的源代码不属商业秘密范畴;二是该软件之功能已在网上公开,其行为仅是对软件进行功能演示,未曾披露商业秘密;三是无任何证据证实其行为给被害单位造成重大损失。

乙的辩护人认为,侵犯商业秘密罪是根据结果来定罪量刑的,本案中未造成"重大损失",故不构成犯罪。其理由包括:一是软件的商业秘密未披露出去。乙主持开发的加密电子邮件系统尚在研发阶段,发送给甲源代码时保留了关键技术,致使甲收到该源代码后生成的软件只能收信,不能发信,且无加密功能。二是A公司所谓9万美元的损失计算不合理。9万美元是该公司的研发价格,而非真实的成交价。本案的案值应当对诸如后期技术服务费、培训费等费用予以剔除,以成交价或甲、乙两人所得财物的价值作为计算标准。

(资料来源:根据大律师网案例资料改编)

【思考】
1.指出本案争议的焦点。
2.如果你是法官,你将如何审理此案?

6.5.1 商业秘密的构成要件

商业秘密又称为营业秘密。商业秘密涉及的范围十分广泛,可以分为四种:技术秘密、交易秘密、经营秘密和管理秘密。因此,商业秘密作为知识产权法保护的对象,受到国际、国内知识产权法律界及各种知识产权组织团体的高度重视。

商业秘密是指不为公众所知悉、能为权利人带来经济利益、具有实用性并经权利人采取保密措施的技术信息和经营信息。这一概念揭示了商业秘密的构成要件:

(1)非公开性,即作为商业秘密的信息不被社会公众普遍知悉或者容易获得。

(2)有用性或称作实用性,即作为该种秘密的信息具有商业价值。

(3)秘密管理性,即权利人采取了合理的保密措施,包括订立保密协议、建立保密制度等。

上述条件是商业秘密必须具备的条件,是相互联系、缺一不可的。这里的非公开性,仅指上述信息没有公开,并不以新颖为必要条件。虽然信息新颖,但如果公之于众,则也不能称为商业秘密。

相关案例评析

本案争议的焦点之一便是程序的源代码是否可以认定为企业的商业秘密。

源代码是用源语言编制的计算机程序。因此,源代码是计算机软件的核心内容,是软件设计方案的具体表现,一旦被公开,软件的核心技术即泄露,从而会失去应有的商业价值。

我国《反不正当竞争法》第九条规定:"本法所称的商业秘密,是指不为公众所知悉、具有商业价值并经权利人采取相应保密措施的技术信息、经营信息等商业信息。"首先,两上诉人在进入 A 公司工作时都在合同上签有保密条款,对各自掌握、保管的技术成果负有保密义务。本案中加密电子邮件系统软件的权利人 A 公司未曾将该软件的源代码对外公开,且已采取一定措施防止这一技术成果的泄密。因此,涉案源代码作为加密电子邮件系统软件的核心内容在保密范围之内,具有秘密性。乙的辩护人提出此类软件源代码在网上亦能获得。这些软件虽属同类软件,但是由他人开发编制的,与本案无关,不能由此否定本案所涉源代码已被保密的客观事实。其次,从销售情况来看,该软件已经给权利人 A 公司带来较大的商业利润。两上诉人正是看到该软件的利用价值而擅自将其披露给 B 公司并进行演示的,因此,其价值性亦是显而易见的。两上诉人及辩护人辩称,由于乙未将其中的关键技术提供给甲,致甲编成的软件无法实现全部功能,从而影响其应有的商业价值。经查,经权威鉴定机构对甲手提电脑中提取的加密电子邮件系统软件源代码与

A公司提供的该软件的源代码进行分析对比,两者有较大程度的雷同,并未发现其中之一的软件有关键技术上的缺损。因此,乙及其辩护人提出的此项辩解依据不足。最后,该软件是A公司投入一定人力、物力开发出来的,且不断进行更新完善,具有独立的知识产权,并已得到商家的认可。因此,该软件具有一定的独特性。综上所述,该加密电子邮件系统软件的源代码完全符合商业秘密的三种特性,依法应当属于商业秘密。

【思考】

是不是所有公司的软件源代码都是商业秘密?

6.5.2 网络环境下商业秘密的保护措施

计算机信息网络技术的发展,使商业秘密的保护面临前所未有的挑战。电子邮件(E-mail)的普及、国际信息网的运用和电子商务的开展,使得个人和企业不择手段获取商业利益的情形十分多见,商业秘密时刻处在岌岌可危的状态中。

网络中对商业秘密的侵犯最常用的技术方式是电子邮件,即用电子邮件传送信息可能造成商业秘密被侵害。电子邮件在商务贸易活动中的普遍运用,使得企业和其员工通过电子邮件有意或者无意侵害商业秘密的情况屡见不鲜。不少企业高层管理者对于电子邮件缺乏必要的了解,还未建立制约制度,使企业内部由于电子邮件造成的隐患有增无减。电子商务的每一个重要阶段都会运用电子邮件,如在招揽邀约、磋商阶段,用电子邮件散发广告等;在合同订立阶段,运用电子邮件签订合同;在付款阶段,运用电子邮件转发账单、银行账号、信用卡号码、各种收据等;在交货阶段,数字化商品可以直接通过电子邮件传送,以其他方式传送货物的,也用电子邮件催促查询,以保证合同的适当履行。在这些交易阶段,商业秘密都可能被员工利用计算机网络轻易地泄露出去,员工还可以利用加密等手段,逃避企业的监督。

此外,以QQ、微信、FTP、BBS、新闻组和远程登录(Telnet)等方式都可以泄露或窃取商业秘密。至于纯粹归属于计算机网络犯罪的入侵、破坏秘密信息类型的犯罪行为,则更是商业秘密的大敌,对于这一层次的网络安全问题,各类企事业单位就更不能不做好预防工作。

在网上,凡是非法、未经技术措施人同意的破译,均属于侵犯他人商业秘密的行为。商业机构可以采取网上技术保护措施来保护自己的商业秘密。而网上的技术保护措施大致有两种:一是防止访问的措施;二是防止使用的措施。这就是说,企业可以采取一定的防范措施,防止和杜绝商业秘密受到侵犯。这些措施有:

(1)区分资料信息的秘密等级,并明确予以标识,分等级分别管理。司法实践中,有些企业直到在法庭上还拿不出标有秘密等级字样的档案资料,使人难以相信他申请保护的是商业秘密。

(2)规定各个员工包括不同业务主管接触秘密的权限,每个员工不得接触自己无权接触的密级档案资料,以防止各类人员责任不清。否则一旦遇到侵权,不好追究责任。

(3)专人管理商业秘密,定岗定责,上级主管应当定期予以监督检查。

(4)要求员工经常更换自己使用的密码,不能给窃密者创造机会。

(5)采取加密措施。员工使用网络传输涉及商业秘密的文件、信息时,可以使用计算机加密程序,取得解密"钥匙"。信息的送达人享有该"钥匙",进行解密,而取得信息。这种措施对于传送文件,信息途中的窃取、窃听,以及员工因过失选错送达对象的情况,都可以有效保守秘密。

(6)利用合同方式保护商业秘密。企业对内、对外都可以采用合同方式保护自己的商业秘密,使接触到秘密的人员负有保护秘密的履约义务。在计算机网络上,过去的拆封即成立合同(Shrink-wrap)已经成为按键即成立合同(Click-wrap)。企业亦可以运用此种方便形式同涉及秘密的相对人订立合同,约束当事人的行为,也为事后追究违约人的法律责任打下基础。

此外,在计算机安全上,还有一些防止商业秘密受到侵犯的技术措施,同时这些措施对防止计算机网络入侵、破坏类型的犯罪、侵权都有一定的效果,也是当前经常使用的措施。这些技术措施包括设立识别码和密码认证(Authentication)、防火墙(Firewall)、档案加密(Encryption)等。

6.5.3　侵犯商业秘密的法律责任

通过网络对商业秘密的侵犯,往往后果严重,有些甚至构成对国家安全的影响。

在我国,对商业秘密的侵犯可能构成民事侵权或者是刑事犯罪,因而对侵犯商业秘密的救济措施有:一是要求追究民事法律责任;二是要求追究刑事法律责任。同时我国市场监督管理总局也可以将侵犯商业秘密的行为作为反不正当竞争行为予以行政处罚。

我国《网络安全法》第四十五条规定:"依法负有网络安全监督管理职责的部门及其工作人员,必须对在履行职责中知悉的个人信息、隐私和商业秘密严格保密,不得泄露、出售或者非法向他人提供。"

《电子商务法》第八十七条规定:"依法负有电子商务监督管理职责的部门的工作人员,玩忽职守、滥用职权、徇私舞弊,或者泄露、出售或者非法向他人提供在履行职责中所知悉的个人信息、隐私和商业秘密的,依法追究法律责任。"

我国《反不正当竞争法》第九条规定,经营者不得实施下列侵犯商业秘密的行为:

(1)以盗窃、贿赂、欺诈、胁迫、电子侵入或者其他不正当手段获取权利人的商业秘密。

(2)披露、使用或者允许他人使用以前项手段获取的权利人的商业秘密。

(3)违反保密义务或者违反权利人有关保守商业秘密的要求,披露、使用或者允许他人使用其所掌握的商业秘密。

(4)教唆、引诱、帮助他人违反保密义务或者违反权利人有关保守商业秘密的要求,获取、披露、使用或者允许他人使用权利人的商业秘密。

经营者以外的其他自然人、法人和非法人组织实施前款所列违法行为的,视为侵犯商业秘密。

第三人明知或者应知商业秘密权利人的员工、前员工或者其他单位、个人实施本条第一款所列违法行为,仍获取、披露、使用或者允许他人使用该商业秘密的,视为侵犯商业秘密。

本法所称的商业秘密,是指不为公众所知悉、具有商业价值并经权利人采取相应保密措施的技术信息、经营信息等商业信息。

我国《刑法》第二百一十九条专门对"侵犯商业秘密罪"进行了明确规定:

有下列侵犯商业秘密行为之一,情节严重的,处三年以下有期徒刑,并处或者单处罚金;情节特别严重的,处三年以上十年以下有期徒刑,并处罚金:

(1)以盗窃、贿赂、欺诈、胁迫、电子侵入或者其他不正当手段获取权利人的商业秘密的;

(2)披露、使用或者允许他人使用以前项手段获取的权利人的商业秘密的;

(3)违反保密义务或者违反权利人有关保守商业秘密的要求,披露、使用或者允许他人使用其所掌握的商业秘密的。

明知前款所列行为,获取、披露、使用或者允许他人使用该商业秘密的,以侵犯商业秘密论。

本条所称权利人,是指商业秘密的所有人和经商业秘密所有人许可的商业秘密使用人。

为境外的机构、组织、人员窃取、刺探、收买、非法提供商业秘密的,处五年以下有期徒刑,并处或者单处罚金;情节严重的,处五年以上有期徒刑,并处罚金。

对于侵犯商业秘密的行为,除采取以上救济措施外,权利人还可以考虑自我救济方式,通过与对方进行交涉,双方当事人甚至可以达成使用许可合同,如通过收取技术秘密使用费的方式解决纠纷。这不但可以省去不少麻烦,还扩大了技术秘密的使用收益。否则商业秘密一旦被他人掌握,即使对方承担了责任,也难以保证今后不再使用该秘密。以上措施的目的在于停止侵权、消除影响或者通过赔偿弥补被侵权人的经济损失。

相关案例评析

本案争论的焦点之二是两上诉人是否侵犯权利人的商业秘密。经查,上诉人甲在侦查阶段曾供认其从乙处得到本案所涉软件源代码后,将这些源代码安装在B公司的服务器上。甲的这一供述亦得到上诉人乙有关供述的印证。同时,上海市公安局徐汇分局公共信息网络安全监察科提供的两上诉人传递的电子邮件及其情况说明也印证了甲的上述有罪供述。现甲对其将涉案源代码安装到B公司服务器上的事实予以否认,但未能提供证据予以佐证。经核实,上海市公安局徐汇分局公共信息网络安全监察科以技术侦察手段查获的证据,认定甲将源代码安装到B公司服务器上的事实是客观的、真实的,应当予以认定。

【思考】

从网上下载一些软件系统的源代码是否是侵害商业秘密的违法行为呢?

相关案例审理

本案系利用互联网实施的犯罪案件,此类犯罪具有犯罪主体高智能、犯罪手段隐蔽、犯罪内容广泛以及危害后果严重等特点,随着互联网的普及和广泛应用,目前已经成为一种新类型的犯罪现象,从犯罪学上可将其定义为网络犯罪。《全国人民代表大会常务委员会关于维护互联网安全的决定》专门对网络犯罪的范围做了界定,并要求依照《刑法》的有关规定实施严厉打击。因此,对于网络犯罪,应透过其"虚拟"的表象,按其行为性质定罪处刑。

法院经审理后认为,被告甲、乙违反公司有关保守商业秘密的约定和要求,披露所掌握的软件源代码的商业秘密,给商业秘密权利人造成特别严重的后果,其行为已构成侵犯商业秘密罪,遂依法分别判处甲、乙有期徒刑三年六个月和有期徒刑两年六个月,并处罚金。

开篇案例结案

网页能否受到《著作权法》的保护?

【本案焦点】

本案争议的焦点是网站的网页是否享有著作权保护。

【本案审理】

法院认为,具有独创性和可复制性的网页是可以作为作品受到《著作权法》保护的。首先,网页是网站的基本元素,网页制作贯穿于整个网站的建设过程中,其制作流程包括网站策划、美工制作、网页的界面框架制作、后台程序制作、网站测试与发布等。因此,一个制作精美的网页,需要凭借软件设计出网页的界面构架,通过编写源程序才能够完成。技术含量高的网页制作工作需要消耗制作者相当多的精力,为了吸引更多的网民浏览,制作者在网页的设计、排版、布局、色彩搭配等方面花费了大量智力劳动,而这一系列的创造性的智力活动恰恰是作品独创性的体现。其次,网页可以通过多种途径予以保存,亦可以打印在纸张上,具备有形复制的属性。因此,具有独创性和被他人所客观感知和复制的网页可以构成《著作权法》所称的作品,应当受到《著作权法》的保护。

本案中,由原告所设计制作的网站中的相关网页体现了原告公司的经营特点,结合了数字形式的文字、图形及独特的色彩选择和版面设计,具有独创性和可复制性,依法构成作品,应当受到《著作权法》和相关法律的保护。

经公证,被告网站的网页与原告制作的网站的首页内容及设计、排版均相同。所不同的是,被告在网页的下方标注有"关于我们 解决方案 案例中心 在线招聘 服务与支持 客户留言 联系我们"以及"××科技有限公司"及其 ICP 备案号等字样。虽然涉案被告网站的内容并不虚假,但是该种做法容易使相关市场经营主体,尤其是欲寻求制作网站合作者的相关主体在浏览了被告网站后产生错误认识,误认为涉案网站是由被告设计制作的,从而对被告公司的业绩、知名度和美誉度产生夸大性认识,也有可能对选择网站设计者做出错误的判断,被告依靠上述方法有可能取得经营上的利益,应当认定为引人误解的虚假宣传,构成对原告的不正当竞争行为。

【本案启示】

从另一个角度来看,本案涉及网页对于网站的重要性。Internet 网页,就是指 WWW 网页;网站就是在特定的人或组织的控制下的网页的整合。因此可以说,网页是发布和传播网络信息的主要载体,也是网站提供服务和吸引网民的主要手段。网页一般包括四个部分:版式,指网页内容的布局安排;信息,指网页上的具体内容;设计,指具体的美术设计,如栏目名称前的小图标,分割各部分内容的几何图案等;更新,指网页更新的方法和更新速度。很显然,网页的设计、制作需花费公司大量的人力、物力,实际上,很多网络服务公司都有专门的部门,配备美工人员专门进行网页的设计、制作。

当前,网络产业的迅猛发展已经催生了互联网零售行业、互联网金融行业、互联网游戏行业、互联网教育行业、互联网娱乐行业以及互联网广告等庞大市场。其中网页的作用显然"功不可没"。网页是网民上网浏览时的屏幕显示,美观大方、有创意、界面友好的网页才会吸引人,从而提高网站的访问量。换句话说,网页可以为网站带来巨大的经济利益和精神利益。因此,人们有理由相信,在网络环境中,因网页而产生的纠纷一定会大量出现。在网页中,有一种特殊的类型,即主页(Homepage)。主页又称首页,是指网站内容的第一页,也是该网站设置的默认页。主页是一个网站的精华所在,是其内容和形式的缩影,代表着该网站最鲜明的特点。可以想象,因网页而产生的纠纷中最典型、最集中的必然是因主页而产生的纠纷,比如网页抄袭。在考虑网页的法律保护问题时,人们首先想到的是知识产权保护中的著作权保护。这是因为,网页往往包括文字、图像、音乐、动画等内容,而这些内容都是受著作权保护的作品形式。但问题在于,由这些内容综合形成的网页属于哪种作品形式呢?根据《著作权法》第三条规定的概括性条款——"符合作品特征的其他智力成果"可以认定具有独创性的网页特别是主页可以作为《著作权法》保护的对象。在本案中,某地方中级人民法院经过审查,判定原告提供技术支持的网页体现了原告公司的经营特点,结合了数字形式的文字、图形及独特的色彩选择和版面设计,具有独创性和可复制性,依法构成作品,应当受到《著作权法》和相关法律的保护;而被告网站的网页与原告制作的网站的首页内容及设计、排版均相同。这将影响到网民选择,造成网民误认,从而有可能损害原告的利益。这种搭便车的行为应受到法律的制裁,因为这不利于电子商务环境的健康发展,也不利于电子商务消费者利益的维护。

技能实战

网络环境下侵犯著作权纠纷案

郭某于2021年初,申请注册网站域名后设立A资源分享网站,并在其老家租用服务器,通过安装相关软件,完成网站和服务器的连接。完成上述工作后,郭某利用A资源分享网站管理后台,直接上传未经著作权人授权的影视作品的链接,并将大量国外未经授权的影视作品上传供人下载。同时郭某为了增加自己网站的知名度,联系其他网站在自己的A资源分享网站上投放广告,郭某从中获得广告收益20多万元。

(资料来源:自编)

【思考】
1. 郭某的行为是否违法?
2. 从本案中你能得到什么启示。

技能训练

一、名词解释
著作权　商标　商业秘密　域名

二、单选题
1.调整和保护著作权的第一个国际公约是(　　)。
A.《保护工业产权巴黎公约》　　　B.《伯尔尼公约》
C.《世界版权公约》　　　　　　　D.《商标国际注册马德里协定》

2.数据库属于(　　)类著作权?
A.摄制权　　　　　　　　　　　　B.翻译权
C.汇编权　　　　　　　　　　　　D.改编权

3.我国《商标法》规定,没有正当理由连续(　　)年不使用的注册商标,任何单位或者个人可以向商标局申请撤销该注册商标。
A.1　　　　B.2　　　　C.3　　　　D.5

4.世界知识产权组织的英文缩写是(　　)。
A.WTO　　　B.WIPO　　　C.ISO　　　D.CNNIC

5.网络中侵犯商业秘密最常见的方式是(　　)。
A.E-mail　　　　　　　　　　　　B.FTP
C.BBC　　　　　　　　　　　　　D.Telnet

三、多选题
1.商业秘密构成要件包括(　　)。
A.非公开性　　　　　　　　　　　B.实用性
C.秘密管理性　　　　　　　　　　D.技术性

2.著作权的客体包括(　　)。
A.文学作品　　　　　　　　　　　B.艺术作品
C.科学作品　　　　　　　　　　　D.图形

3.商业秘密的种类包括(　　)。
A.技术秘密　　　　　　　　　　　B.交易秘密
C.经营秘密　　　　　　　　　　　D.管理秘密

4.域名之所以是知识产权的客体,是因为域名本身(　　)。
A.具有著作权性质　　　　　　　　B.具有排他性
C.具有时间性　　　　　　　　　　D.具有法定性

5.侵犯他人著作权,侵权人可能承担的责任有(　　)。
A.民事责任　　B.行政责任　　C.刑事责任　　D.经济赔偿责任

四、简答题
1.简述ISP在著作权侵权中法律责任如何认定。
2.简述企业防范商业秘密受到侵犯的措施。
3.简述域名和商标权冲突的原因。

技能实战要点解析

1.郭某以营利为目的,未经著作权人许可,发行(通过信息网络向公众传播)影视作品多部,情节严重,其行为已构成侵犯著作权罪,依法应予处罚。因为其行为符合以下情形:

根据《最高人民法院、最高人民检察院关于办理侵犯知识产权刑事案件具体应用法律若干问题的解释》的规定:

(1)以刊登收费广告等方式直接或者间接收取费用的情形,属于《刑法》第二百一十七条规定的"以营利为目的"。

(2)通过信息网络向公众传播他人文字作品、音乐、电影、电视、录像作品、计算机软件及其他作品的行为,应当视为《刑法》第二百一十七条规定的"复制发行"。

2.本案启示:

著作权的侵权行为不仅包括传统意义上的复制发行行为,同时在网络技术的发展下,信息网络传播权同样也是著作权人专有权的控制范围。他人未经著作权人的同意,在网络上传播受著作权保护的作品的,将作品置于他人可以任意接触的环境中,或者通过设置链接将他人引导至作品的可接触范围内的,破坏了著作权人对作品的控制权和从中获得收益的权利,符合《刑法》规定的犯罪构成要件的,将依法予以刑罚处罚。

第 7 章

电子商务环境下的消费者权益保护

学习要点

◎ 网络消费者权益保护概述
◎ 电子商务环境下消费者隐私权的保护
◎ 电子商务环境下消费者名誉权的保护
◎ 电子商务环境下消费者知情权的保护
◎ 电子商务环境下消费者索赔权的保护

现在开庭

微博侵犯名誉权纠纷案

【基本案情】

原告 A 公司(甲集团旗下公司)在原审时诉称:张三相继在新浪、搜狐、网易、腾讯等网站通过微博发表所谓"揭开甲集团面皮"的系列文章,该系列文章未经调查核实,仅凭主观臆断,虚构事实,恶意毁谤,散布大量诋毁原告商业信誉及产品声誉的不实言论,对我公司产生了恶劣的影响。同时,张三在微博中使用了"偷鸡摸狗""搞阴谋""作伪证""借刀杀人""暗地里搞动作""搞小动作"等明显带有侮辱性、贬损性的词语,使社会公众通过网络及随后的平面媒体报道,对我公司及甲集团品牌产生了重大的误解,造成我公司社会评价的降低。张三作为同业竞争企业中有一定影响力的负责人,应当对其言行谨慎负有注意义务,并对不良后果有所预见。其曾在××年会上演讲并宣扬称,其在微博上向甲集团"开炮"后,导致第二天甲集团股价大跌 12%,市值掉了 6 亿元,表明其对自己行为的严重后果能够有所意识并应当有所警示,但却故意散布虚假事实,恶意炒作,存在主观上的严重过错。故请求法院判令:

1.张三停止侵权,并撤回相关微博文章。

2.张三在其新浪、搜狐、网易、腾讯微博首页发表一份致歉声明,时间为连续7天,同时在《证券日报》《法制日报》发表该致歉声明,以消除影响。

3.张三赔偿对原告侵权行为造成的经济损失1 200万元及公证费用。

被告在原审中辩称:A公司于2019年11月30日注册成立,我微博中提及的"××案"发生在2015年,故我对于"××案"的言论与对方无关。原告与微博中提到的甲集团旗下B公司与C公司分别是独立的法人。A公司未提供证据证明其系甲集团旗下的核心公司,其无权代表其他两个独立的法人在本案中行使诉讼权,与本案涉及的最主要事实没有直接利害关系。我方发布的微博言论均有事实依据,没有侮辱、诽谤原告人格的内容,在发表微博言论时,主观上不存在故意。我方没有能力操纵股票的涨跌,所谓"我的微博发言让甲集团市值掉了6亿元"是和朋友开玩笑的话,完全是调侃之意。综上,我方发表的评论内容属实,没有侮辱、诽谤原告人格的内容,主观上也不存在侵权故意,而是履行公民监督、批评权利的正当行为,不构成名誉权的侵害,更未造成任何经济损失。请求法院驳回A公司的诉讼请求。

(资料来源:根据中国法院网的案例资料改编)

【你是法官】

1.请指出本案争议的焦点。

2.如果你是法官,你该如何审理和判决本案?

7.1 网络消费者权益保护概述

7.1.1 消费者权益的保护

全国首例电商平台起诉售假卖家案

消费者是指为生活消费需要而购买、使用商品或接受服务的个人。消费者的权利主要有安全保障权、知悉真情权、自主选择权、公平交易权和索赔权等。商业经营中,为了保护消费者的合法权益,我国颁布了《民法典》《消费者权益保护法》《反不正当竞争法》《电子商务法》《广告法》《网络安全法》等法律。本章将结合以上法律法规,详细探讨电子商务环境下的消费者权益保护问题。

7.1.2 电子商务对消费者权益的威胁

随着电子商务的快速发展,网上购物逐渐增多,消费者的合法权益也面临着巨大威胁,主要有以下几个方面:

1.商品质量或者广告信息的真实性难保障

电子商务具有虚拟性和开放性,使得网上产品或广告信息的真实性、有效性难以得到保障,滋生了网上欺诈行为,同时,消费者信赖不实或无效信息也容易产生交易纠纷。网上商品的品质良莠不齐,难以让消费者信赖,加之一旦出现了质量问题,修理、退货、索赔或其他方式的救济很困难，这些都成为阻碍电子商务发展的问题。

2. 消费者个人信息容易泄露

互联网具有强大的信息整理与分析能力，这就为人们获取、传递、复制信息提供了方便，在线消费者的个人信息随时都存在被非法收集或扩散的危险，从而对传统的隐私价值产生了潜在的威胁。其中引诱儿童提供个人信息就是一个比较突出的问题。

3. 跨国的消费者权益保护更难

由于电子商务的跨国界性，一些在传统交易活动中并不常见的问题，在电子商务条件下变得越来越突出。这里主要包括两个问题：一是经营者在开展电子商务活动时，可能受到多个国家法律的管辖，而世界各国对经营活动的法律规定差别很大，当出现了这种情况时应如何解决？二是消费者进行在线消费时，可能丧失了本国消费者权益保护法的保护，由于缺乏有效的国际性执行措施，若销售者所在地政府不能有效地执行本国的消费者权益保护法，消费者所在国几乎没有任何有效的救济措施。

电子商务中消费者权益的保护还面临着诸多问题，这就需要多方面的共同努力。在所有保护消费者合法权益的相关措施中，建立完备的消费者权益保护的法律体系属于重中之重。保护交易安全和维护消费者权益不仅涉及立法，而且包括司法、行政管理、民间监督等多个方面，不仅需要民法，更需要行政法、刑法等相互配合。只有将电子商务中出现的新的法律问题和法律关系及时纳入我国消费者权益保护法律体系之中，并有效地规范电子商务活动，才能使广大网络消费者的合法权益得到法律保障，从而保证我国电子商务的长远发展。

相关案例

网站上的"假一赔十"真的能实现吗？

杨某从某供应链管理公司运营的某电商国际平台官方直营店购买了10个荷兰进口BK锅。该产品销售页面宣传"官方直采""假一赔十""产地荷兰"。杨某收货后查验发现，产品外包装的标准显示该产品属于国产商品，该产品型号与某贸易公司在某电商平台销售的一款国产回飞锅的型号完全一致，该贸易公司的网店页面明确标注国产回飞锅的产地为中国。杨某认为该供应链管理公司销售假货，诉请按照其页面宣传的"假一赔十"进行赔偿。该供应链管理公司辩称该国际平台上的《国际服务承诺》约定商家未履行"海外直供"服务的，退还成交货款并支付一倍成交款作为赔偿。

（资料来源：自编）

【思考】

1. "假一赔十"的"假"该如何认定？
2. 被告应按照一倍成交款赔偿还是按照十倍成交款赔偿？

相关案例评析

1.我国《广告法》(1994年10月27日颁布,后经2015年、2018年两次修正)第八条规定:"广告中对商品的性能、功能、产地、用途、质量、成分、价格、生产者、有效期限、允诺等或者对服务的内容、提供者、形式、质量、价格、允诺等有表示的,应当准确、清楚、明白。"在专门销售进口产品的电子商务平台,"假一赔十"承诺中的"假"应当结合平台特征及产品说明进行理解和解释,判断产品真假不仅包括产品本身是否为正品,还包括产品来源是否为原装进口产品。本案中,电商国际平台的销售页面宣传"官方直采""假一赔十""产地荷兰"。消费者在电商国际平台官方直营店购物的首要目的是购买进口产品,当产品的来源造假,为非进口产品时,则应当认定为出售"假冒商品",承担相应的赔偿责任。

2.根据我国《广告法》第八条和《消费者权益保护法》第五十五条(经营者提供商品或者服务有欺诈行为的,应当按照消费者的要求增加赔偿其受到的损失,增加赔偿的金额为消费者购买商品的价款或者接受服务的费用的三倍;增加赔偿的金额不足五百元的,为五百元。法律另有规定的,依照其规定。)的规定,本案中该供应链管理公司运营的电商国际平台存在违反《广告法》的虚假宣传和违反《消费者权益保护法》的欺诈行为,法律规定是"假一赔三",但是"假一赔十"属于商家自愿做出的承诺,是有利于消费者而不利于商家自己的,对不利于自己的规定,法律不会干涉,具有法律效力。

7.2 电子商务环境下消费者隐私权的保护

7.2.1 隐私权和网络隐私权

1.隐私权

我国《民法典》第一千零三十二条明确规定:"自然人享有隐私权。任何组织或者个人不得以刺探、侵扰、泄露、公开等方式侵害他人的隐私权。隐私是自然人的私人生活安宁和不愿为他人知晓的私密空间、私密活动、私密信息。"

人类的隐私权是人的基本权利之一,它是伴随着人们自身的尊严、权利、价值的产生而出现的,人们要求在社会生活中和在人际关系中,尊重、保护隐私权。除法律另有规定或者权利人明确同意外,任何组织或者个人不得实施下列行为:

(1)以电话、短信、即时通信工具、电子邮件、传单等方式侵扰他人的私人生活安宁;

(2)进入、拍摄、窥视他人的住宅、宾馆房间等私密空间;

(3)拍摄、窥视、窃听、公开他人的私密活动;

(4)拍摄、窥视他人身体的私密部位;

(5)处理他人的私密信息;

(6)以其他方式侵害他人的隐私权。

自然人的个人信息受法律保护。个人信息是以电子或者其他方式记录的能够单独或者与其他信息结合识别特定自然人的各种信息,包括自然人的姓名、出生日期、身份证件号码、生物识别信息、住址、电话号码、电子邮箱、健康信息、行踪信息等。

个人信息中的私密信息,适用有关隐私权的规定;没有规定的,适用有关个人信息保护的规定。

2.网络隐私权

网络隐私权是指自然人在网上享有的与公共利益无关的个人活动领域与个人信息秘密依法受到保护,不被他人非法侵扰、知悉、收集、利用和公开的一种人格权,也包括第三人不得随意转载、下载、传播所知晓他人的隐私,恶意诽谤他人等。

网络隐私权是隐私权在网络中的延伸,是自然人在网上享有私人生活安宁、私人信息、私人空间和私人活动依法受到保护,不被他人非法侵犯、知悉、收集、复制、利用和公开的一种人格权,也指禁止在网上泄露某些个人相关的敏感信息,包括事实、图像以及诽谤的意见等。

网络隐私权的特征包括:

(1)易侵权性

网络隐私的载体是虚拟、开放的互联网络,其不可触摸性导致了私人空间、私人信息极其容易受到侵犯。网络的高度开放性、流动性和交互性决定了个人信息一旦在网络上传播,其速度之快、范围之广以及攫取之便捷将很难控制,使得侵权变得十分容易,而救济变得相当困难。

(2)高隐蔽性

关于侵权主体的界定,一般存在很大困难。因为网络的虚拟性是侵权者用以保护自己身份的屏障。他们在窃取用户信息时可以不留任何痕迹,也可以应用先进的技术手段把整个侵权过程做得无声无息,甚至他们可以变换不同的身份,所以用户根本不知道是谁盗用过自己的信息。即使会留下痕迹,由于网络的更新速度之快,等到用户发现被侵权时,"证据早已不复存在"。网络用户在通过网络进行收发电子邮件、远程登录、网上购物、远程传输文件等活动时,均可能在不知情的情况下,被他人非法收集个人信息,并用于非法活动等。整个过程用户可能浑然不知,甚至在侵权结果发生后,用户仍处于茫然的状态。

(3)后果严重

网络的易发布性和传播性,使得网络信息的发布具有了更快的传播速度及更广的传播范围,极其可能造成用户个人私密资料的泄露,造成重大的物质损失。同时有可能给用户的名誉造成不良影响,给用户身心造成巨大的伤害。

(4)空间特定

侵犯网络隐私权,其侵犯的客体必须以网络作为其载体,有别于现实环境中的隐私侵权。现实环境中的隐私侵权的载体非常广泛,可以是任何人、任何物,但侵犯网络隐私权所发生的空间是特定的,也是唯一的,即网络。

7.2.2 网络隐私侵权形式

从目前世界范围来看,侵害消费者网络隐私权的形式主要有以下几种:

1.擅自在网络上宣扬、公开他人的隐私

未经授权擅自在网络上宣扬、公开或转让他人或自己和他人之间的隐私,途径主要有电子邮件、聊天室、论坛、QQ群、微信群、微博等形式,严重侵害消费者的隐私权。

2. 窃取和篡改网络用户的私人信息

通过非授权的登录(如让"特洛伊木马"程序打着后门程序的幌子进入用户的计算机)等各种技术手段攻击他人计算机系统,窃取和篡改网络用户的私人信息,而被侵权者很少能发现黑客身份,从而引发了个人数据隐私权保护的法律问题。

3. 垃圾邮件泛滥侵害隐私权

互联网上较为普遍的侵害隐私权的现象是垃圾邮件,网络公司为获取广告和经济效益,通过各种途径得到用户个人信息,然后将用户资料大量泄露给广告商,而后者则通过跟踪程序或发放电子邮件广告的形式来"关注"用户行踪。

4. 以其他形式非法收集个人隐私

这主要包括利用具有跟踪功能的Cookie工具测定并跟踪用户,利用提供免费奖品的方式非法收集个人信息,利用寄送垃圾邮件的方式非法收集个人信息,网络黑客非法侵入他人系统而获取个人隐私。

7.2.3 网络隐私权的保护

我国《民法典》第一千零三十八条规定:"信息处理者不得泄露或者篡改其收集、存储的个人信息;未经自然人同意,不得向他人非法提供其个人信息,但是经过加工无法识别特定个人且不能复原的除外。信息处理者应当采取技术措施和其他必要措施,确保其收集、存储的个人信息安全,防止信息泄露、篡改、丢失;发生或者可能发生个人信息泄露、篡改、丢失的,应当及时采取补救措施,按照规定告知自然人并向有关主管部门报告。"

第一千零三十九条规定:"国家机关、承担行政职能的法定机构及其工作人员对于履行职责过程中知悉的自然人的隐私和个人信息,应当予以保密,不得泄露或者向他人非法提供。"

快递员泄露客户信息获利违法吗?

我国《电子商务法》第二十五条规定:"有关主管部门依照法律、行政法规的规定要求电子商务经营者提供有关电子商务数据信息的,电子商务经营者应当提供。有关主管部门应当采取必要措施保护电子商务经营者提供的数据信息的安全,并对其中的个人信息、隐私和商业秘密严格保密,不得泄露、出售或者非法向他人提供。"第八十七条规定:"依法负有电子商务监督管理职责的部门的工作人员,玩忽职守、滥用职权、徇私舞弊,或者泄露、出售或者非法向他人提供在履行职责中所知悉的个人信息、隐私和商业秘密的,依法追究法律责任。"

我国《网络安全法》第十二条和第四十五条也明确了网络隐私权保护的相关内容。国家保护公民、法人和其他组织依法使用网络的权利,促进网络接入普及,提升网络服务水平,为社会提供安全、便利的网络服务,保障网络信息依法有序自由流动。依法负有网络安全监督管理职责的部门及其工作人员,必须对在履行职责中知悉的个人信息、隐私和商业秘密严格保密,不得泄露、出售或者非法向他人提供。

最近几年的法院审判案例也已经在实质探讨和认定侵犯自然人的个人信息权益以及侵犯个人信息权益情况下需要承担的法律责任。

第7章 电子商务环境下的消费者权益保护

相关案例

快递员泄露客户信息案

宋某利用其系湖南省长沙市某速运有限公司员工身份,获得同事的公司操作平台员工账号和密码后,与自己的VPN权限与公司账户、密码一同提供给另一名被告人曹某。曹某通过外网登录了该速运公司的VPN服务器,访问运单查询系统,并下载了大量的客户运单信息。然后,曹某把这些客户运单信息交由另一被告人李某贩卖获利。一名网店老板黄某则以人民币3.8万元的价格向李某购买公民个人信息100万条,用于发送信息宣传其网店。案件导致20万余个公民个人信息泄露。该案事发后在深圳南山区法院一审开庭,后又经历上诉和二审阶段。深圳中院做出了终审裁定,宋某、曹某、李某、黄某四人均因侵犯公民个人信息罪而获刑。其中快递员宋某获刑一年三个月,曹某获刑两年,李某获刑十一个月,黄某则被判缓刑。四人被处罚金五千元到三万元不等。

(资料来源:根据网经社网站案例资料改编)

【思考】
1. 此次该速运公司信息泄露的原因是什么?
2. 该速运公司在此次事件中是否应当承担责任?

相关案例评析

一般而言,网络用户信息泄露的原因有二:

(1)被动泄露:网络平台对用户信息安全保护不利,遭受黑客攻击导致客户信息外泄,这是平台投入和技术能力不足造成的。

(2)主动泄露:网络平台主动将信息或者用户隐私出售给第三方获利。

根据我国《网络交易管理办法》第二十五条第二款之规定,第三方交易平台经营者应当采取必要的技术手段和管理措施保证平台的正常运行,提供必要、可靠的交易环境和交易服务,维护网络交易秩序。电商平台在获取个人信息的同时,就有保护个人信息的义务。

此案中的信息泄露明显属于被动泄露,但也暴露了该速运有限公司平台管理的漏洞。平台在管理上,在用户信息安全方面存在重大隐患,我国《网络安全法》规定,网络运营者应当建立健全用户信息保护制度,对其收集的用户信息严格保密。未尽保护义务者,将根据相关规定罚款或警告,情节严重的则被责令暂停相关业务、停业整顿、关闭网站、吊销相关业务许可证或者吊销营业执照。

本案中的速运有限公司不仅仅是快递运营者,更属于用户信息服务企业,其平台上不但有用户的基本信息,更涉及用户很多深层次的信息,如家庭地址信息、用户消费习惯信息等。这种信息泄露,给用户造成的伤害远远大于普通的平台。所以该速运有限公司应当对信息泄露承担责任。

需要说明的是：按照现行法律，公司与用户之间实质具备合同关系，公司有保障用户信息安全的义务。如果事故是内部人员所为，说明公司内部存在重大的管理问题，没有尽到安全管理责任，应承担相应的民事责任，赔偿用户损失。如果本次事故是外部人员造成，需要具体分析公司方面是否采取了基本的技术措施保障信息的安全，再来判定公司是否存在过错。

公司行动体现是否在事件中主动尽责。其中一个重要的问题就是，当企业发现数据泄露后做了什么，是否第一时间发出警报并采取措施直接体现当事公司是否尽到了相关责任。在类似事件中，一些企业往往担心自身名誉受损，对数据泄露抱着遮遮掩掩的态度，这种心态正是网络攻击者所期望的，也是攻击者有恃无恐的原因之一。

7.3 电子商务环境下消费者名誉权的保护

7.3.1 名誉权和网络名誉权

1. 名誉权

名誉是对民事主体的品德、声望、才能、信用等的社会评价。行为人为公共利益实施新闻报道、舆论监督等行为，影响他人名誉的，不承担民事责任，但是有下列情形之一的除外：

（1）捏造、歪曲事实。

（2）对他人提供的严重失实内容未尽到合理核实义务。

（3）使用侮辱性言辞等贬损他人名誉。

我国《民法典》第一百一十条明确自然人享有生命权、身体权、健康权、姓名权、肖像权、名誉权、荣誉权、隐私权、婚姻自主权等权利。法人和非法人组织享有名称权、名誉权和荣誉权。

公民、法人和非法人组织享有就其自身特性所表现出来的社会价值而获得社会公正评价的权利。人的名誉是指具有人格尊严的名声，是人格的重要内容，受法律的保护。任何人不得损害公民、法人和非法人组织的名誉。凡败坏他人名誉，损害他人形象的行为，都是对名誉权的侵犯，行为人应负法律责任。

2. 网络名誉权

网络名誉权是传统名誉权在网络环境下的延展，指名誉主体在国际互联网及计算机存储这一特殊领域内享有的保有和维护其名誉，获得客观公正之社会评价以及免受侮辱、诽谤等加害行为的一种人格权。网络名誉权的内容和传统名誉权是一致的。

从传播方式上看，侵犯网络名誉权的行为更具有隐蔽性、快速性和广泛性的特点，其危害性更大。侵权行为一旦产生，其损害结果比传统的侵权行为造成的损害结果更为严重,因此让侵权人承担严重的法律后果,使被侵权方得到有效的法律救济是必需的。同时,对这种侵权行为的惩处也有利于网络的健康发展。

7.3.2 网络名誉侵权的构成要件

1. 有侵害他人名誉权的行为

关于某一行为是否构成侵害他人名誉权,一般可以从以下方面考量:

(1) 须有传播散布之行为,即该行为需为第三人所知悉。
(2) 侵害行为系针对特定人为之。
(3) 传播内容必须有妨誉性,即该内容具有贬损他人名誉、降低他人社会评价的性质。
(4) 指向权利人的真实姓名、现实身份,对其进行侮辱、诽谤。
(5) 仅指向"虚拟主体",对其背后的民事主体进行侮辱、诽谤。

2. 该行为造成了权利人名誉权受到损害的事实

一般认为,损害具有以下特征:

(1) 损害是侵害合法民事权利和利益所产生的后果。
(2) 损害具有客观真实性和确定性。
(3) 损害具有法律上的可补救性。

侵害网络名誉权所造成的后果是,降低他人在网络上的评价或者降低他人在现实生活中的社会评价。网络环境下也存在着一定的价值判断,因此对于一个在网络环境下享有较高评价的人来说,更容易在网络世界获得更多利益,在很多时候这些利益都能够转变为现实利益。

3. 侵权行为与损害事实之间存在因果关系

网络环境的特性并没有导致对因果关系理论的具体适用出现任何特殊情况,在网络名誉权侵权案件中,因果关系理论仍然适用。

4. 侵权人主观方面存在过错

通常认为,侵权人主观方面存在过错是网络名誉权侵权不可或缺的构成要件。而过错在网络名誉权侵权中的具体适用,与传统名誉侵权无异。

7.3.3 网络名誉侵权的责任承担

网络环境下侵害名誉权承担的民事责任,须依据不同情况下行为人的不同侵权行为进行不同的规定。

1. 侵权行为人的民事责任

民事救济的主要目的在于使各种民事法律关系恢复到损害发生以前的状态,侵权行为人除了需要在现实生活中承担侵害名誉权的民事责任之外,还须在网络环境下承担相应的民事责任,从而使受到侵害的"虚拟主体"的名誉得到恢复。

(1) 如果名誉侵权行为处于一种持续性的状态,行为人就须承担"停止侵害"这一责任。网络名誉权侵权事件中,也存在持续发布侵权信息的情形,此时受害人自然也可要求侵害人"停止侵害"。

(2)互联网的特性决定了对网络名誉损害的恢复只有在网络环境下进行才能使受害人的名誉和人格尊严从根本上得以恢复,可采用在相关网站上刊载致歉声明的方式。

①对刊载致歉声明之网站的选择应从侵权行为的传播、影响范围出发,适当考虑相关网站的"影响力"。

②刊载致歉声明应确定一定的时间和相应的位置。网络信息的快捷性和易删除性,决定了网络致歉声明很可能会被责任人立即删除或者被网站上其他新的信息所"淹没"。同时,如果责任人只是在一个不容易被察觉的网页上刊载致歉声明,将很难达到理想的效果。

③致歉声明中权利主体的称谓应明确、具体。实践中,很多网络名誉权侵权行为的实施是针对网名进行的,行为人可能根本没有提及受害人的真实姓名。那么在致歉声明中该如何称呼权利主体呢?既然侵权行为所实际侵犯的是真实主体的名誉权,那么就应当在致歉声明中明确网名背后主体的真实身份。但如果在网络名誉权侵权行为中,受害人的真实身份自始至终未被公开,则由受害人决定是否披露其真实姓名。

网络环境下既可以通过书面方式进行道歉,如上述的刊载致歉声明,或者向受害人发送具有道歉内容的电子邮件,又可利用一些网络语音技术以口头的方式赔礼道歉,还可通过微信、QQ 等一些即时网络聊天工具进行道歉。

2. 网络传播者的民事责任

任何一个网络用户都有可能自觉或不自觉地接触到他人发布的侵权信息,由此可能涉及传播者的民事责任问题。有学者认为:每传出去一次,在法律上就等于一次发表或散布,这都可以被追究诽谤的责任。只要起诉人有办法查出你的身份,你就能被起诉。另有人认为,传播行为扩大了侮辱、诽谤言论的不良影响,加剧了对他人名誉的贬损,因此同侮辱、诽谤言论的制作、提供行为一样,应当承担侵权的法律责任。网络环境下侵权信息的传播者,其地位实际上类似于现实生活中口头语言的传递者。网络环境下的行为主要通过书面的形式做出,用户在接触到一些自己比较感兴趣或者能激发他们好奇心的信息时,难免会用转载文字的形式将这些信息传播出去。如果将侵权信息的内容以口头语言的形式散布到现实社会不需要承担责任,而将侵权信息以文字形式转载到网络空间就需要承担责任,恐怕是极不公平的。

3. 网络服务提供商(ISP)的民事责任

在网络环境中,行为人有时是通过利用 ISP 的网络系统而"顺利"实施名誉侵权行为的。尽管 ISP 没有直接参与到侵权行为当中,但客观上为侵权行为人提供了一定的网络设施、网络平台,同时其在很大程度上是作为控制网络运行的主要力量而存在的,因此,有学者认为,网络服务提供商也应当在盈利的同时,承担维护网络上的公共安全、促进社会正义的责任。

我国《网络安全法》第四十七条规定:"网络运营者应当加强对其用户发布的信息的管理,发现法律、行政法规禁止发布或者传输的信息的,应当立即停止传输该信息,采取消除等处置措施,防止信息扩散,保存有关记录,并向有关主管部门报告。"第五十五条规定:"发生网络安全事件,应当立即启动网络安全事件应急预案,对网络安全事件进行调查和评估,要求网络运营者采取技术措施和其他必要措施,消除安全隐患,防止危害扩大,并及

时向社会发布与公众有关的警示信息。"

我国《电子商务法》第三十条规定："电子商务平台经营者应当采取技术措施和其他必要措施保证其网络安全、稳定运行,防范网络违法犯罪活动,有效应对网络安全事件,保障电子商务交易安全。电子商务平台经营者应当制定网络安全事件应急预案,发生网络安全事件时,应当立即启动应急预案,采取相应的补救措施,并向有关主管部门报告。"

ISP 之所以被牵扯到网络名誉侵权事件中,是因为他们从中获得了利益。目前,学界普遍认为 ISP 应在某些情况下就其用户的名誉侵权行为承担适当的责任。

7.4 电子商务环境下消费者知情权的保护

相关案例

孙某诉乙公司侵犯消费者知情权要求赔偿案

B 网站是乙公司运营管理的以提供网络视频服务为主的一家网站。B 网站的非会员用户在观看视频时有片头广告,在片头广告播放时有"会员跳广告"的提示语,点击该提示语即进入付款界面,付款界面包含价格、付款方式、《VIP 会员服务协议》等内容。原告孙某为享受"会员跳广告"服务,进行了会员充值。后孙某在观看视频时,发现视频中仍然存在舞台剧、动画形式的广告。孙某认为"会员跳广告"应为会员可以自动跳过所有广告,但实际情况与广告宣传不符,被告乙公司的做法侵犯了其作为消费者的知情权,遂起诉至法院,请求判令乙公司停止插播广告的侵权行为、在官网首页公开赔礼道歉并赔偿会员费58元。被告则认为,《VIP 会员服务协议》及 B 网站 VIP 特权页面对广告均有特别说明,说明中已经明确会员的"跳广告"权益可能不涉及全部影视,部分影片因版权方限制或其他限制,仍可能会呈现不同类型的广告服务。因此,被告并未侵犯原告作为消费者的知情权,请求法院驳回原告诉请。

【思考】
1. 指出本案争议的焦点。
2. 如果你是法官,你会如何审理此案?

7.4.1 消费者知情权

1. 消费者知情权的基本含义

消费者知情权是指消费者享有知悉其购买的商品或接受的服务的真实情况的权利。消费者知情权主要包括以下几层含义:

(1) 消费者有权要求经营者按照法律、法规规定的方式标明商品或服务的真实情况。

支付宝账单
"默认勾选"
惹争议

(2)消费者在购买、使用商品或接受服务时,有权询问和了解商品或者服务的有关情况。
(3)消费者有权知悉商品或者服务的真实情况。

2.消费者知情权的内容

消费者知情权的内容大致分为以下三个方面:
(1)关于商品或者服务的基本情况,包括商品名称、商标、产地、生产者名称、生产日期等。
(2)有关技术状况的表示,包括商品用途、性能、规格、等级、所含成分、有效期限、使用说明书、检验合格证书等。
(3)有关销售状况,包括售后服务、价格等。

3.侵犯消费者知情权的构成要件

消费者知情权是民事权利的一种,侵犯消费者知情权的构成要件有以下四点:
(1)消费者的损害事实。
(2)经营者行为的违法性。
(3)违法行为和损害结果之间有因果关系。
(4)经营者的过错,即主观上的心理状态,包括故意和过失。

7.4.2 消费者知情权的保护

我国《消费者权益保护法》第八条规定:"消费者享有知悉其购买、使用的商品或者接受的服务的真实情况的权利。消费者有权根据商品或者服务的不同情况,要求经营者提供商品的价格、产地、生产者、用途、性能、规格、等级、主要成份、生产日期、有效期限、检验合格证明、使用方法说明书、售后服务,或者服务的内容、规格、费用等有关情况。"消费者知情权的实现,是与传统购物方式中的一系列环节相配套的。传统的商务活动,当事人是通过"面对面"的形式完成的,消费者能够比较容易地判断经营者所提供信息的真实性。

电子商务是通过虚拟的网络来完成的,除了送货之外,消费者和经营者并不见面,使得消费者对商品的价格、产地、生产者、用途以及服务的内容、规格、费用等有关情况的了解仅仅是虚拟化的,这就容易导致经营者故意夸大商品性能和功效、提供虚假价格、实施虚假服务承诺。

大数据杀熟的法律问题分析

7.4.3 电子商务环境下消费者知情权的保护措施

在我国,《消费者权益保护法》虽然为电子商务领域的消费者权益保护提供了基本的法律规则,但是尚有不足之处,不能完全适应电子商务迅速发展的现实。在电子商务领域,由于消费者通过数据电文与经营者进行远程通信联系,完全依据经营者提供的信息进行选择和判断,因此消费者知情权显得更加重要。目前,《消费者权益保护法》规定的消费者知情权是经营者"被动的义务",即只有在消费者要求获得有关信息时,经营者才有义务提供,而不是经营者"主动的义务"。另一方面,《消费者权益保护法》规定的知情权的内容限于消费者知悉经营者本身及其提供商品或者服务的情况。在电子商务领域,消费者在与经营者缔结电子合同之前,经营者还应当清楚、详细和明确地提供以下信息:付款、商品配送或服务履行的方式,消费者享有的撤销权,商品的运费、使用远程通信手段所需的费用,签订合同须遵循的不同的技术手段,消费者是否能够获得这些文件,消费者在发出要约之前用于识别和更正录入错误的技术手段,订立合同可以使用的语言等。

在网上购物中,商家往往采用格式合同以节省消费者的时间,大多数是所谓的Click-wrap(点选即视为同意)条款,消费者只能点击"接受"或"拒绝",而无讨价还价的余地。在商家规定的格式条款中,往往有许多"霸王条款",如规定商家对运输迟延不承担责任等。这些条款往往文字较小,内容又多,因此消费者往往不加细看即表示接受。在发生纠纷时,消费者可以引用《民法典》和《消费者权益保护法》中有关格式合同和消费者知情权的规定,保护自己的合法权益。

相关案例审理

孙某诉乙公司侵犯消费者知情权要求赔偿案

【我来分析】

本案争议的焦点:B网站在片头广告播放时有"会员跳广告"的提示语是否侵害了消费者知情权?

【本案审理】

苏州市姑苏区人民法院一审审理认为,乙公司提供的会员服务在播放视频时插入部分广告,未违反其与消费者之间的网络服务合同约定,但乙公司未向消费者充分告知其应有的权利和义务,导致消费者在观影体验等方面受到一定的损害,应承担相应的赔偿责任。乙公司作为行业内知名企业,宜做出必要、合理的改进,采用更为显著、明确的方式对格式条款约定的消费者权利和义务进行提示、提醒。

据此,苏州市姑苏区人民法院做出民事判决,判令乙公司赔偿孙某30元并驳回了孙某的其他诉讼请求。孙某、乙公司均不服,提起上诉。

苏州市中级人民法院二审审理认为,消费者享有知悉其购买、使用的商品或者接受的服务的真实情况的权利。乙公司作为网络商家,相对于消费者而言具有技术、信息等明显优势,在订立网络服务合同中应遵循诚实信用原则,负有如实告知消费者合同内容的义务。乙公司"会员跳广告"的宣传语,一般应理解为会员自动跳过所有广告,但实际仅指跳过片头广告,且关于"会员跳广告"的详细说明字体较小、标示不够显著,难以引起消费者注意,应认定乙公司未尽到订约前充分告知用户的义务,侵犯了孙某作为消费者的知情权,造成了孙某的损失,应当承担赔偿责任。孙某享受会员服务时的用户体验低于预期,相当于服务内容有折减,可酌情以会员价格相应比例金额予以赔偿。

综上,苏州市中级人民法院做出民事判决:驳回上诉,维持原判。

7.5 电子商务环境下消费者索赔权的保护

7.5.1 我国法律关于索赔权的规定

在电子商务中,消费者因消费造成自身权益受到损失后,必然引起索赔。在索赔方面,我国目前主要的法律依据是《消费者权益保护法》。

《消费者权益保护法》第四十条做了明确规定:"消费者在购买、使用商品时,其合法权益受到损害的,可以向销售者要求赔偿。销售者赔偿后,属于生产者的责任或者属于向销售者提供商品的其他销售者的责任的,销售者有权向生产者或者其他销售者追偿。消费者或者其他受害人因商品缺陷造成人身、财产损害的,可以向销售者要求赔偿,也可以向生产者要求赔偿。属于生产者责任的,销售者赔偿后,有权向生产者追偿。属于销售者责任的,生产者赔偿后,有权向销售者追偿。消费者在接受服务时,其合法权益受到损害的,可以向服务者要求赔偿。"

我国《电子商务法》第五十四条、第五十五条规定:"电子支付服务提供者提供电子支付服务不符合国家有关支付安全管理要求,造成用户损失的,应当承担赔偿责任。""用户在发出支付指令前,应当核对支付指令所包含的金额、收款人等完整信息。支付指令发生错误的,电子支付服务提供者应当及时查找原因,并采取相关措施予以纠正。造成用户损失的,电子支付服务提供者应当承担赔偿责任,但能够证明支付错误非自身原因造成的除外。"

国家鼓励电子商务平台经营者建立有利于电子商务发展和消费者权益保护的商品、服务质量担保机制。电子商务平台经营者与平台内经营者协议设立消费者权益保证金的,双方应当就消费者权益保证金的提取数额、管理、使用和退还办法等做出明确约定。消费者要求电子商务平台经营者承担先行赔偿责任以及电子商务平台经营者赔偿后向平台内经营者的追偿,适用《消费者权益保护法》的有关规定。

7.5.2　电子商务环境下消费者索赔的法律问题

1. 消费者索赔面临的问题

电子商务的跨国界性,使得一些在传统交易活动中并不常见的问题,在电子商务条件下变得越来越突出。在法律适用方面,主要包括消费者在进行索赔时可能受到多个国家法律的管辖,消费者进行在线消费时可能丧失本国消费者权益保护法保护的问题。此外,消费者通过网络购物消费进行索赔也面临着其他诸多问题:

(1)消费者在购物后经常不索要发票,以至于索赔无据。按照我国《民事诉讼法》的"谁主张、谁举证"的原则,消费者准备起诉时必须准备相应的证据,如果没有证据则无法进行索赔。

(2)消费者在遇到消费纠纷时,往往先找经营者,以求自行解决。协商不成,才到消费者协会投诉或起诉。经营者往往拖延时间,超出了商品的"三包"期,有的错过了商品质量检验的最佳时期,致使投诉或起诉无法受理。

(3)商品质量鉴证费问题。很多消费纠纷因鉴证费无人负担而无法解决,往往是消费者因商品标的额小不预先垫付质量鉴证费,致使责任无法划分,调解无法进行。

2. 索赔途径和法律保护

维权途径是保护消费者权益的关键问题。《消费者权益保护法》第三十九条规定:

消费者和经营者发生消费者权益争议的,可以通过下列途径解决:

(1) 与经营者协商和解。
(2) 请求消费者协会或者依法成立的其他调解组织调解。
(3) 向有关行政部门投诉。
(4) 根据与经营者达成的仲裁协议提请仲裁机构仲裁。
(5) 向人民法院提起诉讼。

这为消费者提供了协商和解、调解、投诉、仲裁和诉讼五种维权途径。我国设立了保护消费者权益的消费者协会、相关的仲裁机构、法院等机构。

网络交易由于消费者和商家互不见面，消费者对商家信誉的信心只能寄托于为交易提供服务的第三方，如电子商务平台运营商和收款银行等。其中电子商务平台运营商能够核实商家的合法身份，收款银行则能掌握商家的信誉情况，一旦因商家不交货、不按时交货或者货不符实而产生对消费者的损害，由银行先行赔偿消费者，再由银行向商家追索损失，并降低商家在银行的信誉。如果商家屡次违规，银行可以取消商家电子支付的账号，并可以将商家违规情况通报给电子商务平台运营商，由电子商务平台运营商将其记入黑名单，情况严重时可以取消商家的电子签名认证证书，由此商家将失去开展电子商务的权利。

开篇案例结案

微博侵犯名誉权纠纷案

【本案焦点】

本案争议的焦点：一是 A 公司是否有权代表甲集团旗下所有公司进行本案诉讼？二是张三在微博上的言论是否构成侵权？如构成侵权，承担责任的范围和大小如何？

【本案审理】

1. A 公司是否有权代表甲集团旗下所有公司进行本案诉讼？

A 公司提供的证据能够证明其系甲集团的关联企业。张三在微博中的某些言论直接点名 A 公司，但也有些言论，从 A 公司成立时间等因素分析，并非指向 A 公司，而是指向甲集团旗下其他公司。而张三在表述时，并未对甲集团旗下公司进行明确区分，在社会公众眼中，甲集团应指向其旗下所有公司，而非特指某家公司。故张三的言论构成侵权，受损的可能不仅是 A 公司，而是整个甲集团品牌，因此可能关涉其旗下的所有公司。

A 公司主张为方便诉讼，根据《甲集团软件会议备忘》，甲集团内部已经就由 A 公司代表所有甲集团旗下公司提起名誉权侵权，对张三针对甲集团的言论提起诉讼进行索赔一事达成一致，故 A 公司有权作为甲集团的代表向张三主张所有旗下公司的损失。A 公司提交的《甲集体软件会议备忘》上，没有加盖甲集团的公章，故无法认定 A 公司系代表所有的甲集团旗下公司提起本案诉讼。另外，按照相关诉讼法原理，如多个关联公司主张整个关联集团利益均受到损失，各个关联公司各自享有诉讼权，原告无权代表其他公司行使诉讼权，各关联公司均应作为原告进入诉讼，通过委托代理方式解决代理授权问题，也可在某个企业提起诉讼后,其他关联企业分别另行起诉主张各自的权益。故本案中,A公司可代表自己公司就张三的言论是否侵犯该公司的名誉提起诉讼,其他关联企业如有意愿,可作为单独的权利主体另行起诉,对A公司有关代表所有甲集团旗下公司诉讼的主张,法院不予支持。

2.张三在微博上的言论是否构成侵权?如构成侵权,承担责任的范围和大小如何?

在判断张三微博言论是否构成侵权时,需要着重考虑以下因素:

首先,应注意到微博的特点和微博上言论自由也应受到合理限制这一前提。张三主张其在微博中的言论是履行公民监督、批评权利的正当行为,A公司则主张张三在微博中的言论仅凭主观臆断,虚构事实,恶意毁谤,侵犯其名誉权。微博的特点在于以个人的视角,寥言片语、即时表达,对人对事发表所感所想,让观众们分享自己的精彩和感悟,而这些评论和感悟作为互联网上的公开信息能够为他人所查阅、获悉。个人微博的特点是分享自我的感性平台而非追求理性公正的官方媒体,因此相比正式场合的言论,微博上的言论随意性更强,主观色彩更加浓厚,相应对其言论自由的把握尺度也更宽。但不可否认,言论自由是相对的,其行使以不得侵犯其他人的合法权利为限。作为公民现实社会的投影和延伸,微博中的言论自由也并非没有限制。在微博上,当公民言论自由与他人利益发生权利冲突时,考虑微博影响受众不特定性、广泛性的"自媒体"特性,对微博上人们的言论是否受言论自由的保障、是否构成对他人名誉权的不当伤害,也应进行法益衡量,综合考量发言人的具体身份、所发布言论的具体内容、相关语境、受众的具体情况、言论所引发或可能引发的具体后果等加以判断。

其次,应注意张三的特殊或者双重身份。张三是一个公民,但并非普通公民,而是甲集团的竞争对手乙集团的董事长,还是微博上被新浪认证加"V"的公众人物。同业竞争对手负责人的身份和与任职公司之间的密切利益关系,使得其难以对竞争对手做出非常客观、没有丝毫感情色彩的评价,并难以避免会有将对竞争对手的否定性评价公之于众的内在冲动。而一旦发表对竞争对手的评论性言论时,更常常因个人立场、利益、感情等因素而导致言论存在较大偏颇,张三在将个人对于竞争对手的负面评价公之于众时,更应三思而行、克制而为。而张三作为现实社会中的重要人物,投射在微博领域也是重要的层级,拥有众多的粉丝,更大的话语权,理应承担更多的责任,对于微博上的个人言行及其后果有更为自觉的认识,注意克服自己对于竞争对手主观臆断、意图恶意打压的内在冲动,更加自觉地对自己的言论予以克制,避免因不实或不公正、客观的言论构成对竞争对手的诋毁,进而损害其商誉。故对于张三微博言论自由的限制和注意义务的要求要适当高于普通网民或消费者,在判断其微博言论是否构成侵犯名誉权时,应采用事实基本或大致属实,未使用侮辱、诽谤言辞,评论大致公正合理,不以恶意损害对方名誉为唯一目的的较高判断标准,并考虑是否涉及公共利益的免责事项。

最后,考虑张三虽然仅在少数微博文章中明确提到了A公司,大部分微博中的言论指向的并非A公司,而是甲集团旗下其他公司,但如前所述,张三在微博中表述时,并未对甲集团旗下各公司进行明确区分,而是笼统提到甲集团品牌,故如张三的言论构成侵权,受损的可能是甲集团这个品牌。而A公司作为甲集团旗下的关联企业,亦可能因甲集团品牌商誉受损而直接受到损害,二者是"一荣俱荣,一损俱损"的关系。故A公司与本案是存在直接利害关系的,而法院在确定张三的微博言论是否构成侵权以及A公司所受损失的大小时,也不能局限于仅仅判定直接提及A公司的言论是否侵权,还需要判定张三有关甲集团旗下其他关联公司的言论是否构成侵权,是否造成A公司的品牌损失,即需要整体判断张三的言论是否构成对整个甲集团品牌的侵权。

3.判决

(1)应判决张三停止侵权,并删除所有与甲集团有关的微博文章。

(2)自判决生效之日起十日内,张三应在其所有微博首页发表致歉声明,消除影响,持续时间为连续七天(声明内容需经法院核准,如张三拒不履行该义务,法院将在全国公开发行的媒体上公布本判决的主要内容,费用由张三负担)。

(3)自本判决生效之日起七日内,张三赔偿A公司经济损失包括公证费等合理费用共计×万元。

(4)驳回A公司的其他诉讼请求。如果张三未按本判决指定的期间履行给付金钱义务,应当依照《民事诉讼法》的相关规定,加倍支付迟延履行期间的债务利息。

【本案启示】

网络是虚拟的,但是网站和网民都是现实中的主体。在网络社会中,最基本的主体就是网站和网民。网站是要经过注册的实体,要由现实中的人或者公司来经营。网民也是现实中的人,并非虚幻的人物。在虚拟的空间中,虽然在一般情况下没有人或者很少有人知道某一个网民的具体身份和地位,但是,网民不是虚拟的主体,是有具体的自然人作为其根据的。一个网民可能会有几个网名,或者几个网民共用一个网名,但不论怎样,都是有人在使用这个网名,不存在没有现实社会地位的人的网民。正是因为如此,网站和网民就必须在网络行为中遵守国家的法律,不能因为网络是虚拟的空间而违背国家法律,侵害他人的权利。

很多人往往认为网络是一个自由的空间,可以任意而为,不受法律的约束,因而可以张口就骂人,甚至无中生有,对其他网友进行攻击、谩骂、诽谤或侮辱等。这是网络中十分恶劣的风气。这也是破坏网络秩序的一种恶劣做法。发表见解和诽谤他人是有根本区别的,正常发表见解,在任何时候都是允许的。如果以谩骂和诽谤的方式发表见解,并且针对特定的他人,就是侵权行为,应当承担相应的民事责任。因此,在网上也要遵守相应的法律法规。

技能实战

平台内经营者售假造成平台商誉损失要承担责任吗?

【基本案情】

苏州工业园区市场监督管理局对苏州某生物科技有限公司进行检查。现场发现一次性口罩1万余只,外包装上标注有"河南某集团有限公司"字样。根据品牌方河南某集团有限公司出具的《声明函》,现场口罩均为假冒产品。随后,执法人员对假口罩当场予以扣押。得知情况后,淘宝方面下架了该商家商品链接,关闭店铺,并对店铺做永久清退。公安部门也已立案侦查。

这是杭州互联网法院在新冠肺炎防疫期间第一起电商平台起诉售假口罩商家并获得法院立案的案件。

【思考】

1.本案的起诉主体是谁?

2.本案中不良商家的违法行为导致哪些主体的权益受到了侵犯?

3.你认为杭州互联网法院的审理结果会是怎样的?

技能训练

一、名词解释

隐私权　网络隐私权　消费者知情权

二、单选题

1.ISP 的含义是(　　)。

A.网络服务提供商　　B.网络使用者　　C.主页所有者　　D.电子签名认证证书

2.我国在消费者索赔权的法律适用上,最主要的法律是(　　)。

A.《消费者权益保护法》　　　　　　B.《民法典》

C.《中华人民共和国产品质量法》　　D.《中华人民共和国食品安全法》

3.对于侵犯消费者名誉权,我国对ISP的规责原则是(　　)责任。

A.无过错　　B.过错　　C.推定过错　　D.公平

4.没有涉及消费者隐私权的法律是(　　)。

A.《民法典》

B.《中华人民共和国宪法》

C.《中华人民共和国环境保护法》

D.《计算机信息网络国际联网安全保护管理办法》

5.我国《消费者权益保护法》实施的时间是(　　)。

A.1994年1月1日　　　　　　B.1995年1月1日

C.1999年1月1日　　　　　　D.2004年1月1日

三、多选题

1.侵犯名誉权承担的民事责任包括(　　)。

A.赔礼道歉　　B.恢复名誉　　C.消除影响　　D.精神损失赔偿

2.网络隐私权的特点包括(　　)。
A.可识别性　　　　　B.秘密性　　　　　C.精神利益性　　　　D.网络性
3.消费者的维权途径包括(　　)。
A.和解　　　　　　　B.调解　　　　　　C.仲裁　　　　　　　D.诉讼
4.电子商务中侵犯隐私权的主要原因有(　　)。
A.网络开放性　　　　B.Cookie　　　　　C.计算机配置　　　　D.信用体制
5.网络购物时消费者的权益受到损害,可以向(　　)提出索赔。
A.生产者　　　　　　B.销售者　　　　　C.网络服务提供商　　D.认证中心

四、简答题
1.简述消费者知情权的内容。
2.简述侵犯消费者知情权的要件。
3.简述侵犯消费者隐私权的主要形式。
4.简述我国关于消费者名誉权侵权中ISP的责任确定。
5.简述我国消费者索赔权相关法律的规定。

技能实战要点解析

1.本案的起诉主体是电商平台。

2.不良商家的违法行为侵犯了消费者、其他商家的合法权益,亦损害了电商平台的商誉,造成了电商平台的经济损失。

3.网络净化是平台内经营者与平台经营者的共同责任。商家既然在注册时与平台达成协议,本应遵守国家法律及协议约定,但违法商家置"诚信经营"于不顾,在新冠肺炎防疫期间大发国难财,违背商业道德,扰乱了公平竞争的网上经营环境,导致诚信商家流失,增加平台正常招商及商家维护的成本,直接造成了平台的经济损失,并损害平台的商业声誉,理应接受处罚,并承担民事赔偿责任。

第 8 章

网络不正当竞争法律问题

学习要点

◎ 网络不正当竞争行为的概念
◎ 网络不正当竞争行为的特征
◎ 网络不正当竞争行为的法律规制
◎ 反网络不正当竞争的对策

现在开庭

插入警告标识是否构成了不正当竞争?

【基本案情】

某科技有限公司(被告)是某"安全保镖"的经营者,某在线网络技术有限公司(原告)是某网站的经营者。2021年1月,原告向法院诉称,被告的"安全保镖"在原告网站搜索结果页面上有选择地插入了红底白色感叹号图标作为警告标识,以警示用户该搜索结果对应的网站存在风险。该"安全保镖"不仅在搜索结果页面进行了插标,还逐步引导网络用户点击安装被告公司的浏览器,对其自己浏览器产品进行推广。原告认为,被告的上述行为是对自己的商标权侵权和不正当竞争行为,违背了基本商业道德和诚信原则,故请求法院判令:立即停止侵权,刊登道歉声明,赔偿原告经济损失100万元及为制止侵权的合理支出15万元。

(资料来源:自编)

【你是法官】

1. 请指出本案争议的焦点。
2. 如果你是法官,应当如何审理和判决本案?

8.1 网络不正当竞争行为概述

8.1.1 网络不正当竞争行为的概念

我国《反不正当竞争法》(1993年9月2日通过,后经2017年、2019年两次修正)第二条规定:"经营者在生产经营活动中,应当遵循自愿、平等、公平、诚信的原则,遵守法律和商业道德。本法所称的不正当竞争行为,是指经营者在生产经营活动中,违反本法规定,扰乱市场竞争秩序,损害其他经营者或者消费者的合法权益的行为。本法所称的经营者,是指从事商品生产、经营或者提供服务(以下所称商品包括服务)的自然人、法人和非法人组织。"

第十二条具体规定了网络环境下的不正当竞争行为:

经营者利用网络从事生产经营活动,应当遵守本法的各项规定。经营者不得利用技术手段,通过影响用户选择或者其他方式,实施下列妨碍、破坏其他经营者合法提供的网络产品或者服务正常运行的行为:

(1)未经其他经营者同意,在其合法提供的网络产品或者服务中,插入链接、强制进行目标跳转。

(2)误导、欺骗、强迫用户修改、关闭、卸载其他经营者合法提供的网络产品或者服务。

(3)恶意对其他经营者合法提供的网络产品或者服务实施不兼容。

(4)其他妨碍、破坏其他经营者合法提供的网络产品或者服务正常运行的行为。

由此可见,凡是在网络上侵犯他人的正当合法权益,破坏经营秩序的行为都可视为网络环境下的不正当竞争行为。网络环境下的不正当竞争虽具有独特性,但又有与传统不正当竞争相同的一面。因此,对网络环境下不正当竞争的认定不能脱离《反不正当竞争法》所确立的基本框架。网络只是作为一种技术手段而存在的,它不能改变不正当竞争行为的实质。

8.1.2 网络不正当竞争行为的特点

当前网络环境下的不正当竞争行为呈现出以下一些主要特点:

1.普遍性

当前互联网上的各种不正当竞争行为层出不穷。有关各网站间不正当竞争行为的诉讼呈逐年上升势头。有些网站已忍无可忍,只能诉至法院请求法律能给予最终的保护。网络上的不正当竞争行为实际上是社会不正当竞争行为普遍存在的缩影。

2.跨国性

不仅网上犯罪有时具有国际性色彩,不正当竞争也是具有国际性的。网络上没有驻守国界的边防,有的只是在一定范围内的语言限制,但即使是语言上的限制也可以通过图像以及通用的国际性语言——英语——消除交流上的障碍。在互联网发展早期就有不少境外公司利用国内企业缺乏"电子商务意识"的漏洞,抢注了大量知名企业的域名,以此来高价强卖给国内的有关企业。网络不正当竞争行为常常是跨越国界的,因而,常使得有些被侵权网站难以及时有效地保护自己的权利,因为这涉及各国的管辖权、国内法、申请执行等种种问题。

3.隐蔽性

网络不正当竞争行为都是在虚拟的环境中进行的,与现实世界中的不正当竞争行为相比,具有很强的隐蔽性,不易被发现和察觉。如网页抄袭和侵犯商业秘密行为就无法轻易被发现并认定为侵权行为。另外,由于网络技术的先进性和网络环境下立法的滞后性,导致人们对网络环境下不正当竞争行为的评判标准难以准确把握,区分的界限变得模糊。

4.危害性

网络是一个开放的平台,它的普及为信息的迅速传播提供了技术条件。随着经济的全球化,厂商之间的竞争也在全世界范围内展开,不正当竞争行为的影响也日益深远,更多的企业在遭到传统不正当竞争的同时还要受到网络不正当竞争的困扰。

5.复杂性

网络不正当竞争的泛滥,让众多商家从中看到了"无限商机",因此也诞生了不少专门从事"网络不正当竞争"的企业。如在企业网站推广过程中,现在很多模式都类似于现实世界中的建筑行业和广告行业,由企业承包给网络推广商,网络推广商再分包出去,有些甚至是多重分包。在推广过程中,实施不正当竞争行为的并非是被推广的企业,也不是承包商,而是处在最底层的分包商。这些分包商就是专门从事"网络不正当竞争"的企业,它们既专业又隐蔽,使得网络不正当竞争行为较现实社会中的不正当竞争行为更具复杂性。

6.特殊性

网络环境下的不正当竞争行为在本质上仍然是不正当竞争行为,对其进行监管和约束基本上应依据相应的法律,如《反不正当竞争法》等。但它又具有特殊性,因为它涉及知识产权、广告竞争、商业秘密、个人隐私等方面。对网络环境下不正当竞争行为的规范和监管,要依据《反不正当竞争法》和其他相关法规来综合进行处理。另外,各国冲突法是否能适应网络管辖权争议与实体法迥异带来的问题,则成为国际上规范不正当竞争行为的又一难题。

Internet本身的特性决定了网络不正当竞争行为法律适用上的特殊性,在涉及网络著作权、商标权、域名等侵权纠纷中,在法律适用上,《反不正当竞争法》常常作为知识产权法的"兜底"法,对于无法明确归属于传统知识产权法调整范围的网络纠纷案件,理论界与实践部门都倾向于尽量适用《反不正当竞争法》来解决。而且《反不正当竞争法》的适用范围比较广,对于网络上新出现的、法律没有穷尽列举的、损害其他经营者合法权益的、扰乱社会经济秩序的行为都可以适用。

网络刷单风险大

8.1.3 网络不正当竞争行为的表现形式

按主体不同,网络不正当竞争行为可分为三类:传统企业之间利用网络进行经营时发生的不正当竞争行为、网络服务商与传统企业之间的不正当竞争行为以及网络服务商之间的不正当竞争行为。其中既包含传统不正当竞争行为在网络环境中的新表现,又包含在互联网条件下独有的不正当竞争形态。具体来讲,主要有以下几种:

共享充电宝
"街电"与"来电"
专利纷争

1. 垄断经营

利用优势地位排挤竞争对手,进行垄断经营是商业活动中常见的现象,在网络环境下也不例外。在域名注册市场,少数独占机构利用控制服务器与数据中心的优势地位,阻碍其他竞争者进入的不正当竞争现象一度非常严重。

根据《民法典》与《反不正当竞争法》的精神,鉴于我国域名注册市场的实际情况,建议制定法律,明确域名注册管理机构的地位、注册工作中的权利和义务关系、监督管理制度、司法救济机制等,调整和平衡域名注册管理机构与注册用户在域名注册和网址分配工作中的关系和利益。

2. 商业混同行为及侵犯商标权

商业混同行为是经营者在市场经济活动中较常采用的一种不正当竞争手段,通过这种非法行为,侵权人无偿地利用其他经营者的市场优势提高自己的竞争能力并牟取利益,同时也给被混同的企业造成巨大的经济损失。网络环境下侵犯商标权及商业混同行为主要表现在将他人的商标尤其是驰名商标注册为域名,利用他人商标的知名度进行不正当竞争。

此外,采用图像链接时,为增加其醒目性和识别性,设链者有时会使用他人的文字或图形商标作为链接标识,这种情况下极有可能导致商标侵权,尤其是在使用了他人驰名商标的情况下,因为法律对驰名商标的保护力度更大,是严禁跨类使用的。而视框链接的"加框"技术也有可能导致商标侵权的争议。设链者可以在框中任意添加他人的文字和图案商标,以扩大自己网站的影响力,提高自己网络服务的知名度或可识别性,这就涉及"商标淡化"的问题。虽然我国《商标法》中没有反"商标淡化"的条款规定,但可以适用《反不正当竞争法》第六条来规制与调整,即经营者不得实施下列混淆行为,引人误认为是他人商品或者与他人存在特定联系:

(1) 擅自使用与他人有一定影响的商品名称、包装、装潢等相同或者近似的标识。

(2) 擅自使用他人有一定影响的企业名称(包括简称、字号等)、社会组织名称(包括简称等)、姓名(包括笔名、艺名、译名等)。

(3) 擅自使用他人有一定影响的域名主体部分、网站名称、网页等。

(4) 其他足以引人误认为是他人商品或者与他人存在特定联系的混淆行为。

3. 域名纠纷

网络域名争议是近年来较突出、法律适用较为复杂的网络纠纷类型之一,纯粹是伴随着国际互联网、万维网等信息技术的高速发展而出现的,其中与不正当竞争行为联系最密切的领域当属域名抢注。受商业利益的驱动和域名注册管理制度薄弱环节的影响,一些单位和个人将他人的商标、厂商名称、国际组织名称、网站名称、名人姓名等注册为自己的域名,再高价出售给商标、厂商名称所有者牟利或直接利用他人知名商标、名称的良好商誉达到混淆、引诱、误导消费者访问以攫取不正当商业利益的目的。另外,对他人已注册并已取得一定影响的域名或网站名称"搭便车",进行不正当竞争的行为在我国亦已出现。

域名纠纷往往与其他权利纠纷发生重合,应适用不同的法律(如《商标法》《反不正当竞争法》等)分别予以处理。《反不正当竞争法》对于恶意的域名抢注行为以及其他纠纷是可以施加救济的,只要行为人违反了公平竞争、诚实信用的基本原则,其域名与他人的在先权利冲突,并通过损害他人经济利益来牟取利润,就可以认定该行为构成不正当竞争。与《商标法》相比,用《反不正当竞争法》来调整恶意域名抢注行为其标准比较客观,保护的对象更加全面,同时法律适用上更为灵活、开放。但《反不正当竞争法》不能调整善意的域名冲突,只是保护公平有序的市场秩序,而不保护某项具体权利,对经营者之外的侵权者无法适用,这也是《反不正当竞争法》调整域名抢注的缺陷。

4. 侵犯他人商业秘密

根据我国《反不正当竞争法》第九条的规定,商业秘密是指不为公众所知悉、具有商业价值并经权利人采取相应保密措施的技术信息、经营信息等商业信息。在现实世界中,商业秘密的法律保护已经引起了国际社会的广泛关注,面对互联网的挑战,商业秘密的保护更加成为一个突出的问题,通过网络侵犯商业秘密的后果往往更为严重。电子邮件的普及、国际信息网的运用与电子商务的开展,以及尔虞我诈的虚拟商场、不择手段获取商业利益的情形使得商业秘密时时处于岌岌可危的状态之中。例如,利用管理网站的优势,随意窃取、泄露或使用上网企业与个人的具有商业价值的保密性资料信息;员工利用电子邮件有意或无意地传送企业秘密商业信息;以QQ、微信、FTP、BBS、新闻组和远程登录等方式都可能造成对商业秘密的侵害;而可归属于计算机网络犯罪行为的黑客入侵、破坏等行为更是商业秘密的大敌。根据《反不正当竞争法》的规定,经营者利用互联网通过不正当手段获取、披露、使用或者允许他人使用权利人的商业秘密的,也可以构成不正当竞争行为,应受到该法的调整和规范。

5. 利用网上广告等手段进行虚假宣传

虽然各国反不正当竞争法严厉禁止经营者利用广告或者其他方法对商品做引人误解的虚假宣传,但近年来,涉及商标假冒、标志假冒、不实广告、比较广告、虚假宣传而导致的国内外网络不正当竞争纠纷明显增多,而通过强制性的网络不实广告进行不正当竞争的行为不仅损害了同业经营者的利益,也给消费者造成直接或间接的经济损失。

网络世界中的虚假宣传行为与传统方式虽有区别,但所要达到的目的是一样的,即通过贬低别人、抬高自己来引诱消费者购买自己的产品或服务。电子商务经营者同样应遵守自愿、平等、公平、诚实信用的基本原则,欺诈、不实广告、虚假宣传等网络不正当竞争行为违背了这一基本原则,不但损害了其他经营者的合法权益,而且扰乱了正常的市场竞争秩序,应受到《广告法》《反不正当竞争法》《消费者权益保护法》等法律的禁止和制裁。原北京市工商行政管理局于2000年5月15日发布了《关于对利用电子邮件发送商业信息的行为进行规范的通告》,规定利用电子邮件发送商业信息应本着诚实信用的原则,不得违反有关法律法规,不得侵害消费者和其他经营者的合法权益。未经收件人同意不得擅自发送,也不得利用电子邮件进行虚假宣传或发送违反《广告法》规定的商业广告。

6. 利用互联网侵害竞争对手的商誉

利用电子邮件、论坛等互联网工具造谣诽谤、捏造散布虚假事实,诋毁损害竞争对手的商业信誉、商品声誉,误导消费者的行为已屡见不鲜。商誉作为企业的无形财产,直接关系到经营者在社会经济生活中的地位,影响甚至决定着经营者的经营业绩和经济收益。网络环境下信息传播的迅捷、覆盖领域的广阔使得企业的商誉权显得尤为重要,诋毁商誉的行为不仅对经营者造成严重影响,而且扰乱了社会经济的良好竞争秩序,因此,实践中法院对于侵权人故意制造、散布虚假事实、诋毁竞争对手使其削弱或丧失竞争能力的行为都应当依据《反不正当竞争法》责令停止侵害、赔礼道歉、赔偿损失。

7. 利用网络技术措施实施不正当竞争行为

网络技术是互联网发展的基础和支撑,新型的网络技术也会由于被不当利用而成为不正当竞争的手段,其中链接就是被经常使用的一种技术手段。例如,利用深度链接方式绕过他人网站发布广告的页面(一般是主页),而直接进入次一级页面访问,导致被链接网站的用户访问量和广告点击率下降,广告访问量及广告收入大为减少,而设链者主页上的广告阅读量增加,这种不正当竞争手段损害了被链接网站的经济利益和竞争能力。甚至还可以利用视框链接将他人的网页内容作为自己页面的一部分,而用户浏览器显示的仍是设链者的网站地址,导致用户极可能认为阅读信息是当前页面所提供的,其"搭便车"以及不劳而获的企图更加明显。

借鉴国外的司法案例,建议通过法律的方式赋予合法网站正当实施链接技术的权利,以实现资源和信息最大范围共享,但应禁止链接权利的滥用,设链者应遵守诚实信用原则,不损害他人和社会公众的合法利益,尊重被链接网站不同意链接的声明或通知,双方亦可通过合同方式进行授权许可。

网络中还有一类特殊的"不当埋设"行为,行为人以谋求不正当利益或贬损竞争对手的商业信誉为目的,将他人的商标、企业名称等埋设为自己网页的关键词,当用户利用搜索引擎工具进行搜索时,便会被导引至与搜索内容不相关的网页上,给正当权利人带来不容忽视的负面影响,构成对权利人商誉的侵犯以及商标的淡化,是一种典型的不正当竞争行为。

8. 网站评比中的不正当竞争行为

如利用高额奖励或回报引诱、欺诈企业或个人加入网站成为会员或浏览该网站;通过网站与网民的互动来吸引浏览者,以增加知名度,并从知名度中间接或直接获利,甚至出现了大量的假选票。这种行为虽然没有直接损害其他网站的经济利益,但对于以"注意力"为支撑的网络经济而言,"浏览率"就意味着金钱,吸引公众的注意,提高网站知名度对于网络事业的发展极为重要。网站的不正当竞争行为对正常市场竞争秩序的影响也是极为恶劣的。

9. 不正当销售行为

通过不正当有奖销售或以低于成本的价格进行销售的不正当竞争并不是现实世界中

的专利,网络环境下变相的不正当销售行为也大量存在。特别是一些门户网站、电子商务交易平台等为提高访问量、吸引会员、增加广告收入,会向访问者推出一些活动,只要访问者回答一些简单的问题,就可能通过每月的抽奖活动获得巨额的奖励,如一部汽车,甚至一栋房屋。

我国《反不正当竞争法》第十条明确规定,经营者进行有奖销售不得存在下列情形:

(1)所设奖的种类、兑奖条件、奖金金额或者奖品等有奖销售信息不明确,影响兑奖。

(2)采用谎称有奖或者故意让内定人员中奖的欺骗方式进行有奖销售。

(3)抽奖式的有奖销售,最高奖的金额超过五万元。

从法律规定中,可以看出:经营者采用有奖销售方式时:第一,相关奖项设定要明确;第二,不得谎称有奖实则无奖,诱导消费;第三,抽奖式有奖销售的最高奖的金额有上限规定,即不得超过五万元。

此外,经营者实施编造、传播虚假信息或者误导性信息,损害竞争对手的商业信誉、商品声誉的行为也是违法行为。

8.2 网络不正当竞争行为的法律规制

8.2.1 网络反不正当竞争应注意的问题

在利用《反不正当竞争法》解决网络经济中不正当竞争纠纷的过程中,有以下几个问题需要注意:

1. 适用主体

《反不正当竞争法》中所称的经营者,是指从事商品生产、经营或者提供服务(以下所称商品包括服务)的自然人、法人和非法人组织。《反不正当竞争法》2019年4月23日修订之后,增加了自然人主体,在适用主体的范围上有了增加。

网上从事经营行为的主体许多并无法定经营资格,只是自然人,但其不正当竞争行为对其他经营者以及社会经济秩序所造成的危害后果往往更为严重,因此将自然人纳入适用主体范围是适当的。在网上从事营利性活动的法人、非法人组织和自然人都可以被认定为经营者,有利于更好地规制网络环境下的不正当竞争行为。

2. 适用范围

不正当竞争行为是指经营者在生产经营活动中,违反《不正当竞争法》的相关规定,扰乱市场竞争秩序,损害其他经营者或者消费者的合法权益的行为。《反不正当竞争法》第六条至第十二条对不正当竞争行为进行了明确规定,主要包括以下几个方面:

(1)经营者不得实施混淆行为,引人误认为是他人商品或者与他人存在特定联系。

(2)经营者不得采用财物或者其他手段贿赂单位或者个人,以谋取交易机会或者竞争优势。

(3)经营者不得对其商品的性能、功能、质量、销售状况、用户评价、曾获荣誉等做虚假或者引人误解的商业宣传,欺骗、误导消费者。

(4)经营者不得侵犯权利人的商业秘密。

(5)经营者不得利用有奖销售实施不正当竞争。

(6)经营者不得编造、传播虚假信息或者误导性信息,损害竞争对手的商业信誉、商品声誉。

(7)经营者利用网络从事生产经营活动的,不得利用技术手段,通过影响用户选择或者其他方式,实施妨碍、破坏其他经营者合法提供的网络产品或者服务正常运行的行为。

网络经济中经营方式的特殊性决定了相关当事人之间关系的特殊性,网络服务商、经营者(包括传统经营者与网络经营者)、访问用户、消费者之间形成了错综复杂的关系,因而,对网络不正当竞争行为的认定也更为复杂。

3.责任承担

我国《反不正当竞争法》的第十七条至第三十二条对不正当竞争的违法行为应当承担的责任做了规定,经营者违反本法规定,给他人造成损害的,应当依法承担民事责任。经营者的合法权益受到不正当竞争行为损害的,可以向人民法院提起诉讼。

值得特殊关注的是,《反不正当竞争法》对因不正当竞争行为造成的权利人损失难以计算的情形进行了规定:因不正当竞争行为受到损害的经营者的赔偿数额,按照其因被侵权所受到的实际损失确定;实际损失难以计算的,按照侵权人因侵权所获得的利益确定。经营者恶意实施侵犯商业秘密行为,情节严重的,可以在按照上述方法确定数额的一倍以上五倍以下确定赔偿数额。赔偿数额还应当包括经营者为制止侵权行为所支付的合理开支。经营者违反本法第六条、第九条规定,权利人因被侵权所受到的实际损失、侵权人因侵权所获得的利益难以确定的,由人民法院根据侵权行为的情节判决给予权利人五百万元以下的赔偿。

对实施混淆行为、贿赂他人、对其商品做虚假或者引人误解的商业宣传,或者通过组织虚假交易等方式帮助其他经营者进行虚假或者引人误解的商业宣传、侵犯商业秘密、违规进行有奖销售、损害竞争对手商业信誉和商品声誉、妨碍和破坏其他经营者合法提供的网络产品或者服务正常运行等情形,按照不正当竞争行为引发的侵害程度大小,《反不正当竞争法》分别做了处罚认定。

8.2.2 域名领域的不正当竞争

1.认定域名构成侵权或者不正当竞争的要件

根据《最高人民法院关于审理涉及计算机网络域名民事纠纷案件适用法律若干问题的解释》,人民法院审理域名纠纷案件,对符合以下各项条件的,应当认定被告注册、使用域名等行为构成侵权或者不正当竞争:

(1)原告请求保护的民事权益合法有效。

(2)被告域名或其主要部分构成对原告驰名商标的复制、模仿、翻译或音译;或者与原告的注册商标、域名等相同或近似,足以造成相关公众的误认。

(3)被告对该域名或其主要部分不享有权益,也无注册、使用该域名的正当理由。

(4)被告对该域名的注册、使用具有恶意。

对于如何判定被告是否具有恶意,人民法院认为如果被告的行为被证明具有下列情形之一,应当认定其具有恶意:

(1)为商业目的将他人驰名商标注册为域名的。

(2)为商业目的注册、使用与原告的注册商标、域名等相同或近似的域名,故意造成与原告提供的产品、服务或者原告网站的混淆,误导网络用户访问其网站或其他在线站点的。

(3)曾要约高价出售、出租或者以其他方式转让该域名获取不正当利益的。

(4)注册域名后自己并不使用也未准备使用,而有意阻止权利人注册该域名的。

(5)具有其他恶意情形的。

被告举证证明在纠纷发生前其所持有的域名已经获得一定的知名度,且能与原告的注册商标、域名等相区别,或者具有其他情形足以证明其不具有恶意的,人民法院可以不认定被告具有恶意。

2.域名争议的裁决及期限

专家组根据投诉人和被投诉人提供的证据及争议涉及的事实,对争议进行裁决。专家组认定投诉成立的,应当裁决注销已经注册的域名,或者裁决将注册域名转移给投诉人。认定投诉不成立的,应当裁决驳回投诉。

在案件由三人专家组审理的情况下,裁决应当按照多数人的意见做出。每一位专家都享有平等的表决权,专家组不能形成多数意见时,裁决依首席专家的意见做出。任何不同意见均应当载入裁决之中。

如果专家组认为投诉的争议不属于其管辖的范围,应加以说明。如果专家组经审阅当事人所提交的文件后认定投诉具有恶意,可以在裁决中宣布该投诉构成对域名争议解决程序的滥用。

专家组应在签署裁决前将裁决书草案提交域名争议解决机构。在不影响专家独立裁决的前提下,域名争议解决机构可以就裁决书的形式问题进行核阅。

如无特殊情形,专家组应于成立后14日内就所涉域名争议做出裁决,并将裁决书提交域名争议解决机构。

8.2.3 链接技术领域的不正当竞争

不同的网络链接所引发的纠纷的法律后果是不同的,但从链接的技术特征出发,可以认定不正当链接行为构成不正当竞争行为。在立法上对链接行为加以规范时,应当谋求当事人利益和网络自身价值的平衡。

互联网上的网页经常使用链接方式来摘取或结合放在不同地方的资料,将大量的数据和信息——文字档案、图形、声音、影片等不同格式的资料——联系在一起。通过链接,用户可以轻松地经由一个网页访问另外一个相关的网页,再从这个网页切换到另一个网页,愉快地在无穷无尽的网络世界里漫游。人们形象地用"网上冲浪"来形容在网上信息间自由自在地切换。然而链接也引发了许多法律上的诸如侵犯知识产权、不正当竞争等问题。

1. 由框架链接技术引发的争议

由框架链接技术引发的争议的典型案例是"华盛顿邮报案"。被告在网站上使用加框技术,当用户经由被告网站上的链接访问原告的网页时,原告的网页会局限于被告设计的视窗内,此时用户的计算机屏幕上不会显示原告的网址,而是显示被告的网址,被告的广告围绕在原告页面内容的周围。

本案中被告未经原告同意而进行链接,利用原告网页上的内容丰富自己的页面内容,增加了被告网站的访问人数,增强了自己广告的宣传能力,吸引了更多的客户。这种行为显然是一种"搭便车"的行为,盗用别人的努力成果,利用别人网站的内容,来增强自己网站的吸引力,以吸引更多的客户。如果设链接网站和被链接网站都属于商业性网站,而且都是以广告收益作为收入来源之一,则这种运用加框技术链接的行为就构成了不正当竞争。

2. 由 HREF 方式引发的争议

用 HREF(Hypertext Reference Link)方式链接他人网站原本不存在法律上的争议。网络设置的目的就是达到资源共享,从日常网上浏览的方式和网络访问的习惯来看,应该可以说,网站所有人在设置网站并把资料放到网站上的时候,就已经预见到用户会从其他站点跳到其网站浏览,而网络链接也只是提供网上用户链接到其他网站内部资料的途径而已。从技术上讲,这与用户自己在地址框中键入被链接的网站地址从而进入被链接网站的情形没有太大区别。

例如,原告和被告都是发布新闻的网站。被告复制了原告网站文章的标题,设置成链接,使得被告网站的用户可以通过链接,直接访问原告网站的新闻,而不必经由原告的主页。原告原本希望通过主页上的广告版面获利,但由于被告设置的链接绕开了原告的主页,经由被告网站访问原告网站的用户,不会看到原告主页上的广告,使得原告出卖广告版面的能力受损。

案件最后以原、被告达成和解协议而告终——被告设置的链接只能链接到原告的主页上,不得绕过原告的主页。但原告提出的控诉事由却是被告复制其文章标题构成了对其版权的侵犯。审理法院对被告下达暂时性禁令的理由也是文章标题可以被视为受版权保护的文字作品。

一般认为,书名、文章标题等词语组合如缺乏原创性则不属于《著作权法》保护的客体。在我国法律体系下,设链接者因为使用书名、文章标题的文字组合作为链接标志而构成著作权侵权的可能性也不大。

如果要认定为不正当竞争,就要看原、被告之间是否存在某种竞争关系。本案中原、被告都是发布新闻的网站,广告收益是它们的收入来源之一。被告设置链接绕开原告主页,一方面有使人误认为文章的内容就是来自被告网站之嫌,另一方面减少了对原告主页的访问量,使原告广告收益减少是不争的事实。在这种情况下,应当认定被告的行为构成了不正当竞争。

如果网站之间不存在竞争关系,例如,提供的是完全不同的商品,此时设置链接绕开他人主页的行为应当如何定性也应区分对待。如果设有明显提示,不会导致消费者误认,一般不宜认定为不正当竞争行为。如果无明显表示，足以导致消费者误认而又不澄清，可以认定为不正当竞争行为。

3.使用他人注册商标、商业名称等作为链接标志的行为

网络设链者擅自使用他人注册商标作为自己网页上的链接标志的行为构成侵犯注册商标专有权。我们认为，这种认识是不妥当的，混淆了侵权主体。

《商标法》第五十七条规定，未经商标注册人的许可，在同一种商品上使用与其注册商标相同的商标的；未经商标注册人的许可，在同一种商品上使用与其注册商标近似的商标，或者在类似商品上使用与其注册商标相同或者近似的商标，容易导致混淆的，属于侵犯注册商标专有权。从这一标准出发，我们再来分析设链者使用他人注册商标作为链接标志的行为的性质。

如果设链者未经商标权人许可设置了通向其网站的链接并用商标权人的注册商标作为链接标志，这种行为不应当被认定为侵犯注册商标专有权的行为。原因是在日常生活中用商标来表征商标权人的商品或服务是很自然也是很恰当的事情，更何况在这种情形下设链者的行为只是真实地标识商标权人的商品或服务而已。其实质是帮助商标权人做了宣传，扩大其商品或服务的影响，对商标权人有利无害，不存在非难之处，当然也就不应当认定设链者构成侵权。

在设链者用商标权人的注册商标作为链接标志，所设置的链接通向的是非商标权人网站的情况下，如果被链接网站与商标权人的网站提供的是相同的商品或服务，足以导致消费者误认的，可以认定构成侵犯注册商标专有权。这时也应当考虑被链接网站的所有人在主观上是善意还是恶意的。若是恶意，则与设链者一起构成共同侵权行为；若是善意，则设链者是侵权主体。如果被链接网站与商标权人提供的商品或服务完全不同，这时要考量所用的注册商标的知名程度，是否会导致消费者误认为被链接网站与商标权人之间存在委托、许可、合作等关系，如果存在误认情况，可以认定其违反了《反不正当竞争法》，构成不正当竞争。

8.3　电子商务环境下不正当竞争的对策

8.3.1　修订和完善《反不正当竞争法》

我国针对不正当竞争行为已于1993年9月2日第八届全国人民代表大会常务委员会第三次会议通过了《反不正当竞争法》及配套法规进行规制。在网络环境中，对于其表现形式明显可以归入法律规定范围之内的不正当竞争行为可以直接扩展适用该法，但尚未对网络经济中的不正当竞争行为加以直接、特别规定，在援引《反不正当竞争法》以及其他相关法律法规制止网上不正当竞争行为的过程中，已产生了现实法律不能满足网络发展需要的矛盾。而网络经济中独有的新型不正当竞争行为，只能根据《反不正当竞争法》

的自愿、平等、公平、诚实信用、遵守公认的商业道德等一系列基本原则予以规制。所以必须对我国《反不正当竞争法》在网络环境的新形势下进行完善,于是2017年11月4日第十二届全国人民代表大会常务委员会第三十次会议进行了第一次修订;2019年4月23日第十三届全国人民代表大会常务委员会第十次会议进行了第二次修订。修订后的《反不正当竞争法》在适用主体、适用范围、不正当行为认定、责任承担等方面更加全面和完善。

8.3.2 充分发挥市场监督管理部门的作用

市场监督管理部门是不正当竞争行为的主要监管机构,是《反不正当竞争法》的最主要执法机构,理所当然也是网络不正当竞争行为的主要监管机构。近几年,各地市场监督管理部门对网络不正当竞争行为加大了查处力度,并取得了良好的效果,但是问题依然较多。今后,应主要从以下几个方面加以努力:

1. 加强调研,掌握动态

加强对网络不正当竞争行为的调研,及时掌握网络不正当竞争行为的动态是基本前提。一方面,网络技术的发展是飞速的,网络不正当竞争行为虽然很少出现新的表现形式,但其手段是随着网络技术的发展而不断发展的,作为网络不正当竞争行为的主要监管部门,如不能及时掌握其动态,就无法对其进行有效的监管;另一方面,任何立法行为都是建立在大量调研成果的基础上的,否则,制定出的法律反而会给执法者带来更大、更多的执法困难。因此,只有在进行了大量的调研之后,才能制定出一部行之有效的执行性较强的法律。

2. 建立健全统一、有序的投诉举报网络

网络不正当竞争行为有其特殊性,特别是其隐蔽性,更需要受害者和热心群众的积极投诉。市场监督管理部门应在借鉴现实世界中的经验和研究成果的基础上,综合网络的特殊性,建立健全投诉举报网络。

(1) 借鉴公安部对非法网站的监管经验,由市场监督管理总局建立统一、专业的网络不正当竞争行为的监管网站,实现"以网治网"。非法网站和网络不正当竞争行为都是伴随着网络的发展而发展的,两者之间的监管具有某些方面的相似性。近几年,公安部对非法网站的监管取得了卓有成效的结果,关闭了大量非法网站,而其中与其他部门合作,并建立专门的投诉网站的做法值得市场监督管理部门借鉴。可成立专门的网络不正当竞争监管部门,并建设统一的、专业的网络不正当竞争行为的监管网站,同时加强与其他部门,如工业和信息化部的合作。这样不但可解决全国各地受害者、热心群众投诉无门的烦恼,而且可以根据网络不正当竞争行为产生的后果实施不同的处罚手段,如在网站上公示违法主体、通过工业和信息化部强制关闭违法网站、通过工业和信息化部屏蔽境外发生不正当竞争行为的网站、责令消除影响、罚款等,增加处罚的层次性,增强监管的有效性。

(2) 利用市场监督管理总局现有的网络系统和12315系统,及时向下传递投诉举报信息。对从专业的网络不正当竞争行为的监管网站获得的信息进行分类,对于可即时查证的投诉举报及时采取各种措施,对于需进一步查证的投诉举报可利用现有的12315系统及时传递给各个相关市场监督管理部门。

(3)加大宣传力度。投诉举报网站建立后,需要更多的热心群众参与,这就要求市场监督管理部门对此进行大量的宣传。同时,通过宣传,还可以提升市场监督管理部门的形象,宣告市场监督管理部门通过"以网治网"的方式打击网络不正当竞争行为的战略。

3.分类监管,消除监管空隙

与实体社会的不正当竞争行为比较而言,网络上的不正当竞争行为呈现出普遍性、跨国性、不确定性、隐蔽性和影响深远等特点。这就要求市场监督管理部门制定出有效的监督和防范策略,最好能实施分类监管,消除监管空隙。比如可以将网站按照监管风险大小划分为四类:将经营规范、证照齐全的网站归为一类网站,将经营较为规范的归为二类网站,将存在轻微违法行为的归为三类网站,将问题较多、需要重点监控的归为四类网站。一类和二类网站实行"远距离"监管,不做或少做巡查;三类网站实行"近距离"监管,做常规巡查;四类网站实行"零距离"监管,做重点巡查。

相关案例

麦麦非法获取微客用户信息

原告A公司经营微客(化名)。被告B公司经营的麦麦软件(化名)是一款移动端的人脉社交应用,上线之初因为和微客合作,用户可以通过微客账号和个人手机号码注册并登录麦麦软件,用户注册时还要向麦麦上传个人手机通信录联系人,麦麦根据与A公司的合作可以获得微客用户的ID头像、昵称、好友关系、标签、性别等信息。A公司后来发现,麦麦用户的一度人脉中,大量非麦麦用户直接显示有微客用户头像、名称(昵称)、职业、受教育程度等信息。后双方终止合作,但非麦麦用户的微客用户信息麦麦没有在合理时间内删除。A公司提起本案诉讼,主要提出被告存在非法抓取、使用微客用户职业、受教育程度等信息,以及非法获取并使用麦麦注册用户手机通信录联系人与微客用户的对应关系的不正当竞争行为。

【思考】

被告的行为是否构成不正当竞争?为什么?

相关案例审理

【本案审理】

法院认为:双方合作终止后,被告没有及时删除从A公司获取的微客用户头像、名称(昵称)、职业、受教育程度、标签等信息,而是继续使用,危害到微客用户的信息安全,损害了A公司的合法竞争利益,对A公司构成不正当竞争。法院判决被告停止不正当竞争行为,消除影响,赔偿A公司经济损失200万元及合理费用20余万元等。被告提起上诉,二审法院经审理后维持了一审判决。

【本案分析】

大数据时代，合法使用用户信息、注重用户信息保护是衡量经营者行为正当性的重要依据，也是《反不正当竞争法》保护消费者合法权益这一立法宗旨和目的的重要内容。本案是将消费者权益保护作为判断经营者行为是否正当性的典型案件。本案对大数据背景下网络用户信息的保护做出了指引。用户信息是互联网经营者重要的经营资源，如何展现这些用户信息是经营活动的重要内容。保护社交网络平台上的各类用户信息，不仅是互联网经营者开展正常经营活动、维持并提升用户活跃度、保持竞争优势的必要条件，也是对广大用户权益的尊重和保障。其他经营者在与社交媒体网络平台开展合作时，不仅要合法获取社交网络平台的用户信息，而且应妥善保护并正当使用用户信息。

4. 建立监管数据库，完善数据采集

市场监督管理部门应建立自己的网络监管数据库。在采集数据方面，根据分类监管的原则，各级市场监督管理部门可通过各种方式获得数据。如公司和企业的年检报告中增加一栏项目——企业网站。不少网络推广者那里也有不少企业、公司的网站，网络实名、搜索引擎等网络产品中有不少网站的链接地址。市场监督管理部门要通过各种途径获得大量的数据，采集这些数据并录入统一的、专业的监管数据库中，将大大增加巡查的有效性。

5. 开发网络监管软件，实现"电子市场监督管理"智能监控

开发相关的专业化网络监管软件，实现"电子市场监督管理"智能监控，可以大大提高网络巡查的效率，从而节约大量的人力和物力。这也就要求市场监督管理人员加强学习和培训，提高自身的专业素质。

开篇案例结案

插入警告标识是否构成了不正当竞争？

【本案焦点】

本案的焦点在于，作为互联网经营者的被告公司在原告的搜索引擎的查询结果中的插标行为是否违背诚实信用原则从而构成不正当竞争。

【本案审理】

法院经审理后认为，被告的"安全保镖"在原告网站搜索结果页面插标的行为构成不正当竞争，应当承担相应责任。审判如下：被告立即停止涉案的不正当竞争行为，连续十五日在网站首页显著位置刊载消除影响的声明，并赔偿原告经济损失及合理支出共计三十万元。

【本案启示】

近年来，为了吸引网络用户、争夺网络流量、提高网站的访问量，互联网经营者之间的竞争非常激烈，不正当竞争纠纷也频繁发生，很多纠纷都是因为互联网产品或服务之间的相互干扰而产生的。如何通过判决规范互联网经营者的竞争秩序，维护互联网产品和服

务的自由、公平竞争秩序是法院面临的重要任务。根据《反不正当竞争法》第二条的规定,可以抽象出网络服务提供者在经营互联网产品或服务的过程中,应当遵循如下基本原则:公平竞争原则、和平共处原则、自愿选择原则和诚实信用原则。在前述基本原则的基础上,对于互联网产品或服务的竞争,应当确定以下基本竞争秩序:互联网产品或服务供应商应当和平共处,自由竞争,是否使用某种互联网产品或者服务,应当取决于网络用户的自愿选择。就本案而言,被告的"安全保镖"在原告网站搜索结果页面上的插标行为违背了诚实信用原则,对原告的正常经营服务造成了干扰,其行为目的是提高自身公司的利益,构成了不正当竞争。

技能实战

甲公司诉乙公司侵犯商标专用权纠纷案

上诉人甲公司与被上诉人乙公司(一家 C2C 电子商务平台)因网络侵犯商标专用权纠纷一案,向北京市海淀区人民法院提起上诉。

1. 有关甲公司"××"商标的情况:

第＊＊号文字注册商标"××"的核定使用的商品为:汽车燃料化学添加剂、汽油净化添加剂、引擎脱碳用化学制剂、发动机燃料化学添加剂、防冻剂、刹车液、制动液、燃料节省剂、起动液、引擎脱碳化学品。

2. 上诉人诉称:

(1)被上诉人使用"××"作为关键词进行推广,在本质上是对通过被上诉人网站销售"××"相关产品的销售推广,而不属于对被上诉人自身服务的宣传推广。

首先,用户在百度进行"××"的搜索后,既然搜索结果页面出现了乙公司网站,用户必然认为乙公司与"××"有关,进入乙公司网站显示的页面又全部是与"××"相关的产品。因此,被上诉人以"××"作为关键词接受百度的关键词搜索服务,其实质是进行"××"相关产品的销售推广,该推广行为构成了《中华人民共和国商标法实施条例》第七十五条规定的侵犯注册商标专用权的行为,即为侵犯他人商标专用权提供仓储、运输、邮寄、印制、隐匿、经营场所、网络商品交易平台等便利条件的。另外,《最高人民法院关于审理商标民事纠纷案件适用法律若干问题的解释》第一条第(三)项规定"将与他人注册商标相同或者相近似的文字注册为域名,并且通过该域名进行相关商品交易的电子商务,容易使相关公众产生误认的"行为属于给他人注册商标专用权造成其他损害的行为,被上诉人通过关键词搜索进行"××"商标产品的电子商务,容易使公司误认通过被上诉人网站购买的"××"产品均来源于上诉人,同样构成了对上诉人的侵权。其次,根据被上诉人的自认,其"对一定时期内乙公司用户搜索商品的词汇频度进行统计",并据以确定向百度购买关键词搜索服务的关键词。这本身就证明,被上诉人对其网络用户关注的产品进行推广,如果被上诉人是为了自身互联网信息服务业务的推广,那么,其选定的关键词应当是全体网民普遍搜索常用的关键词,而且,显示的页面应当是关于被上诉人的业务介绍,而不应当是具体的某些产品。

综上,通过百度搜索引擎搜索"××"关键字,点击被上诉人的链接,出现了与被上诉人的注册商标核定使用商品类别相同或类似的商品,而这些"××"商品并非上诉人生产、销售或许可销售的,因此,被上诉人的行为侵犯了上诉人"××"注册商标专用权。

(2)被上诉人使用"××"作为百度搜索竞价排名关键词,主观上存在故意,客观上对上诉人的注册商标造成了侵权的后果。"××"并不是一个常用的词,而是一个独创的词。作为一个与"××"没有任何关系的信息服务网站却使用"××"作为推广使用的关键词明显存在"傍名牌""搭便车"的故意。被上诉人将"××"作为搜索关键词后,自然排斥了上诉人的该项使用权。更何况,上诉人对于被上诉人网站上销售侵犯上诉人"××"注册商标专用权商品的行为,多次向被上诉人提出交涉,在这种情况下,被上诉人不仅不对其网站上销售的侵权产品下架,反而更加肆无忌惮地在谷歌搜索引擎上使用上诉人的注册商标"××"作为竞价排名的关键词进行宣传推广,这就是故意。由于被上诉人的网站上存在大量销售侵犯上诉人"××"注册商标专用权的商品,这些商品质量低劣,给上诉人的商誉造成了负面的影响,扰乱了上诉人的市场,客观上造成了侵权的后果。

【思考】
1.请指出本案争议的焦点。
2.如果你是法官,应当如何审理和判决本案?

技能训练

一、名词解释
不正当竞争行为　网络不正当竞争行为　商业秘密

二、单选题
1.网络不正当竞争行为都是在虚拟的环境中进行的,与传统现实世界中的不正当竞争行为相比,不易被发现和察觉。这说明网络不正当竞争具有很强的(　　)。
A.普遍性　　B.隐蔽性　　C.复杂性　　D.危害性

2.(　　)是指不为公众所知悉、具有商业价值并经权利人采取相应保密措施的技术信息、经营信息等商业信息。
A.垄断经营　　B.商业秘密　　C.网上广告　　D.网络商标

3.下列不属于不正当竞争行为的是(　　)。
A.在网站上提供回答问题即可获得抽奖机会,最高奖项为价值10万元的轿车
B.以低于成本价的方式为客户提供域名服务
C.甲方以低于乙方20%的价格出售某种商品
D.将其他企业的商标或企业名称添加到自己网站的关键词中

三、多选题

1.下列属于网络不正当竞争行为的特点的有（   ）。

A.普遍性　　　B.跨国性　　　C.隐蔽性　　　D.复杂性

E.危害性

2.被告的行为被证明具有（   ）情形之一的,人民法院应当认定其具有恶意。

A.为商业目的将他人驰名商标注册为域名的

B.为商业目的注册、使用与原告的注册商标、域名等相同或近似的域名的

C.曾要约高价出售、出租或者以其他方式转让该域名获取不正当利益的

D.注册域名后自己并不使用也未准备使用,而有意阻止权利人注册该域名的

E.故意造成与原告提供的产品、服务或者原告网站的混淆,误导网络用户访问其网站或其他在线站点的

3.下列属于网络不正当竞争行为的有（   ）。

A.利用互联网侵害竞争对手的商誉

B.利用网上广告等手段进行虚假宣传

C.侵犯他人商业秘密

D.商业混同行为及侵犯商标权

E.域名纠纷

四、简答题

1.什么是网络不正当竞争？它有哪些特点？

2.列举几种网络不正当竞争行为。

3.简述域名领域中不正当竞争行为的构成要件及解决策略。

4.简述网络不正当竞争行为的监管措施。

技能实战要点解析

1.本案焦点

本案争议的焦点在于:乙公司的行为是否侵犯了甲公司的注册商标专用权？

2.本案审理

《中华人民共和国商标法实施条例》第七十五条规定:"为侵犯他人商标专用权提供仓储、运输、邮寄、印制、隐匿、经营场所、网络商品交易平台等,属于商标法第五十七条第六项规定的提供便利条件。"第七十六条规定:"在同一种商品或者类似商品上将与他人注册商标相同或者近似的标志作为商品名称或者商品装潢使用,误导公众的,属于商标法第五十七条第二项规定的侵犯注册商标专用权的行为。"

本案中,虽然甲公司系第＊＊号"××"注册商标的专用权人,依法享有该注册商标的专用权,但是上诉人既无证据证明被上诉人侵犯了其享有的第＊＊号"××"注册商标专用权,亦无证据证明被上诉人为侵犯其第＊＊号"××"注册商标专用权的行为提供了仓储、运输、邮寄、印制、隐匿、经营场所、网络商品交易平台等便利条件。

因此,上诉人主张被上诉人违反了《中华人民共和国商标法实施条例》第七十五条,本院不予支持。乙公司使用"××"关键词在百度上进行搜索引擎推广的行为只是起到初步显示乙公司网站内搜索结果以及乙公司网站中商家销售产品情况的作用,该使用行为的目的是方便公众接受互联网信息服务。相关公众在百度上搜索"××"后,通过搜索结果进入乙公司网站的过程中,能够明确认识到其使用的乙公司网站的信息平台服务,且容易区分该服务的来源不同于乙公司网站中众多商家提供的"××"产品的来源。因此,上诉人的现有证据无法证明乙公司在与第＊＊号"××"注册商标核定使用的商品相同或者类似的商品或者服务上使用了"××"商标,并导致相关公众对商品或者服务的来源产生混淆或者误认,从而侵犯了其对该注册商标享有的专用权。此外,被上诉人并没有将"××"注册为域名,故上诉人关于被上诉人通过关键词搜索进行"××"商标产品的电子商务,侵犯了上诉人商标专用权的主张缺乏事实和法律依据,不予支持。

第 9 章
特定领域电子商务法律问题

学习要点

- 网上拍卖法律问题
- 网上证券法律问题
- 网上保险法律问题
- 网上广告法律问题

现在开庭

网上拍卖引纠纷

【基本案情】

本起纠纷案的原告是甲网拍网站的注册用户张颜（化名）。据介绍，10月1日晚张颜在浏览网上信息时，发现甲网拍网站正在举办"水星电脑专场拍卖会"。他阅读了拍卖公告后即参加了竞拍，经过连续竞价，最终以最高价购得三台电脑，并在网站公布的拍卖结果中确认拍卖成交。几天后，张颜汇款一万余元打算取得三台电脑。

张颜在起诉中称，当时在甲网拍网站的"买家须知"中看到的拍卖周期是去年的10月1日至10月5日，但当他在10月8日再次上网浏览时，却发现甲网拍网站仍在进行"水星电脑专场拍卖会"，而且截止日期已改为10月10日，他已竞拍成交的三台电脑正以他的成交价为底价继续进行拍卖，后又公布了第二次拍卖结果。

对于甲网拍网站的这一做法，张颜当即提出抗议。他认为这是网站违约，必须承担责任，于是把这家网站的主办者甲网拍电子技术有限公司、乙国际拍卖有限责任公司等多家单位告上了法庭，要求给付他拍得的三台电脑，赔偿电脑贬值损失一万余元人民币，并承担诉讼费用。

甲网拍电子技术有限公司在法庭上答辩称自己并未违约。据他们讲,"水星电脑专场拍卖会"原定时间为去年的10月6日9时至10月10日9时,只是由于网站在运行过程中出现故障,导致拍卖系统自动启动,拍卖截止日期并未改变,网站仍以10月10日9时前出价最高者为最终买受人。而且根据有关法律规定,"竞买人的最高应价未达到保留价,该应价不发生效力",而张颜的应价就没有达到委托方的保留价,另外公司也未与张颜签订成交确定书,因此对他的应价不予认可。

(资料来源:自编)

【你是法官】
1.请指出本案争议的焦点。
2.本案中张颜拍得三台电脑是否有效?如果你是法官,你应如何审理此案?

9.1 网上拍卖法律问题

9.1.1 网上拍卖的概念

网上拍卖又称网上竞拍,是指商品所有者或某些权益所有人利用互联网通信传输技术,有偿或无偿使用网络供应商或拍卖网站(统称网络提供商)提供的互联网技术平台,展示所有产品或所具有的使用权益,通过不断变换的标价,向网上竞买人(包括自然人和法人)销售产品或有偿转让权益,竞买人通过上网竞拍,购买商品或某些权益的一种商业贸易形式。

网上拍卖的通常做法:由网络提供商为商品所有者或权益所有人(通常称商品供应商)在网络中提供一个技术平台,以便商品供应商能够在该技术平台上标明和出售相关商品。商品竞买人通过上网,进入商品供应商所使用的技术平台,解读平台上有关商品的情况介绍后,进入其有兴趣购买商品的网上虚拟拍卖场,在网页上不断变动的商品标价中,点击该商品,标价即停止跳动,商品竞买人即以点击商品时的价格,确定并传输了对该商品的购买信息。商品供应商通过网络收到商品竞买人购买信息后,在商品所在技术平台所标明的承诺期限内,将商品送到商品竞买人手中,商品竞买人按网上点击商品时确定的价格支付货款,该项网上拍卖交易即告完成。在网上拍卖中,商品供应商一般是按与网络供应商、拍卖网站事先达成的协议或约定,支付网络或网络平台使用费。

9.1.2 网上拍卖的种类

1.增价拍卖和减价拍卖

增价拍卖又称"英格兰拍卖",也称"低估价拍卖",是指在拍卖过程中,拍卖人宣布拍卖标的的起叫价及最低增幅,竞买人以起叫价为起点,由低至高竞相应价,最后以最高竞价者三次报价无人应价后,响槌成交。但成交价不得低于保留价。减价拍卖又称"荷兰式拍卖",也称"高估价拍卖",是指在拍卖过程中,拍卖人宣布拍卖标的的起叫价及降幅,并依次叫价,第一位应价人响槌成交。但成交价不得低于保留价。

2. 强制拍卖和任意拍卖

强制拍卖是指国家机关依照法律规定,对其查封、扣押的标的进行的拍卖。任意拍卖是指民事法律关系当事人根据本身意愿对其所有或者具有处分权的特定标的进行的拍卖。

3. 动产拍卖和不动产拍卖

动产拍卖是指以动产为拍卖标的的拍卖。不动产拍卖是指以不动产为拍卖标的的拍卖。

4. 有底价拍卖和无底价拍卖

有底价拍卖是指拍卖前设定最低售价或者保留价的拍卖。无底价拍卖是指拍卖前不设立最低售价或保留价的拍卖。

5. 投标式拍卖和非投标式拍卖

投标式拍卖又称"密封递价拍卖",反映拍卖人事先公布拍卖标的相关情况以及拍卖条件,其中又有公开底价和不公开底价两种形式,但竞买人均在规定时间内将其竞价载入密封标单交拍卖人,再由拍卖人在规定时间内统一开标,择优选取中标者。非投标式拍卖是指普通拍卖,即公开形式的拍卖。

6. 一次性拍卖和再拍卖

一次性拍卖是指只经过一次拍卖程序就拍定的拍卖。再拍卖是指必须经过两次以上拍卖程序才拍定的拍卖。

9.1.3 网上拍卖的法律关系

网上拍卖在三方当事人的共同参与中,从成交过程来看,形成了三种法律关系:

(1) 商品供应商与网络提供商之间的法律关系。
(2) 网络提供商与商品竞买人之间的法律关系。
(3) 商品竞买人与商品供应商之间的法律关系。

网上拍卖是上述三种法律关系呈三角形交互运行的结果,并在网络虚拟世界交互运行中得以完成。在这三种法律关系中,由于当事人身份属性不同,相应地,其相互之间构成不同属性的法律关系。在网上拍卖中,拍卖网页是网上拍卖交易产生和形成的连接点,网络供应商或拍卖网站一般都在拍卖网页展示和标明拍卖商品的同时,发布内容为"本网站仅提供网上交易场所,不承诺对出售商品或商品竞买人标价进行检查或验证,交易商品和交易行为的可信度需由您自己或请专家鉴别。如出现纠纷,请直接与对方联系,违反法律而出现的后果,本网站概不负责"的郑重声明。声明的意思表示概括起来有三点:一是网络提供商只是在网上提供一个商品买卖的交易场所;二是商品质量、交易行为、交易后果及因此而导致的违约或违法行为均与网络提供商无关;三是由商品供应商与商品竞买人自己解决或承担法律责任。

上述声明一般出现在拍卖网站的首页,商品供应商要将商品在网上拍卖,须经双方协商认可网络提供商的声明内容。商品竞买人上网竞拍,首先也必须阅读或点击声明,方可进入拍卖网页或拍卖网站。由此,商品供应商和商品竞买人通过他们的行为,在开始拍卖交易前认可了网络提供商的声明内容。

可以看出，也正如网络提供商所声明的，网络提供商仅提供拍卖网站或网页作为网上交易场所，并不参与或实施网上商品拍卖交易的任何行为，也不承担网上拍卖交易的任何法律后果。因而，网络提供商只是网上拍卖交易场所的提供者，而不是网上拍卖交易的主持者或参与者。网上拍卖是商品供应商与商品竞买人借助网络虚拟世界，通过网络提供商提供的技术平台，运用互联网通信传输技术进行的商品买卖交易。因此，它与传统的拍卖具有显著的区别。

9.1.4 网上拍卖合同的订立

网上拍卖中，商品供应商与商品竞买人之间建立的商品买卖合同关系，根据网上拍卖的法律特征，存在以下法律后果：

商品供应商在网络拍卖技术平台展示和标明出售商品的价格，网上竞买人点击拍卖商品而达成商品买卖合同，电子数据及其交换是这种合同的表现形式。在网上拍卖中，由于商品供应商已在网络拍卖技术平台明确展示和标明了出售商品的价格，且一旦商品竞买人点击拍卖品、输入竞买价，即达成拍卖交易内容，商品供应商即在承诺的期限内交付拍品，只要商品供应商在拍卖技术平台展示和标明出售商品的内容和价格具体确定，即构成了签订网上拍卖合同的要约。商品竞买人如按商品供应商要约内容要求点击拍品、输入竞买价并传输至商品供应商即为签订网上拍卖合同的承诺，只要双方均具有签订民事合同的主体资格，即受这种网上电子数据及其交换作为表现形式的电子合同的约束，并以此作为履行双方商品买卖合同的依据。

合同的订立须具备上述形式要件，才能形成有效的网上拍卖合同。在网上拍卖合同签订及履行过程中，还可能出现以下情况：

（1）网上拍卖合同订立的主体不具备相应的民事权利能力或民事行为能力。如未成年人上网实施竞买行为而订立的网上拍卖合同，应当认定为无效合同而不受法律保护。但是，如果商品供应商在交付拍品时，未成年人的法定代理人通过行为追认了未成年人的网上竞买行为，则网上拍卖合同有效并转由该法定代理人承担合同项下的民事权利和义务。

（2）网上拍卖的标的物是法律规定的禁止流通物或限制流通物。由于网上拍卖不需要专门公告、专业拍卖企业或拍卖师主持等，实践中可能有禁止或限制流通物出现在网上拍卖交易中，如国家重点保护文物等。对此类拍卖行为，由于违反禁止性法律规定，不但因无效而不予法律保护，相反，当事人还应当承担相应的民事责任，甚至是刑事责任。

9.1.5 网上拍卖的违约责任

网上拍卖形成的商品买卖合同，在履行中既可能出现商品供应商的单方违约（如供应商未按承诺的期限交付拍品），又可能出现商品竞买人的单方违约（如拒绝支付货款），也可能出现双方当事人均违反合同约定的情况。特别是由于网上拍卖交易合同是在虚拟的网络世界订立的，有关产品质量问题的约定，客观上不如现实世界商品买卖交易当事人之间的合同约定具体、详尽和严密，因而容易引起商品质量争议。

网上拍卖合同签订、履行中带来的违约责任、产品质量问题争议及责任的承担，属商品买卖合同争议范畴，应当也必须按《中华人民共和国拍卖法》《民法典》相关规定进行认定和处理。

1. 商品供应商或商品竞买人违约

具体来说,如商品供应商或商品竞买人一方不履行合同义务或履行合同义务不符合约定条件,对方当事人有权要求其继续履行拍卖合同。如商品供应商和商品竞买人双方均构成违约,应根据他们在合同中的约定或法律规定,分别承担相应的违约责任;如给对方造成经济损失,应当赔偿相应的经济损失;如双方均有经济损失,应根据自身过错责任的大小,自行承担相应的经济损失。对于拍品的质量问题,商品竞买人作为消费者,也可以选择《产品质量法》《消费者权益保护法》进行法律救济。但是,商品竞买人就有关拍品的网上买入价与现实中相关商品差价问题提出主张的,应认定商品竞买人通过网上竞买行为已认可了拍品的相应价格,而对该主张不予支持。

2. 网络提供商违约

在网上拍卖中,可能出现因网络提供商的不当行为导致拍卖合同的签订、履行发生争议。如网络提供商在网络技术平台中登载的拍卖信息内容与商品供应商提供的拍卖信息内容有差异,致使商品供应商、商品竞买人达成拍卖合同后发生争议或商品供应商、商品竞买人一方或双方确因重大误解而订立网上拍卖合同,双方当事人可经协商、申请仲裁或通过诉讼程序撤销拍卖合同。同时,商品供应商可依据与网络提供商的网络平台使用协议或约定,要求网络提供商承担相应的法律责任;商品竞买人也可以依据与网络或网站提供商的网络使用协议,要求网络提供商承担相应的法律责任。

3. 诈骗犯罪问题

网上拍卖交易中,可能发生借助互联网拍卖方式进行的经济诈骗犯罪活动。如"商品供应商"并没有其展示出售的物品或"商品竞买人"并没有竞购拍品的经济能力,却事先单方或双方共同预谋实施网上拍卖行为,在收到货款或拍品后,逃之夭夭。对此,有观点认为,网络提供商由于是接受"商品供应商"或"商品竞买人"的委托而举办拍卖活动,应承担这类所谓的"商品供应商"或"商品竞买人"网上拍卖诈骗活动的民事连带赔偿责任。对此,我们认为,网络提供商只是提供网上拍卖的交易场所,并不是"商品供应商"或"商品竞买人"一方或双方的委托代理人,且事先已声明有关拍卖交易出现的后果概不负责,网上拍卖交易的商品供应商、商品竞买人也事先认可声明内容。因此,应当由诈骗犯罪嫌疑人根据其犯罪行为的危害程度及后果,承担相应的民事赔偿责任和刑事责任。

9.2 网上证券法律问题

网上证券交易有着广阔的市场前景和盈利潜力。网上交易的发展使传统证券经济业务发生深刻的变化。伴随着网上证券业务的迅猛发展,如何依法保护证券商和投资者的利益,使其健康、规范、有序发展,越来越成为一个严峻而紧迫的问题。

9.2.1 网上证券及其立法

网上证券交易指投资者通过互联网开展的证券交易活动及相关活动。与传统交易相比,网上证券交易具有独特的法律特征:

(1)不再强调相对性。首先,就要约和承诺的要求看,在网上证券交易中,要约方并没有向特定的对象发出要约;其次,交易者关注的是交易的结果,而不是对方的身份;再次,如果交易对方不履行买卖合同,应由双方的证券经济商代办交割,委托人无权自行主张权利。

(2) 强调交易的无因性。《证券法》第一百一十七条规定,依照依法制定的交易规则进行的交易,不得改变其交易结果。这是维护证券市场交易安全、简化法律关系的需要。

(3) 对电子化设备的依赖性。在网上证券交易中,有的风险是计算机和网络设备造成的,此种风险有时是证券公司无法控制的。

(4) 第三方责任的限制性。各国一般都考虑到立法中对第三方的责任加以限制,或允许各方通过合同来限制自己的责任。

9.2.2 网上证券法律的基本问题

网上证券法律问题主要涉及以下几个方面:

1. 市场准入问题

开展网上证券业务必须具有证券经纪资格。非证券经营机构不能从事证券业务,也不能开展网上委托业务。证券公司以外的其他机构,不得开展或变相开展网上委托业务。证券公司不得以支付或变相支付交易手续费的方式与提供技术服务或信息服务的非证券公司合作开展网上委托业务。

证券公司申请网上委托业务必须具备的条件包括:

(1) 建立了规范的内部业务与信息系统管理制度。
(2) 具有一定的公司级的技术风险控制能力。
(3) 建立了一支稳定的、高素质的技术管理队伍。
(4) 在过去两年内未发生重大技术事故。

2. 佣金政策问题

为规范证券市场的收费行为,维护投资者的合法权益,促进证券市场的发展,依据《中华人民共和国证券法》《中华人民共和国价格法》等法律法规,中国证监会、原国家计委、国家税务总局联合发布的《关于调整证券交易佣金收取标准的通知》就我国证券交易的佣金收取标准进行了详细规定:

(1) A 股、B 股、证券投资基金的交易佣金实行最高上限向下浮动制度,证券公司向客户收取的佣金(包括代收的证券交易监管费和证券交易所手续费等)不得高于证券交易金额的 3‰,也不得低于代收的证券交易监管费和证券交易所手续费等。A 股、证券投资基金每笔交易佣金不足 5 元的,按 5 元收取;B 股每笔交易佣金不足 1 美元或 5 港元的,按 1 美元或 5 港元收取。

(2) 国债现券、企业债(含可转债)、国债回购,以及今后出现的新的交易品种,其交易佣金标准由证券交易所制定并报中国证监会和原国家计委备案,备案 15 天内无异议后实施。

(3) 证券公司收取的证券交易佣金是证券公司为客户提供证券代理买卖服务收取的报酬。如证券公司向客户提供代理以外的其他服务(如咨询等),可由双方本着平等、自愿、公平、诚实信用的原则协商确定收取标准。

(4) 证券公司必须严格遵守国家财经纪律,不得采用现金返佣、赠送实物或礼券、提供非证券业务性质的服务等不正当竞争方式吸引投资者进行证券交易,禁止证券公司将机构投资者缴纳的证券交易佣金直接或间接返还给个人。

(5)各证券公司应根据自身的实际情况制定本公司的佣金收取标准,报公司注册地中国证监会派出机构及营业地证监会派出机构、营业地价格主管部门、营业地税务部门备案,并在营业场所公布。证券公司改变佣金收取标准,必须在完成上述备案、公布程序后方可执行。

(6)证券公司违反本通知规定向投资者收取佣金,或不及时向证券监督管理机构、税务部门报备佣金收取办法,或不及时在营业场所公布佣金收取办法,或未按公司公开的佣金收取办法收取佣金的,中国证监会和有关价格、税务管理部门将依法对其查处。

3. 网上证券交易合同问题

网上证券交易要特别注意格式合同条款问题。投资者相对于提供证券交易服务的证券公司来说,无论在技术上还是资金实力上都处于劣势地位。所以有必要对证券公司提供的格式合同条款加以限制。在线证券交易中典型的格式合同是点击合同。风险揭示书是典型的点击合同。投资者进入证券公司的网站交易页面后,会自动弹出风险提示,不同的证券公司,其风险揭示书内容大同小异,多是引起交易障碍和交易失败的风险提示,一般均有大量的免责条款。是不是履行了法律规定的风险揭示义务,证券商就可以对以上风险完全免责了呢?答案是否定的。出具风险揭示书仅是国家证券监督管理机构给予证券公司的行政义务,决不能因消费者点击了此类条款,就成了经营者免责的理由。对于确因不可抗力引起的风险,证券公司可以不负民事赔偿责任,但是对于重大过失和故意造成的风险,证券公司必须负赔偿责任。

另一个需要注意的问题是合同中的默示条款问题。按照英美法系的观点,这属于合同中的法定默示条款,是法律强加于它们身上的义务,也是投资者信赖其资格和能力,与之建立委托关系的基石。是否证券公司违反了默示条款就必须承担违约责任呢?这要具体问题具体分析。即使证券公司没达到法定的技术标准和管理规范,但技术故障是达标的情况下也不能避免的,则证券公司原则上可不负赔偿责任;反之,即使证券公司符合法定技术标准和管理规范,如果由于重大过失或故意给投资者造成损失,也应负赔偿责任。

4. 网上证券交易风险问题

目前国内的《刑法》对利用计算机犯罪虽有相应的规定,但还没有针对网上证券交易安全的正式法规出台,其他各国也仍未制定网上证券交易的专门法律。其做法是通过界定参与各方的行为,将其纳入传统的管理框架之下。我国有关部门可以针对此问题研究制定适应我国国情的相关政策。另外,在加强网络技术改进、健全相关法律的同时,还要关注网络状态下人们的生存方式、价值观念、行为规范等伦理要素的重构。

9.3 网上保险法律问题

9.3.1 网上保险的含义

网上保险是指保险企业或新型的网上保险中介机构以现代信息技术为基础,以互联网为主要渠道来支持保险经营管理活动的经济行为。通俗地讲,网上保险就是通过互联网进行保险咨询、险种费率查询、承保、理赔等一系列业务活动。其核心内容是保险企业建立网络化的经营管理体系,并通过互联网与客户交流信息,利用网络进行保险产品的宣传、营销,并提供服务。其最终目标是实现保险电子交易,即通过网络提供保险各个环节的服务,使整个业务流程,如保险信息咨询、保险计划书设计、投保、核保、缴费、承保、保单信息查询、续期缴费、理赔和给付等保险全过程实现网络化。

骑行共享单车出事故网络保险生效吗?

从狭义上讲,网上保险指保险企业或新型的网上保险中介机构通过互联网开展电子商务活动,即为客户提供有关保险产品和服务的信息并实现"网上签单",直接完成保险产品和服务的销售,由银行将保险费划入保险公司;从广义上讲,网上保险还包括保险企业利用互联网技术进行内部管理,即利用互联网对公司员工和代理人进行培训、管理,利用互联网与公司股东、代理人、税务、市场监督管理部门等进行信息交流活动。

9.3.2 网上保险的优势

1. 对于保险公司而言的优势

(1)网络的利用使"保险运行"整体提速,使保险的搜寻、谈判、销售、签单等方面的费用减少,可以大大降低成本。

(2)网络保险风险小,网上投保公正透明,在很大程度上可以减少中间环节由于利益驱动给保险机构带来的不可避免的承保风险。

(3)网络对时空的突破,以及对潜在需求的深层把握,有利于保险公司创新险种,拓展业务,提高经营效益。

(4)保险公司还可以在网上了解更多的保险技术、保险资本和保险人才等信息,形成完善的保险要素的结合,使保险产品具有更强的竞争力。

2. 对于客户而言的优势

(1)方便快捷、自主选择。投保人可以足不出户,从过去消极接受保险营销员的硬性推销转变为根据自己的需求,自主地选择和实现自己的投保意愿,并可以轻松、方便地进行在线投保,实现实时成交。

(2)信息丰富、选择广泛。投保人可以从网上获得大容量、高密度、多样化的专业信息,降低投保的盲目性、局限性和随意性,实现投保的理性化。

(3)投保人告别信息残缺、选择单一及被动无奈的传统保险服务,转向在多家公司及多种保险产品中实现多元化的比较和选择。

(4)网上投保无时间限制,投保人和保险公司可全天 24 小时进行网上交易。

(5)网络保险使过去的规范化服务转向个性化服务,可以最大限度地满足投保人对必要信息和投保条件的个性化需求。

9.3.3 网上保险的策略选择

目前我国的网上保险事业虽然取得了一定程度的发展,但是还存在着一些问题,与人们预期的目标还有一段距离。企业和行业管理机构需要共同努力,为网上保险扫清障碍。

1. 保险企业的策略

(1) 优化架构设计,提高服务质量

国内的保险公司在设计网上保险服务构架时,应本着统一规划、分步实施、着眼全国联网、避免低水平重复建设等原则,先行推广技术上成熟、安全性较高的网上服务形式(如通过互联网进行公司形象和险种的宣传、开展网上保险咨询等),进而开发完善网上核保、生命调查、风险管理、公估、定损、理赔等系统。而在险种网络化方面,可以实行先易后难的战略(先选择易于操作、无须体检、投保手续相对简便的航意险、旅游险等短期意外险种,待技术系统完善后再推动其他险种的网络化)。

(2) 加强对网上安全风险的防范

网上安全问题是所有触网企业必须考虑的问题,国内保险业在实施网上保险服务时,要特别重视对网上安全风险的防范。在安全技术层面上,实施网上保险的保险公司可以采取以下措施:

① 对网上涉及客户隐私的数据资料实施加密。

② 利用数字签名的身份认证,防止黑客进行密码攻击。

③ 将内部业务系统网络与互联网等外部网络严格隔离并监控相互间的信息交换,建立有效的防火墙等安全防范措施,以便防范黑客攻击和外部非法访问。

④ 完善应急管理体系和故障恢复手段,采取切实有效的系统备份机制,保证网上保险业务通道的畅通。

⑤ 加强管理,建立严格的岗位管理制度和技术风险管理制度,以提高网上保险的安全性。

2. 保险监管部门对网上保险的监管策略

网上保险的出现代表了未来保险业的发展方向,这已是不可逆转的趋势。中国银保监会应当顺应潮流,做出以下应对策略:

(1) 网上保险的出现,虽然部分地改变了传统保险公司的业务运作方式,但是保险监管的基本准则不能因为保险服务方式的变化而改变。

(2) 随着电子媒介的迅速发展,监管者应当制定相关的网上保险法规,同时也要对现行的保险法律体系进行相应的修改。

(3) 保险监管部门应站在发展的角度上,简化网上保险创新品种的审批程序,努力营造网上保险创新险种的氛围环境。

(4) 监管者应保持监管的透明度和一致性,同时要保证保险机构提供的信息是真实的、公正的和准确的。

(5) 在网络时代,监管者与各保险公司之间应加强保险监管合作,做到信息资源共享。

(6) 监管者不能因为网上保险的策略风险因素以及担心网上保险的安全性而限制或阻碍其发展,而应在保证市场良性竞争发展的前提下,放松对市场准入的限制,建立充分竞争、开放完善的市场环境,允许和鼓励更多的保险企业进行全面的、合理合法的竞争。只有这样才能大幅度降低网上保险产品和服务的价格,提高网上保险发展的广度和深度,网上保险也才能健康、均衡地发展。

9.4 网上广告法律问题

相关案例

"联合实名"网络关键词广告纠纷案

由于企业创办时间不长,王厂长从不轻易放弃宣传的机会。某年底,他收到了××公司的邀请,参加一个中小企业年会,然而到了会场后他才发现年会的主要活动就是一家科技公司推销一项叫作"联合实名"的技术。根据推销人员的介绍,中小企业最低只要花1 000元钱就能注册一个宣传自己企业的关键词,一年之内无论你在哪里上网,只要在百度等四大搜索引擎的搜索栏搜索该关键词,企业的网页就会立刻跳出来。推销人员还在现场的几台计算机上进行演示,输入"涤纶织带"关键词,王厂长的企业跃然其中。对计算机不是很精通的王厂长被眼前立竿见影的效果打动了,他当场以1万元的价格买断了"涤纶织带"这个关键词的终身使用权,并签订《联合实名推广服务执行协议》(以下简称《协议》)。《协议》约定:甲方购买网络搜索关键词"涤纶织带",服务年限为终身,金额为1万元。为以防万一,王厂长又在协议上补充了下面的内容:乙方科技公司必须保证甲方王志明(化名)购买的搜索关键词在百度、GOOGLE、360、搜狗四个网站上搜索时能在第一时间出现,否则乙方科技公司必须将甲方所购金额的10倍返还给甲方。

王厂长本以为在广告创意上赚了一笔,不料回厂打开计算机输入"涤纶织带"这个关键词后并没有看到自己企业的名字。王厂长急忙打电话给科技公司业务员,业务员说他计算机中毒了,安装了杀毒软件后王厂长看到了满意的效果。不久,他将自己买网络搜索广告的事情告诉朋友,朋友如法操作后发现计算机并没有在第一时间弹出企业网站。他又打电话给业务员,业务员同样以计算机中毒来解释。王厂长起了疑心,连忙打电话到科技公司,公司答复依然是计算机有问题,1万元钱不可能退给他。王厂长到相关部门投诉,了解到必须在计算机中下载科技公司的插件,只有在计算机上安装了该公司提供的插件之后才会有相应的网站跳出。科技公司在推销该产品时未说明此情况,他认定科技公司存在欺诈行为,便将科技公司告上法庭,要求解除合同,科技公司返还自己购买关键词费用1万元,承担违约责任赔偿1万元,并赔偿车旅费损失300元。

科技公司认为产品无质量问题,只要计算机中安装相应的软件就能达到承诺的效果,王厂长认识上存在错误,要求驳回诉讼请求。

(资料来源:根据中国裁判文书网案例改编)

【思考】

1.请指出本案争议的焦点。

2.王厂长与科技公司签订的关键词网上广告是否成立?为什么?王厂长能否主张科技公司返还自己购买关键词费用1万元,承担违约责任赔偿1万元,并赔偿车旅费损失300元?

3.如果你是法官,你将如何审理此案?

9.4.1 网上广告的概念及特点

网上广告是指互联网信息服务提供者通过互联网在网站或网页上以旗帜、按钮、文字链接、电子邮件等形式发布的广告。网上广告的特点主要表现在以下几个方面：

(1) 传播范围广，速度快，方式灵活多样。

(2) 针对性强，易于保存，便于检索。

(3) 互动性和直观性强，有利于强化效果。

(4) 具有可连接性和强制性的特点。

9.4.2 网上广告的法律问题

随着计算机网络技术的发展，网上广告已经成长为广告中的一股新生力量。与网上广告蓬勃发展形成鲜明对比的是，实践中存在许多难以解决的问题，主要表现在以下几个方面：

1. 网上广告主体的界定问题

依据《中华人民共和国广告法》(1994 年 10 月 27 日通过，后经 2015 年、2018 年两次修正，以下简称《广告法》)第二条的规定，广告主是指为推销商品或者服务，自行或委托他人设计、制作、发布广告的自然人、法人或者其他组织。广告经营者是指接受委托提供广告设计、制作、代理服务的自然人、法人或者其他组织。广告发布者是指为广告主或者广告主委托的广告经营者发布广告的自然人、法人或者其他组织。在互联网上，这三者的界限比较模糊，难以准确界定和区分。例如，很多企业都有自己的网站，网上广告的制作也比较简单，所以广告主往往集广告发布者和广告经营者于一身。再如，集 ISP 和 ICP 于一身的网上广告经营企业可能兼广告客户、广告经营代理、广告制作。这些都与传统广告中严格设立许可审查与审批、全面规范信息发布的做法大相径庭，也容易引发网上广告欺诈和非法广告等问题。

《广告法》第五十六条规定："关系消费者生命健康的商品或者服务的虚假广告，造成消费者损害的，其广告经营者、广告发布者、广告代言人应当与广告主承担连带责任。"同时，《广告法》认定，自然人不管是否收取了费用，都不影响发布广告行为的性质。这意味着，追责将会延伸到微商、自媒体和转发者。

2. 网上广告的审查问题

我国《广告法》对广告中相关主体行为有明确的规定。例如，《广告法》第八条规定："广告中对商品的性能、功能、产地、用途、质量、成分、价格、生产者、有效期限、允诺等或者对服务的内容、提供者、形式、质量、价格、允诺等有表示的，应当准确、清楚、明白。广告中表明推销的商品或者服务附带赠送的，应当明示所附带赠送商品或者服务的品种、规格、数量、期限和方式。法律、行政法规规定广告中应当明示的内容,应当显著、清晰表示。"第十一条规定:"广告内容涉及的事项需要取得行政许可的,应当与许可的内容相符合。广告使用数据、统计资料、调查结果、文摘、引用语等引证内容的,应当真实、准确,并表明出处。引证内容有适用范围和有效期限的,应当明确表示。"该法第八条至第二十八条对广告内容进行了约定和规范。

然而网上广告内容难以监管,虚假广告、违法广告充斥网络。网上广告本身数量庞大以及法律上的控制乏力,使得要求广告监管部门按照立法对其逐一进行审查不太现实,有些网络公司急于扩大自身影响,引起公众注意,在网上广告中宣称自己是"中国第一""全国最大规模的中文网站""中国访问量最高和固定用户最多的网站"等,严重违反《广告法》的有关规定。因此,对网上广告的管理仍需加大力度。

3.网上广告的多样性引发的法律问题

网上广告的形式繁多,在实际操作中,不同形式的网上广告也往往衍生出一些问题。

(1)隐性广告的问题

对商品广告而言,其存在的目的是向消费者介绍商品,使消费者了解该商品的销售、服务等具体情况,从而打开产品与服务的市场。基于商业广告的这一特性,法律要求广告必须具备可识别性,以免给消费者以误导,损害消费者的权益。如《广告法》第十四条明文规定:"广告应当具有可识别性,能够使消费者辨明其为广告。大众传播媒介不得以新闻报道形式变相发布广告。通过大众传播媒介发布的广告应当显著标明'广告',与其他非广告信息相区别,不得使消费者产生误解。广播电台、电视台发布广告,应当遵守国务院有关部门关于时长、方式的规定,并应当对广告时长作出明显提示。"广告要求有可识别性是世界广告立法的惯例,其他国家的广告管理法规也对广告的可识别性有明确规定。但网上广告的出现却滋长了大量的隐性广告。所谓隐性广告,就是以非广告形式出现,采用公认的广告方式以外的手段,使广告观众产生误解的广告。比如,在各大论坛上发布的广告,通过网上调查的方式发布的广告,在商业网站主页上开辟专业论坛讨论企业产品与服务的性能、质量、功能之类问题所做的广告及以网上新闻所做的广告等,都是较为典型的隐性广告。隐性广告不具备可识别性,因此是《广告法》禁止的行为。尽管传统广告中也存在隐性广告,但与网络环境下的隐性广告相比,后者似乎具有更大的隐蔽性,更加不易识别和更易误导消费者,这是因为网络是一个开放互动的环境,在网上,往往是一对一的互动模式,网络积极向用户展示信息、用户也积极向信息源索取信息,与消费者对传统广告消极、被动接受的态度完全相异。因此,对隐性广告的认定、辨别也就更加困难。

法律在网上广告方面遇到的难题:对待网上广告是否应该像对待传统广告一样,对隐性广告一律禁止? 首先,从网络的特点来看,网上广告之所以能在短时间内异军突起,就因为其具有开放、共享、互动的特点,每个人进出互联网都是自由的。对于那些规模较大的专业网站的广告,由于有明确的机构存在,监管稍微不力就易产生问题;而对于那些成千上万的个人主页类的广告,监管起来则较为困难。其次,隐性广告的隐性特质也使对它本身是否是广告的判定显得模棱两可。比如,在各大论坛上有意识地发布广告,但却是以讨论问题的形式出现的,监管机关应该如何定性?

(2)未经许可的电子邮件广告的问题

大量未经许可的广告邮件不仅会占用互联网的带宽和资源,增加网络的操作成本,而且严重的可能会破坏电子邮件服务器,造成网络堵塞。目前,我国已经出台了针对垃圾邮件的相关法规,但是规定过于笼统,可操作性不强。

(3)插播式广告等新形态广告的问题

在下载文件或者浏览网页时,突然弹出的全屏或者半屏广告,给用户带来了很大的不便,有侵犯消费者合法权益之嫌。关键字技术广告就是有些商家为了赚钱想尽办法搭乘名牌商品便车的一种广告方式。

4.网上广告中的不正当竞争问题

《广告法》第三十一条规定:"广告主、广告经营者、广告发布者不得在广告活动中进行任何形式的不正当竞争。"目前,网上广告的不正当竞争行为主要有:

(1)利用加框超链接技术

加框超链接技术是指以分割视窗的方式将他人网站的内容呈现在自己的网页上,当浏览者点击该链接时,他人网站的内容会出现在此网页的一定区域内,本网站页面的广告始终出现在浏览者面前。利用该技术将他人页面内容作为自己页面的一部分,用户就不能接触到他人网站的广告。

(2)利用关键词技术

该方式指的是利用埋设技术以关键词的方式把他人的驰名商标写入自己的网页,当浏览者利用搜索引擎检索驰名商标时,该网站和驰名商标的网站会一同显现,投机者借机搭便车,提高自身的点击率。

(3)抄袭他人网站的内容

通过抄袭别人提高自身的点击率,同样属于不正当竞争行为。

5.网上虚假广告问题

我国《广告法》第三条规定:"广告应当真实、合法,以健康的表现形式表达广告内容,符合社会主义精神文明建设和弘扬中华民族优秀传统文化的要求。"广告不得含有虚假或者引人误解的内容,不得欺骗、误导消费者。网上广告数量巨大,传统的以分类来完成对网上广告的管理困难很大。

6.法律规避问题

网络是没有国界的,网上广告的受众可以是地球上的全部居民,当一则网上广告侵权纠纷发生时,如何确定管辖权?应该适用哪个国家的法律来管辖?尤其是当各国的管辖权规则与法律规定不一致时,情况就会更加复杂。即使一国依靠自己国家的管辖权规则和法律规定做出判决,但是否能够得到别的国家的承认和执行?正是这种法律管辖与适用的国际性冲突使得一些商家有意规避法律,进而使网上广告很难通过一国的法律来解决,而是往往需要通过国家间的协作,甚至需要由国际性机构制定统一的具有约束力的规则。

相关案例审理

通过对网上广告相关法律问题的学习,现在让我们来分析一下王厂长与科技公司签订的这份有争议的网络关键词广告合同。

首先,我们要分析这份合同的主体资格是否合法。此案中王厂长是广告主,符合法律规定的广告主资格:广告主是指为推销商品或者服务,自行或者委托他人设计、制作、发布广告的自然人、法人或者其他组织。而该科技公司则是广告经营者和广告发布者:广告经营者是指接受委托提供广告设计、制作、代理服务的自然人、法人或者其他组织;广告发布者是指为广告主或者广告主委托的广告经营者发布广告的自然人、法人或者其他组织。双方的主体资格没有问题。

其次,在与王厂长签订网上广告合同时,科技公司隐瞒了一个事实,即作为一般的浏览者,如果计算机上不安装特定插件的话,在浏览器的搜索栏中输入王厂长所购买的关键词不会出现该关键词的广告效果。

【本案焦点】

本案的焦点:作为一般的浏览者,如果计算机上不安装特定插件的话,在浏览器的搜索栏中输入王厂长所购买的关键词不会出现该关键词的广告效果。在科技公司隐瞒了这样一个重要事实的情况下,科技公司是否涉嫌欺诈?合同是否有效?

【本案审理】

双方所订合同内容应为网上广告合同范畴,王厂长购买搜索关键词的目的是在互联网等媒体上介绍和推广自己的企业及产品,符合广告合同的特性。签订合同是双方真实的意思表示,不违反相关强制性的法律规定,应属有效合同。科技公司在销售"联合实名"产品时未履行告知使用该产品时需要与相关软件配套的义务,违反了诚实信用的原则,且不特定的第三人在未安装此软件时无法浏览承诺效果,双方的合同目的无法实现,故要求解除双方合同的请求符合法律规定。科技公司要为此承担返还王先生1万元及相应的违约责任赔偿,并赔偿王先生869.3元(注:法院实判数额)。

【本案启示】

轻点鼠标,即可与企业直接"对话",这就是"联合实名"的广告魅力。相较于目前存在的"网络实名""搜索引擎"等网络营销模式,"联合实名"更具优势。"联合实名"是借助互联网向用户的计算机里安装插件,事实上很多计算机都会自动抵制这类外来的插件,所以根本就无法向目标用户保证演示的效果可以出现在任何一台计算机上。经销商的夸大宣传,无疑会让很多像王厂长一样对计算机和网络知识似懂非懂的人轻易上当受骗。网络世界在给我们带来许多意想不到的惊喜时,也会有很多陷阱!建议立法不断完善网络服务的义务和责任。同时,作为网上广告的广告主们也要不断学习计算机知识,避免落入陷阱。

【思考】

在这种情况下,王厂长与该科技公司签订的网上广告合同还能否成立?

9.4.3 网上广告问题的法律对策

可以说,无论是虚假网上广告,还是违法网上广告或隐性网上广告都损害了消费者的权益,特别是加大了消费者实现其知情权、公平交易权的难度,也增加了消费者补救其权益的难度。因此,若仅仅以传统的《广告法》《消费者权益保护法》来规范保护,以传统的监管手段来管理网上广告,显然是力不能及的。若一味听之任之,从表面上看仅是网上广告市场的混乱,但长此以往,不但损害了消费者的利益,损害了国家的竞争秩序,而且最终损害的是网上经济的生命力。因此,通过制定新的网上广告法律来规范网上广告是当务之急。

1. 加快完善有关法规

特别要针对网上的虚假广告、以不正当竞争方式发布的广告以及以隐性或引诱方式发布网上广告的行为,制定特殊的规则,及时将其纳入规范之列;通过修订现有的《广告法》《反不正当竞争法》《消费者权益保护法》,使其网络化;抑或单独制定网上广告法以及反垃圾邮件法。

2. 建立相应的网上广告监管机制

制定出了法规却不能很好地执行,法规充其量只是一纸空文,所以加强日常性的、非突击式的监管才是重中之重。网络技术含量很高,因此监管机关的手段也必须科技化、网络化。监管机制多种多样,可以赋予现有的监管机构新的监管网上广告的职权,或是赋予网络服务供应商一定的监管权力,因为它们一般和网上广告有直接的联系,实行监管有其方便之处,或是建立新的监管机构并设置相应的监管体系,如网上投诉系统。

3. 制定行业规范,提倡业者自律

网上广告主体和经营者在经营活动过程中,应当树立自律的观念。自律要求不能仅仅考虑自身的利益,还要照顾消费者的利益,尊重消费者的人格和依法享有的各项权利,并以此来约束自己的行为,切实地履行自己的义务。特别应当对网络服务提供商的义务进行规范。

4. 加强国际司法协助领域的合作

网络的全球性和无国界性,使得对网上虚假广告及通过网上广告侵犯消费者权益的法律适用出现国际的法律管辖与适用相冲突的问题,这就需要世界各国通力合作,在一些共同的、基本的问题上达成共识后,通过签订双边协议、多边协议甚至国际公约等国际合作的方式予以解决。

开篇案例结案

网上拍卖引纠纷

【本案焦点】

拍卖系统自动启动,使得拍卖活动提前开始,并完成了与原告的成交,本案的焦点在于判断此次拍卖成交是否有效。

【本案审理】

《民法典》第四百七十三条规定:"要约邀请是希望他人向自己发出要约的表示。拍卖公告、招标公告、招股说明书、债券募集办法、基金招募说明书、商业广告和宣传、寄送的价目表等为要约邀请。商业广告和宣传的内容符合要约条件的,构成要约。"只要供应商在拍卖技术平台展示和标明出售商品的内容和价格具体确定,即构成了签订网上拍卖合同的要约。网上竞买人如按供应商要约内容要求点击拍品、输入竞买价并传输至供应商即为签订网上拍卖合同的承诺,只要双方均具有签订民事合同的主体资格,即受这种网上电子数据及其交换为表现形式的电子合同的约束,并以此作为履行双方商品买卖合同的依据。

本案中,拍卖网站一方发出邀约,张颜又在系统规定时间做出承诺。这其实是一个有效的契约关系。网络公司通过网络拍卖电脑,通过确认的方式张颜拍得三台电脑。双方之间形成了一种合同关系。所以,张颜拍得的三台电脑有效。网络公司应承担缔约责任,可以判令网络公司及时给付张颜拍得的三台电脑或者相应费用,赔偿电脑贬值损失,并承担诉讼费用。

至于被告所述是电脑系统提前启动导致没有真正到达拍卖日期就与张颜完成了拍卖,这只是拍卖方对拍卖系统管理不善造成,与张颜无关,拍卖网站要自行担责。

【本案启示】

目前在互联网上发起各种促销活动的企业有很多都是因为自身管理不到位或者自身失误导致一些已经既成事实的成交案例。从法律的角度来看,这些成交都是有效成交。而很多企业第一反应就是反悔和抵赖,从而产生各种各样的纠纷。

本案给人们最大的启示:作为企业要对网络上自身发起的活动进行妥善管理,否则会造成不必要的纠纷,企业担责,造成损失。同时作为消费者也要勇于拿起法律武器维护自身合法权益。

技能实战

C网站使用名人照片做广告带入引纠纷

C网站是旅游信息服务网站。C网站在其新浪官方微博中发布了"张武躺"的配图微博,以图片配台词的形式,在每张图片中添加台词字幕,通过介绍"张武躺",带入与网站业务相关的酒店预订。该微博共使用7幅原告张武(化名)图片18次,文字内容包括直接使用文字和在图片上标注文字,除第一张不是剧照,为原告个人身着西服给其他企业代言的照片外,其余均为剧照,最后几张图配了大床、浴室等酒店背景,微博后附"订酒店用C网"的文字,并附二维码和C网标识。该微博被转发4次,评论4次,点赞11次。

张武认为C网站擅自加工和使用其肖像图片,具有明显的商业属性,极易使众多浏览者及消费者误认为其为C网站代言人,或与该网站存在某种合作关系,使其本人蒙受外界诸多误解,请求判令C网站公开赔礼道歉,赔偿其经济损失40万元和维权合理开支1万元。

C网站辩称:"张武躺"表现了现代人在重压下的一种慵懒状态和生活态度,体现其背后的文化现象和内涵。首先,涉案微博发布于该现象成为网络热点时,对"张武躺"的文化内涵加以利用,意在幽默和夸张,并非有意使用张武肖像进行宣传和盈利,主观上无侵犯其肖像权的故意,客观上不会误导消费者认为双方存在代言等商业合作关系。其次,剧照与个人肖像不能等同,两者之间存在明显区别,剧照使观者直接联想到本人时,该剧照才能等同于肖像。受众看到"张武躺"时想到的是其背后的文化内涵而非演员本人,其效果并非肖像性质,与传统商业使用肖像存在区别,不会使网络用户误认。最后,涉案微博的点赞数、评论数和转发数均极少,且接到通知后当天进行了删除,不会给张武造成巨大影响和经济损失。张武所诉赔偿金额过高,无合理事实依据。

【思考】

1. 本案的焦点是什么?
2. C网站的行为是否对张武造成侵权?如果你是法官,应如何审理此案?

技能训练

一、名词解释

网上拍卖　网上证券　网上保险　网上广告

二、单选题

1.在网上拍卖中,商品竞价形式根据价格变化方式的不同分为直接竞价和(　　)两种。
   A.间接竞价   B.自动竞价
   C.主动竞价   D.被动竞价

2.《广告法》中所称(　　),是指为推销商品或者服务,自行或委托他人设计、制作、发布广告的自然人、法人或者其他组织。
   A.广告受众   B.广告主
   C.广告媒体   D.第三方支付

3.(　　)就是以非广告形式出现,采用公认的广告方式以外的手段,使广告观众产生误解的广告。
   A.显示广告   B.隐性广告
   C.弹出式广告   D.富媒体广告

三、多选题

1.网上拍卖在三方当事人的共同参与中,从成交过程来看,形成的法律关系有(　　)。
   A.商品供应商与网络提供商之间的法律关系
   B.网络提供商与商品竞买人之间的法律关系
   C.商品竞买人与商品供应商之间的法律关系
   D.商品竞买人间的法律关系
   E.商品供应商间的法律关系

2.网上广告的特点主要表现在(　　)。
   A.传播范围广、速度快,方式灵活多样
   B.针对性强,易于保存,便于检索
   C.互动性和直观性强,有利于强化效果
   D.具有可连接性和强制性的特点

3.网上证券交易与传统的证券交易相比,具有完全不同的法律特征,主要表现在(　　)。
   A.不再强调相对性   B.强调交易的无因性
   C.对电子化设备的依赖性   D.第三方责任的限制性
   E.交易的随意性

四、简述题

1.简述网上拍卖的特征。
2.简述网上证券交易与传统证券交易的区别。
3.简述网上保险业务与传统保险业务的区别与联系。
4.简述网上广告的形式及每种形式的特点。
5.简述网上广告引起的法律问题。

技能实战要点解析

1.本案焦点

本案争议的焦点在于：C网站使用"张武躺"照片做引流广告是否对张武造成侵权？

2.本案审理

法院认定C网站的使用行为构成侵权。关于赔偿数额，张武所诉较高。法院综合考虑以下情节，对赔偿数额酌情认定：

（1）张武为著名演员，公众对其关注度较高。

（2）C网站为有一定规模的知名网站，其官方微博的使用行为提高了网络用户对其微博的关注度。

（3）C网站微博的关注人数虽多，但从涉案微博的点赞、评论和转发数量看，涉案微博的阅读量一般，影响范围有限。

（4）C网站在接到通知后立即对涉案微博进行了删除，并表达与张武协商解决纠纷的意愿。

（5）涉案微博对"张武躺"剧照的使用，确实不同于直接使用张武个人照片的情况，与传统商业直接使用名人肖像进行宣传的行为存在区别，一般不会使网络用户误认为张武对C网站产品进行了代言。

（6）因涉案图片大部分为剧照，本案判决仅涉及张武个人的肖像权，应为剧照权利人留有部分赔偿份额。

《民法典》第一千一百八十二条规定："侵害他人人身权益造成财产损失的，按照被侵权人因此受到的损失或者侵权人因此获得的利益赔偿；被侵权人因此受到的损失以及侵权人因此获得的利益难以确定，被侵权人和侵权人就赔偿数额协商不一致，向人民法院提起诉讼的，由人民法院根据实际情况确定赔偿数额。"法院据此判决C网站在其微博账号针对未经许可使用张武剧照及照片的行为公开发布致歉声明，置顶72小时，30日内不得删除，并赔偿张武经济损失7万元，支付其维权合理支出5 000元，以上共计75 000元。

第 10 章

电子商务安全法律问题

学习要点

◎ 电子商务安全的立法背景
◎ 计算机信息系统安全等级保护制度
◎ 国际互联网安全管理制度
◎ 安全专用产品、有害数据防治制度
◎ 违反电子商务安全法的法律责任

现在开庭

侵入计算机信息系统和非法获取计算机信息系统数据案

【基本案情】

徐州市鼓楼区人民检察院以被告人吕轶众、曾毅夫、严仁海、陈慧婷、丁钊、许蓉、林荫、张帆、张金煌、龚培培、陈建斌(均为化名)犯破坏计算机信息系统罪,向徐州市鼓楼区人民法院提起公诉。

被告人吕轶众、曾毅夫开发了用于盗取网络游戏账号、密码的木马程序,该程序开发成功后,由曾毅夫出面寻找合作伙伴帮助销售。被告人严仁海接受曾毅夫的委托,将该系列木马程序命名为"温柔"木马并总代理销售,同时按照游戏种类分包给不同的一级代理商张帆、张金煌等人,按照包用时间收费,牟取非法利益。被告人陈慧婷参与经营,与严仁海共同代理销售"温柔"系列木马。吕轶众等人开发并销售的"温柔"系列木马种类达 30 余款,盗窃游戏账号、密码数百万组。被告人丁钊、许蓉、林荫在明知严仁海、陈慧婷从事木马程序销售的情况下,仍受雇担任客户服务人员。被告人吕轶众、曾毅夫二人因此各获利 32 万余元,严仁海、陈慧婷共获利 31 万余元。

另指控，被告人严仁海、张帆、张金煌分别垄断代理了"QQ自由幻想""QQ华夏""天龙八部"游戏的"温柔"木马程序，并通过姜南、汤喻佳（化名，均另案处理）等流量商将木马程序上传到网站，随玩家点击而植入玩家计算机系统，分别后台盗取"QQ自由幻想""QQ华夏""天龙八部"游戏账号、密码82 780组、427 717组，后被告人严仁海将盗取账号、密码转卖给郑承勇、严盛伟（化名，均另案处理）等人。

被告人张帆将所盗账号、密码转卖给他人，非法获利3万余元；被告人张金煌采取同样手段非法获利23万余元。在被告人张金煌传播木马程序的过程中，被告人龚培培为张金煌联系租用了服务器，并在计算机系统内设置了能够存放窃取账号、密码的"箱子"，被告人陈建斌受雇于张金煌，并按照张金煌联系的买主将所盗账号、密码转卖他人，龚培培非法获利2万元，陈建斌非法获利1万余元。

（资料来源：根据徐州市中级人民法院网案例资料改编）

【你是法官】

1.本案应定性为破坏计算机信息系统罪还是应定性为提供侵入计算机信息系统程序罪、非法获取计算机信息系统数据罪？

2.如果你是法官，你该如何审理和判决本案？

10.1 电子商务安全立法概述

10.1.1 电子商务安全立法的必要性

为了解决电子商务带来的新的法律问题，世界各国都开始对它进行研究和立法，出台了一系列法律法规来规范电子商务的运营。但是这些法律文件多是规范电子商务交易行为的。事实上，电子商务主体最关心的是电子商务交易的安全性问题。如果电子商务的交易安全没有可靠的法律保障，必然给电子商务的发展带来严重阻碍，影响全社会对电子商务交易活动的参与热情。

电子商务系统安全性的保障分为技术上的保障和法律上的保障两种。技术上的保障措施一般多是采用防火墙技术、密钥加密技术、数字签名和认证技术等。目前世界各国仍然在努力研究更先进的安全技术。诚然，不断发展的新技术的应用一定会对电子商务安全起到保驾护航的作用。但是，任何安全技术的安全性都不是绝对的，它们不可能抵御所有安全风险。在发生安全事故时必须有相应的责任人来承担一定的法律责任。这就要求在制定电子商务交易法的同时，还要制定并完善有关电子商务安全的法律，以保障电子商务活动的正常进行和健康发展。

10.1.2 我国电子商务安全的立法现状

目前,我国有关电子商务安全的立法已经初具规模,形成了一个符合我国国情的电子商务安全法律体系。它们涉及网络与信息系统安全、信息内容安全、信息安全系统与产品、保密及密码管理、计算机病毒与危害性程序防治、金融等特定领域的信息安全、电子商务犯罪制裁等多个领域。在文件形式上,有法律、有关法律问题的决定、司法解释及相关文件、行政法规、部门规章及相关文件、地方性法规与地方政府规章及相关文件多个层次。

1. 电子商务安全立法第一阶段(1991—1999 年)

虽然早在 1991 年原劳动部就出台了《全国劳动管理信息计算机系统病毒防治规定》,但那时类似电子商务与网络安全的法规和规定还是非常少的,这一局面到 1994 年 2 月 18 日才有了根本转变,这一天国务院颁布了《中华人民共和国计算机信息系统安全保护条例》,该条例规定了计算机信息系统安全保护的主管机关、安全保护制度、安全监管等。自 1994 年以后,我国电子商务安全法律法规体系进入初步建设阶段,一大批相关法律法规先后出台,如《刑法》(1997 年,全国人民代表大会)、《计算机信息网络国际联网安全保护管理办法》(1997 年,公安部)、《计算机信息系统安全专用产品检测和销售许可证管理办法》(1997 年,公安部)、《计算机信息系统保密管理暂行规定》(1998 年,国家保密局)、《商用密码管理条例》(1999 年,国务院)等。

2. 电子商务安全立法第二阶段(2000—2006 年)

2000 年 12 月 28 日,伴随《全国人民代表大会常务委员会关于维护互联网安全的决定》的出台,我国电子商务安全法律体系建设进入了一个新的阶段,《全国人民代表大会常务委员会关于维护互联网安全的决定》规定了一系列禁止利用互联网从事危害国家、单位和个人合法权益的活动。这个阶段的标志就是更加重视电子商务及互联网的安全性。这一阶段的法律法规有《互联网信息服务管理办法》(2000 年,国务院)、《计算机信息系统国际联网保密管理规定》(2000 年,国家保密局)、《计算机病毒防治管理办法》(2000 年,公安部)等。

2003 年 7 月 22 日,国家信息化领导小组第三次会议通过了《国家信息化领导小组关于加强信息安全保障工作的意见》,标志着我国电子商务和网络安全法律体系的建设逐步完善。在这一阶段,具有代表性的法律法规还包括《北京市信息安全服务单位资质等级评定条件(试行)》(2002 年,北京市)、《铁路计算机信息系统安全保护办法》(2003 年,原铁道部)、《上海市信息系统安全测评管理办法》(2003 年,上海市信息化办公室)、《电子签名法》(2004 年,全国人民代表大会常务委员会)、《电子认证服务管理办法》(2005 年,原信息产业部)、《电子认证服务密码管理办法》(2005 年,国家密码管理局)、《证券期货业信息安全保障管理暂行办法》(2005 年,中国证券监督管理委员会)等。

3. 电子商务安全立法第三阶段(2007 年至今)

在这个阶段,关于电子商务安全的法律法规不断出台,标志着我国电子商务安全法律体系逐步完善。主要包括:2018 年 8 月 31 日发布、2019 年 1 月 1 日起实施的《电子商务法》;2016 年 11 月 7 日发布,2017 年 6 月 1 日起实施的《网络安全法》;2019 年 4 月 23 日第十三届全国人民代表大会常务委员会第十次会议对《电子签名法》进行的修正；2012年12月28日第十一届全国人民代表大会常务委员会第三十次会议通过的《全国人民代表大会常务委员会关于加强网络信息保护的决定》。

随着电子商务安全立法进入第三阶段，我国电子商务立法呈现出以下几个新的特点：

(1) 电子商务安全纠纷解决已经有直接的法律与之对应。

(2) 安全领域法律较为集中并且法律效力较高。

(3) 现有法律具有相当的灵活性与前瞻性。

(4) 电子商务立法进程正在逐步加快。

10.2 《网络安全法》要点解读

为了方便理解，下面对《网络安全法》的要点进行解读。

10.2.1 《网络安全法》的立法意义

制定《网络安全法》是为了保障网络安全，维护网络空间主权和国家安全、社会公共利益，保护公民、法人和其他组织的合法权益，促进经济社会信息化健康发展，是提高社会网络安全的保护意识和能力，使网络更加安全、开放和便利的客观需要，是我国参与互联网国际竞争和国际治理的必要选择。

10.2.2 《网络安全法》的内容要点

《网络安全法》包括总则、网络安全支持与促进、网络运行安全、网络信息安全、监测预警与应急处置、法律责任、附则共七章七十九条。

1. 适用范围

凡是在中华人民共和国境内建设、运营、维护和使用网络的单位和个人，以及实施网络安全的监督管理的单位和个人均适用本法。

2. 立法特点

(1) 网络安全与信息化发展并重

国家坚持网络安全与信息化发展并重，遵循积极利用、科学发展、依法管理、确保安全的方针，推进网络基础设施建设和互联互通，鼓励网络技术创新和应用。本法的出台，能为我国信息化发展保驾护航。

(2) 维护国家网络空间安全与秩序

国家制定并不断完善网络安全战略，明确保障网络安全的基本要求和主要目标，提出重点领域的网络安全政策、工作任务和措施。国家采取措施，监测、防御、处置来源于中华人民共和国境内外的网络安全风险和威胁，保护关键信息基础设施免受攻击、侵入、干扰和破坏，依法惩治网络违法犯罪活动，维护网络空间安全和秩序。

(3)构建多边、民主、透明的网络治理体系

国家积极开展网络空间治理、网络技术研发和标准制定、打击网络违法犯罪等方面的国际交流与合作,推动构建和平、安全、开放、合作的网络空间,建立多边、民主、透明的网络治理体系。国家倡导诚实守信、健康文明的网络行为,推动传播社会主义核心价值观,采取措施提高全社会的网络安全意识和水平,形成全社会共同参与促进网络安全的良好环境。

(4)加大网络安全教育和人才培养

大众传播媒介应当有针对性地面向社会进行网络安全宣传教育。国家支持企业和高等学校、职业学校等教育培训机构开展网络安全相关教育与培训,采取多种方式培养网络安全人才,促进网络安全人才交流。

(5)完善网络安全监管体制

国家网信部门负责统筹协调网络安全工作和相关监督管理工作。国务院电信主管部门、公安部门和其他有关机关依照本法和有关法律、行政法规的规定,在各自职责范围内负责网络安全保护和监督管理工作。县级以上地方人民政府有关部门的网络安全保护和监督管理职责,按照国家有关规定确定。网络运营者开展经营和服务活动,必须遵守法律、行政法规,尊重社会公德,遵守商业道德,诚实信用,履行网络安全保护义务,接受政府和社会的监督,承担社会责任。

(6)保障网络信息依法、有序、自由流动

国家保护公民、法人和其他组织依法使用网络的权利,促进网络接入普及,提升网络服务水平,为社会提供安全、便利的网络服务,保障网络信息依法有序自由流动。任何个人和组织使用网络应当遵守宪法法律,遵守公共秩序,尊重社会公德,不得危害网络安全,不得利用网络从事危害国家安全、荣誉和利益,煽动颠覆国家政权、推翻社会主义制度,煽动分裂国家、破坏国家统一,宣扬恐怖主义、极端主义,宣扬民族仇恨、民族歧视,传播暴力、淫秽色情信息,编造、传播虚假信息扰乱经济秩序和社会秩序,以及侵害他人名誉、隐私、知识产权和其他合法权益等活动。

3.核心内容

(1)网络运行安全

①国家实行网络安全等级保护制度。网络运营者应当按照网络安全等级保护制度的要求,履行安全保护义务,保障网络免受干扰、破坏或者未经授权的访问,防止网络数据泄露或者被窃取、篡改。

②网络产品、服务应当符合相关国家标准的强制性要求。网络关键设备和网络安全专用产品应当按照相关国家标准的强制性要求,由具备资格的机构安全认证合格或者安全检测符合要求后,方可销售或者提供。国家网信部门会同国务院有关部门制定、公布网络关键设备和网络安全专用产品目录,并推动安全认证和安全检测结果互认,避免重复认证、检测。

③网络实名认证。无论是网络运营者还是网络使用者,均要求实名认证。网络运营者为用户办理网络接入、域名注册服务,办理固定电话、移动电话等入网手续,或者为用户

提供信息发布、即时通信等服务，在与用户签订协议或者确认提供服务时，应当要求用户提供真实身份信息。用户不提供真实身份信息的，网络运营者不得为其提供相关服务。国家实施网络可信身份战略，支持研究开发安全、方便的电子身份认证技术，推动不同电子身份认证之间的互认。

④明确犯罪情形。任何个人和组织不得从事非法侵入他人网络、干扰他人网络正常功能、窃取网络数据等危害网络安全的活动；不得提供专门用于从事侵入网络、干扰网络正常功能及防护措施、窃取网络数据等危害网络安全活动的程序、工具；明知他人从事危害网络安全的活动的，不得为其提供技术支持、广告推广、支付结算等帮助。

⑤将国家级关键信息基础设施的运行安全提高到了战略高度。国家对公共通信和信息服务、能源、交通、水利、金融、公共服务、电子政务等重要行业和领域，以及其他一旦遭到破坏、丧失功能或者数据泄露，可能严重危害国家安全、国计民生、公共利益的关键信息基础设施，在网络安全等级保护制度的基础上，实行重点保护。关键信息基础设施的具体范围和安全保护办法由国务院制定。关键信息基础设施的运营者采购网络产品和服务，可能影响国家安全的，应当通过国家网信部门会同国务院有关部门组织的国家安全审查。关键信息基础设施的运营者采购网络产品和服务，应当按照规定与提供者签订安全保密协议，明确安全和保密义务与责任。

(2)网络信息安全

①网络运营者。网络运营者应当对其收集的用户信息严格保密，并建立健全用户信息保护制度。网络运营者收集、使用个人信息，应当遵循合法、正当、必要的原则，公开收集、使用规则，明示收集、使用信息的目的、方式和范围，并经被收集者同意。网络运营者不得收集与其提供的服务无关的个人信息，不得违反法律、行政法规的规定和双方的约定收集、使用个人信息，并应当依照法律、行政法规的规定和与用户的约定，处理其保存的个人信息。网络运营者应当采取技术措施和其他必要措施，确保其收集的个人信息安全，防止信息泄露、毁损、丢失。在发生或者可能发生个人信息泄露、毁损、丢失的情况时，应当立即采取补救措施，按照规定及时告知用户并向有关主管部门报告。

②个人。个人发现网络运营者违反法律、行政法规的规定或者双方的约定收集、使用其个人信息的，有权要求网络运营者删除其个人信息；发现网络运营者收集、存储的其个人信息有错误的，有权要求网络运营者予以更正。网络运营者应当采取措施予以删除或者更正。任何个人和组织不得窃取或者以其他非法方式获取个人信息，不得非法出售或者非法向他人提供个人信息。

③监督管理部门及其工作人员。国家网信部门和有关部门依法履行网络信息安全监督管理职责，发现法律、行政法规禁止发布或者传输的信息的，应当要求网络运营者停止传输，采取消除等处置措施，保存有关记录；对来源于中华人民共和国境外的上述信息，应当通知有关机构采取技术措施和其他必要措施阻断传播。依法负有网络安全监督管理职责的部门及其工作人员，必须对在履行职责中知悉的个人信息、隐私和商业秘密严格保密，不得泄露、出售或者非法向他人提供。

(3)监测预警与应急处置

国家建立网络安全监测预警和信息通报制度。国家网信部门应当统筹协调有关部门加强网络安全信息收集、分析和通报工作,按照规定统一发布网络安全监测预警信息。发生网络安全事件,应当立即启动网络安全事件应急预案,对网络安全事件进行调查和评估,要求网络运营者采取技术措施和其他必要措施,消除安全隐患,防止危害扩大,并及时向社会发布与公众有关的警示信息。

(4)法律责任认定

《网络安全法》的出台,将我国原来散见于各种法规、规章中违反网络安全的责任规定上升到法律层面,对网络运营者、个人、安全监管部门等主体的法律义务和责任做了全面规定,包括守法义务,遵守社会公德、商业道德义务,诚实信用义务,网络安全保护义务,接受监督义务,承担社会责任等,并在"网络运行安全""网络信息安全""监测预警与应急处置"等章节中进一步明确、细化。在"法律责任"中则提高了违法行为的处罚标准,加大了处罚力度,有利于保障《网络安全法》的实施。

10.3 计算机信息系统安全等级保护制度

所谓计算机信息系统安全等级,是指国家信息安全监督管理部门根据计算机信息系统所处理的信息的敏感程度、业务应用性质和重要程度,按照国家有关标准所确认的信息系统安全保护能力的级别。计算机信息系统安全等级保护制度有广义和狭义之分。广义的计算机信息系统安全等级保护制度包括计算机信息系统安全保护等级的划分和信息安全等级保护问题。狭义的计算机信息系统安全等级保护制度则不涉及信息安全等级保护问题。

10.3.1 计算机信息系统安全保护等级的划分

计算机信息系统安全等级保护制度是指国家针对计算机信息系统安全保护能力的不同而制定的一系列与之相配套的法律法规及相关标准的总和。其他各项制度,如案件报告制度、安全专用产品销售许可证制度、计算机机房制度等相关制度的建立与实施都要以计算机信息系统安全等级保护制度为核心与依据。

1994 年国务院发布的《中华人民共和国计算机信息系统安全保护条例》,于 2011 年进行了修订。该条例第九条明确规定:"计算机信息系统实行安全等级保护。安全等级的划分标准和安全等级保护的具体办法,由公安部会同有关部门制定。"为建立我国的计算机信息系统安全等级保护制度,公安部主持制定了中华人民共和国国家标准 GB 17859—1999《计算机信息系统 安全保护等级划分准则》(以下简称《准则》)。

该《准则》分为范围、引用标准、定义和等级划分准则四部分,规定了计算机信息系统安全保护能力的五个等级:用户自主保护级、系统审计保护级、安全标记保护级、结构化保护级和访问验证保护级。这五个等级的安全保护能力依次增强，即计算机信息系统的安全等级越高，其安全保护能力就越强。

将计算机信息系统的安全划分为不同的等级，目的在于对计算机信息系统进行"恰如其分"的保护。所谓"恰如其分"，就是对计算机信息系统的安全保护，在人力、物力、财力等方面，按其安全等级的实际需要和必要性，确定有针对性的适当投入。

10.3.2　信息安全等级保护制度

自 2007 年 6 月 22 日起实施的《信息安全等级保护管理办法》(以下简称《办法》)确立了我国的信息安全等级保护制度。所谓信息安全等级保护，是指对国家秘密信息及公民、法人和其他组织的专有信息、公开信息以及存储、传输、处理这些信息的信息系统分等级实行安全保护，对信息系统中使用的信息安全产品按等级管理，对信息系统中发生的信息安全事件分等级响应、处置。

《办法》明确规定："公安机关负责信息安全等级保护工作的监督、检查、指导。国家保密工作部门负责等级保护工作中有关保密工作的监督、检查、指导。国家密码管理部门负责等级保护工作中有关密码工作的监督、检查、指导。涉及其他职能部门管辖范围的事项，由有关职能部门依照国家法律法规的规定进行管理。国务院信息化工作办公室及地方信息化领导小组办事机构负责等级保护工作的部门间协调。"

《办法》的颁布和实施，不仅为加强信息安全等级保护、规范信息安全等级保护管理、提高信息安全保护能力和水平提供了具体的法律依据，而且对维护国家安全、社会稳定和公共利益，保障和促进信息化建设有着重大的意义。

10.4　计算机信息系统安全专用产品法律制度

10.4.1　计算机信息系统安全专用产品销售许可证的概念

《中华人民共和国计算机信息系统安全保护条例》第十六条规定："国家对计算机信息系统安全专用产品的销售实行许可证制度。"所谓计算机信息系统安全专用产品销售许可证，是指由国家公安部计算机管理监察机关审批和颁发的，准许持有者在我国市场上销售用于维护计算机信息系统安全的专用软件和硬件产品的合法证明。

为了加强对计算机信息系统安全专用产品的管理，保证计算机信息系统安全专用产品的安全功能，维护计算机信息系统的安全，公安部通过并发布了《计算机信息系统安全专用产品检测和销售许可证管理办法》(以下简称《许可证管理办法》)，要求我国境内的计算机信息系统安全专用产品在进入市场之前必须申领销售许可证，开始在我国实行计算机信息系统安全专用产品的检测和销售许可证制度。

10.4.2 计算机信息系统安全专用产品的概念和特征

计算机信息系统安全专用产品(以下简称安全专用产品)是指用于保护计算机信息系统安全的专用产品。该种产品既有软件产品(如杀毒软件),又有硬件产品(如防病毒卡等)。使用安全专用产品的主要目的是维护计算机信息系统的安全,不是以此为目的的产品,如自动报警系统等,不是安全专用产品。安全专用产品的主要功能是防止计算机信息资料被故意或偶然地非授权泄露、更改、破坏或信息被非法系统识别、控制,确保计算机信息的完整性、保密性、可用性和可控性。安全专用产品应具有合法性、安全性和技术性三个特征。

1. 合法性

安全专用产品的合法性是指这种产品必须经国家公安机关计算机安全监察部门的检测,认为合格并颁发销售许可证后才能在市场上销售。

2. 安全性

安全性是安全专用产品的本质特征,其目的在于维护计算机信息系统的安全,最大限度地避免计算机安全事件的发生。

3. 技术性

安全专用产品一般都是利用先进的计算机安全技术,如访问控制技术、密钥技术、身份鉴别技术、病毒防治技术等实现的,具有很高的技术性。

10.4.3 计算机信息系统安全专用产品销售许可证制度

《许可证管理办法》明确规定,中华人民共和国境内的安全专用产品进入市场销售,实行销售许可证制度。安全专用产品的生产者在其产品进入市场销售之前,必须申领《计算机信息系统安全专用产品销售许可证》(以下简称销售许可证)。公安部计算机管理监察部门是销售许可证的审批和颁发机关,地(市)级以上人民政府公安机关负责销售许可证的监督检查工作。安全专用产品的生产者申领销售许可证,应当向公安部计算机管理监察部门提交以下材料:营业执照(复印件);安全专用产品检测结果报告;防治计算机病毒的安全专用产品须提交公安机关颁发的计算机病毒防治研究的备案证明。

《许可证管理办法》第十六条规定:"公安部计算机管理监察部门自接到申请之日起,应当在十五日内对安全专用产品作出审核结果,特殊情况可延至三十日;经审核合格的,颁发销售许可证和安全专用产品'销售许可'标记;不合格的,书面通知申领者,并说明理由。"第十七条规定:"已取得销售许可证的安全专用产品,生产者应当在固定位置标明'销售许可'标记。任何单位和个人不得销售无'销售许可'标记的安全专用产品。"

销售许可证自批准之日起两年内有效。期满需要延期的,应当于期满前三十日内向公安部计算机管理监察部门申请办理延期手续。生产者未办理延期手续而继续销售的,要承担相应的法律责任。

10.5 防治有害数据的法律制度

10.5.1 有害数据的概念和种类

有害数据是指计算机信息系统及其存储介质中存在、出现的,以计算机程序、图像、文字、声音等多种形式表现的,含有攻击人民民主专政、社会主义制度、党和国家领导人以及破坏民族团结等危害国家安全内容的信息;含有宣扬封建迷信、淫秽色情、凶杀、教唆犯罪等危害社会治安秩序内容的信息;危害计算机信息系统运行和功能发挥的程序;危害应用软件以及数据可靠性、完整性和保密性,用于进行违法活动的计算机程序(含计算机病毒)。该定义科学地规定了有害数据的范围,有利于有害数据防治工作的开展,为公安机关在认定某一信息是否为有害数据时提供了法律依据。

根据上述定义,可将有害数据分为三类:

1. 危害国家安全的有害数据

危害国家安全的有害数据主要是指含有攻击人民民主专政、社会主义制度、党和国家领导人以及破坏民族团结等内容的有害信息。

2. 危害社会治安秩序的有害数据

危害社会治安秩序的有害数据主要是指含有宣扬封建迷信、淫秽色情、凶杀、教唆犯罪等内容的有害信息。

3. 危害计算机信息系统的有害数据

危害计算机信息系统的有害数据主要是指危害计算机信息系统运行和功能发挥,危害应用软件以及数据可靠性、完整性和保密性,用于进行违法活动的计算机程序(包含计算机病毒)。

在有害数据的三种类型中,危害计算机信息系统的有害数据与电子商务活动关系最为密切。

10.5.2 有害数据的特征

1. 无形性

有害数据的无形性是指有害数据不是具体的事物,它摸不着、看不见,只能依附于计算机系统或一定的介质而存在,没有有害数据的存储介质,就不会有有害数据。有害数据能够表现出来也以不脱离其存储介质为前提,它在计算机中的出现也并非其自身的再现。有害数据本身也是一种程序,它由一定的代码组成,这些计算机代码并不能造成危害,造成危害的是这些代码所组成的程序的运行结果,有害数据在计算机中的出现实际上是这些运行结果的表现。由于有害数据具有无形性的特点,使其更具有隐藏性,不易被发觉,因此加大了对有害数据防治的难度。

2. 危害性

防治有害数据的原因就在于它具有极大的危害性。它的危害性因有害数据类型的不同而不同,其造成的危害也是多方面的。危害计算机信息系统的有害数据不但会导致计算机信息系统的瘫痪,而且会给国家、社会、电子商务主体和个人造成巨大的经济损失,其造成的损失程度往往是难以估计的,其中具有破坏性的计算机病毒更是犯罪分子借以实施犯罪行为的有效手段。这种情况是目前有害数据所造成的较大危害,因此,危害计算机信息系统的有害数据也是我们要重点防治的有害数据。

3. 违法性

违法性是指行为违反法律所体现的价值而具有反社会的性质。有害数据违反法律所体现的价值,并为法律所禁止,因此,违法性是它的固有特征之一。法律之所以禁止有害数据,主要是因为它具有巨大的危害性,法律禁止有害数据正是为了防止其危害性的发生。有害数据的违法性有实质违法和形式违法之分,形式违法是指有害数据与强制性法律规范相抵触;实质违法是指有害数据违反法律所体现的价值。实质违法和形式违法在整体上是统一的,但是法律不能规范所有的行为,所以也存在有些有害数据形式上违法而实质上不违法,以及实质上违法而形式上不违法的情况,这些问题需要通过法律解释和补充加以解决。

4. 表现形式的多样性

有害数据的表现形式是多种多样的,它可以表现为一种图像,例如,淫秽图像;也可以表现为一种文字,例如,攻击社会主义制度的有害数据;还可以表现为一种声音,例如,攻击人民民主专政的反动言论;而多数有害数据表现出来的是一种计算机程序,例如,计算机病毒,它和合法的计算机程序在本质上是相同的,都是由一组计算机指令或者程序代码组成的,但是运行这些程序代码会带来极大的危害性。有害数据表现形式的多样性使其造成的危害也具有多样性。随着技术的发展,有害数据将来还会有新的表现形式,这更加剧了对有害数据防治的复杂性。

5. 广泛扩散性

有害数据具有广泛扩散的特性。所有有害数据都可以通过传播的途径扩散,计算机病毒还可以通过传染的方式扩散,因此,它的扩散比其他有害数据的扩散更为严重。计算机病毒可以通过计算机网络和磁盘在行为人毫无意识的情况下大规模地扩散。

10.5.3 对有害数据的防治

目前,计算机病毒是危害性大、影响范围广,也是较主要的一种危害计算机信息系统和电子商务活动的有害数据,因此是有害数据防治的重点。为了加强对计算机病毒的预防和治理,保护计算机信息系统的安全,我国公安部根据《中华人民共和国计算机信息系统安全保护条例》,于 2000 年 4 月 26 日发布了《计算机病毒防治管理办法》,它是我国计算机病毒防治工作的重要法律依据。

根据《计算机病毒防治管理办法》第二条的规定,计算机病毒是指编制或者在计算机程序中插入的破坏计算机功能或者毁坏数据,影响计算机使用,并能自我复制的一组计算机指令或者程序代码。计算机病毒是一种可执行程序,在网络环境下,具有无国界、破坏性强、扩散面广、针对性强、潜伏性和可激发性强等特点,如"蠕虫"病毒、"CIH"病毒、"冲击波"病毒、"特洛伊木马"病毒等。为了提高防治计算机病毒的效果,最大限度地降低计算机病毒的危害性,必须大力加强法制建设,制定和完善相关的法律法规,运用法律手段来规范人们在计算机病毒防治工作中的活动。

为了防止计算机病毒的制作和传播,《计算机病毒防治管理办法》规定,严禁任何单位和个人从事下列活动:

(1)制作计算机病毒。
(2)故意输入计算机病毒,危害计算机信息系统安全。
(3)向他人提供含有计算机病毒的文件、软件、媒体。
(4)销售、出租、附赠含有计算机病毒的媒件。
(5)其他传播计算机病毒的行为。

计算机信息系统的使用单位在计算机病毒防治工作中应当履行下列职责:

(1)建立本单位的计算机病毒防治管理制度。
(2)采取计算机病毒安全技术防治措施。
(3)对本单位计算机信息系统使用人员进行计算机病毒防治教育和培训。
(4)及时检测、清除计算机信息系统中的计算机病毒,并备有检测、清除的记录。
(5)使用具有计算机信息系统安全专用产品销售许可证的计算机病毒防治产品。
(6)对因计算机病毒引起的计算机信息系统瘫痪、程序和数据被严重破坏等重大事故及时向公安机关报告,并保护现场。

我国公安部公共信息网络安全监察部门主管全国的计算机病毒防治管理工作,地方各级公安机关具体负责本行政区域内的计算机病毒防治管理工作。任何单位和个人应当接受公安机关对计算机病毒防治工作的监督、检查和指导。

10.6 违反电子商务安全法的法律责任

所谓违反电子商务安全法的法律责任,是指行为人因违反了电子商务安全方面的法律、法规,损害了国家、集体或个人的合法权利,依法应承担的不利性法律后果。

10.6.1 涉嫌违反《网络安全法》的违法行为

1.从事危害网络安全的活动的单位和个人

根据《网络安全法》第六十三条的规定,从事危害网络安全的活动,或者提供专门用于从事危害网络安全活动的程序、工具,或者为他人从事危害网络安全的活动提供技术支持、广告推广、支付结算等帮助,尚不构成犯罪的,由公安机关没收违法所得,处五日以下拘留,可以并处五万元以上五十万元以下罚款;情节较重的,处五日以上十五日以下拘留,可以并处十万元以上一百万元以下罚款。单位有前款行为的,由公安机关没收违法所得,处十万元以上一百万元以下罚款,并对直接负责的主管人员和其他直接责任人员依照前款规定处罚。违反《网络安全法》第二十七条规定,受到治安管理处罚的人员,五年内不得从事网络安全管理和网络运营关键岗位的工作；受到刑事处罚的人员，终身不得从事网络安全管理和网络运营关键岗位的工作。

2.网络运营者、网络产品或者服务的提供者的违法行为

根据《网络安全法》第六十四条的规定，网络运营者、网络产品或者服务的提供者窃取或者以其他非法方式获取、非法出售或者非法向他人提供个人信息，尚不构成犯罪的，由公安机关没收违法所得，并处违法所得一倍以上十倍以下罚款，没有违法所得的，处一百万元以下罚款。

3.利用网络发布信息者的违法行为

根据《网络安全法》第六十七条的规定，设立用于实施违法犯罪活动的网站、通信群组，或者利用网络发布涉及实施违法犯罪活动的信息，尚不构成犯罪的，由公安机关处五日以下拘留，可以并处一万元以上十万元以下罚款；情节较重的，处五日以上十五日以下拘留，可以并处五万元以上五十万元以下罚款。关闭用于实施违法犯罪活动的网站、通信群组。单位有前款行为的，由公安机关处十万元以上五十万元以下罚款，并对直接负责的主管人员和其他直接责任人员依照前款规定处罚。

4.关键信息基础设施的运营者的违法行为

关键信息基础设施的运营者不履行《网络安全法》第三十三条、第三十四条、第三十六条、第三十八条规定的网络安全保护义务的，由有关主管部门责令改正，给予警告；拒不改正或者导致危害网络安全等后果的，处十万元以上一百万元以下罚款，对直接负责的主管人员处一万元以上十万元以下罚款。

关键信息基础设施的运营者违反《网络安全法》第三十五条规定，使用未经安全审查或者安全审查未通过的网络产品或者服务的，由有关主管部门责令停止使用，处采购金额一倍以上十倍以下罚款；对直接负责的主管人员和其他直接责任人员处一万元以上十万元以下罚款。

关键信息基础设施的运营者违反《网络安全法》第三十七条规定，在境外存储网络数据，或者向境外提供网络数据的，由有关主管部门责令改正，给予警告，没收违法所得，处五万元以上五十万元以下罚款，并可以责令暂停相关业务、停业整顿、关闭网站、吊销相关业务许可证或者吊销营业执照；对直接负责的主管人员和其他直接责任人员处一万元以上十万元以下罚款。

5.窃取、非法方式获取、非法出售个人信息者

违反《网络安全法》第四十四条规定，窃取或者以其他非法方式获取、非法出售或者非法向他人提供个人信息，尚不构成犯罪的，由公安机关没收违法所得，并处违法所得一倍以上十倍以下罚款，没有违法所得的，处一百万元以下罚款。

10.6.2 涉嫌侵害网络信息安全的违法犯罪

《刑法》中第二百八十五条至第二百八十七条有关涉嫌网络信息安全的违法犯罪情况分析如下：

1.非法侵入计算机信息系统罪

《刑法》第二百八十五条规定："违反国家规定，侵入国家事务、国防建设、尖端科学技术领域的计算机信息系统的,处三年以下有期徒刑或者拘役。违反国家规定,侵入前款规定以外的计算机信息系统或者采用其他技术手段,获取该计算机信息系统中存储、处理或者传输的数据,或者对该计算机信息系统实施非法控制,情节严重的,处三年以下有期徒刑或者拘役,并处或者单处罚金;情节特别严重的,处三年以上七年以下有期徒刑,并处罚金。提供专门用于侵入、非法控制计算机信息系统的程序、工具,或者明知他人实施侵入、非法控制计算机信息系统的违法犯罪行为而为其提供程序、工具,情节严重的,依照前款的规定处罚。单位犯前三款罪的,对单位判处罚金,并对其直接负责的主管人员和其他直接责任人员,依照各该款的规定处罚。"根据该条规定,所谓非法侵入计算机信息系统罪,是指违反国家规定,侵入国家事务、国防建设、尖端科学技术领域的计算机信息系统,应受刑罚处罚的行为。该罪构成要件如下:

(1)犯罪主体。本罪的主体为一般主体,即年满16周岁具有刑事责任能力的自然人,通常是精通网络技术与计算机专业知识的人员。单位犯罪的,对单位判处罚金,并对其直接负责的主管人员和其他直接责任人员,依照各该款的规定处罚。

(2)犯罪主观方面。本罪在主观方面必须出于故意,即明知是国家事务、国防建设和尖端科学技术领域的计算机信息系统而仍故意侵入,过失不能构成本罪。其犯罪动机可能是多种多样的,有的意在挑战,有的意在破坏,有的意在窃取机密等,动机如何不影响本罪成立。

(3)犯罪客体。本罪所侵犯的客体是有关国家事务、国防建设和尖端科学技术领域的计算机信息系统的安全及网络管理秩序。

(4)犯罪客观方面。本罪在客观方面表现为违反国家规定,侵入国家事务、国防建设和尖端科学技术领域的计算机信息系统的行为。所谓计算机信息系统,是指由计算机及其相关和配套的设备、设施(含网络)构成的,按照一定的应用目标和规则对信息进行采集、加工、存储、传输、检索等处理的人机系统。作为本罪对象的计算机信息系统,仅局限于国家事务、国防建设和尖端科学技术领域的计算机信息系统。网络环境下的"侵入"是指违反国家对国家事务、国防建设和尖端科学技术领域的计算机信息系统的管理规定,利用网络系统或产品加密等技术上的漏洞或瑕疵,进行解密或者对身份认证进行破坏,未经有关主管部门批准或合法授权,擅自通过计算机终端进入,访问国家事务、国防建设和尖端科学技术领域的计算机信息系统或进行数据截获的行为。应强调的是,此处所指的涉及"国家事务、国防建设和尖端科学技术领域的计算机信息系统",不仅包括与国际互联网连接的计算机系统,而且包括已经联网的特定局域网系统。"国家事务"的范围应包括国家安全事务及公共管理事务。

行为人非法侵入国家事务、国防建设和尖端科学技术领域的计算机信息系统后,窃取国家秘密,贪污、盗窃、诈骗、挪用公款或进行其他诸如破坏计算机信息系统、传播淫秽物品等犯罪的,则属于牵连犯。我国《刑法》第二百八十七条规定:"利用计算机实施金融诈骗、盗窃、贪污、挪用公款、窃取国家秘密或者其他犯罪的,依照本法有关规定定罪处罚。"因此,应在本罪与触犯的他罪之间择一重罪进行定罪处罚。

2.破坏计算机信息系统罪

我国《刑法》第二百八十六条第一款规定:"违反国家规定,对计算机信息系统功能进行删除、修改、增加、干扰,造成计算机信息系统不能正常运行,后果严重的,处五年以下有期徒刑或者拘役;后果特别严重的,处五年以上有期徒刑。"可见,所谓破坏计算机信息系统罪,是指违反国家规定,对计算机信息系统功能进行删除、修改、增加、干扰,造成计算机信息系统不能正常运行,且后果严重的行为。该罪的构成要件如下:

(1)犯罪主体。本罪的主体为一般主体,即年满16周岁具有刑事责任能力的自然人。实施本罪行为的人,必须具有一定的计算机知识和操作技能,他们是一种"捣乱破坏型"黑客。在实践中发生的计算机犯罪案件,行为人多是具有一定计算机技术知识且从事计算机系统操作、管理、维修等的专业技术人员。单位犯罪的,对单位判处罚金,并对其直接负责的主管人员和其他直接责任人员,依照本条第一款的规定处罚。

(2)犯罪主观方面。本罪在主观方面必须出于故意,即明知自己实施的删除、修改、增加、干扰行为会破坏计算机信息系统功能,并且希望或放任这种行为的发生,既可以是直接故意,又可以是间接故意。过失不能构成本罪,例如,因操作上疏忽大意或技术上不熟练甚至失误而导致破坏计算机信息系统功能,不能构成本罪。

(3)犯罪客体。本罪所侵犯的客体是计算机信息系统的安全及网络管理秩序。本罪对象为各种计算机信息系统功能。所谓计算机信息系统功能,是指计算机信息系统按照一定的应用目标和规则对信息进行采集、加工、存储、传输、检索等处理的能力。从总体上说,计算机信息系统的功能包括两个方面:一是系统功能,指实现计算机信息系统本身按一定方式工作或运行的功能;二是应用功能,即为解决除计算机本身正常运行以外的任何其他问题而编制的软件所具有的功能。

(4)犯罪客观方面。本罪在客观方面表现为违反国家规定,对计算机信息系统功能进行删除、修改、增加、干扰等,造成计算机信息系统不能正常运行,且后果严重的行为。破坏计算机信息系统一般有两种方式:一种是有形破坏,也叫硬破坏,就是通过爆炸、砸毁、摩擦、高温、浸湿、燃烧、短路等手段破坏计算机设备及其功能;另一种是无形破坏,也叫软破坏,是利用计算机操作方法进行非针对硬件的信息及程序的破坏。我国《刑法》规定的"删除、修改、增加、干扰",就是指这种软破坏方法。对于用硬破坏方法破坏计算机信息系统功能的,理论上也应认定为破坏计算机信息系统罪,但我国《刑法》没有明确规定此种犯罪方法,所以在实践上可以按故意毁坏财物罪等来定罪处罚。该罪的犯罪方法通常表现为删除、修改、增加、干扰四种方式。根据《刑法》的规定,本罪属于典型的结果犯罪,只有造成计算机信息系统不能正常运行,后果严重的,才能构成本罪。这里的"后果"是指因妨害计算机信息系统的功能,即信息处理能力而导致的结果;"不能正常运行"包括停止处理或者错误处理信息;"后果严重"是指由于不能正常运行而导致国家重点保护的信息丢失或者错误处理了重要的信息,或者致使国家重点保护的计算机信息系统瘫痪,严重影响了有关部门的正常工作,或者造成了其他严重后果。

根据我国《刑法》第二百八十六条第一款规定,构成本罪的,处五年以下有期徒刑或者拘役;后果特别严重的,处五年以上有期徒刑。但是,如果行为人通过破坏计算机信息系统功能而窃取国家秘密,贪污、盗窃、诈骗、挪用公款或进行其他诸如破坏计算机信息系统、传播淫秽物品等犯罪的,则属于牵连犯。根据《刑法》第二百八十七条的规定,应当以其所实施的犯罪定罪处罚。但如果利用计算机实施其他犯罪的同时,又破坏了计算机信息系统功能且造成严重后果的,则应在本罪与他罪中择一重罪定罪处罚。

3.破坏计算机信息系统数据和应用程序罪

我国《刑法》第二百八十六条第二款规定:"违反国家规定,对计算机信息系统中存储、处理或者传输的数据和应用程序进行删除、修改、增加的操作,后果严重的,依照前款的规定处罚。"所谓破坏计算机信息系统数据和应用程序罪,是指违反国家规定,对计算机信息系统中存储、处理或者传输的数据和应用程序进行删除、修改、增加的操作,后果严重的行为。该罪的构成要件如下:

(1)犯罪主体。该罪的主体为一般主体,即年满16周岁且具有刑事责任能力的自然人。实施本罪行为的人,必须具有一定的计算机知识和操作技能,他们是一种"捣乱破坏型"黑客。在实践中发生的计算机犯罪案件,行为人多是具有一定计算机技术知识且从事计算机系统操作、管理、维修等的专业技术人员。

(2)犯罪主观方面。该罪的主观方面表现为故意,即明知对计算机信息系统中存储、处理或者传输的数据和应用程序进行删除、修改、增加会造成危害社会的结果,并且希望或放任这种结果的发生。过失不构成该罪。

(3)犯罪客体。该罪侵犯的直接客体是数据的安全性和应用程序的完整性。数据和应用程序是该罪的犯罪对象。所谓数据,是指计算机输入、输出和以某种方式处理的信息。所谓应用程序,是指在计算机程序设计中,为某些用户编写的具有特定用途的程序。该罪所侵犯的数据和应用程序必须处于"存储、处理或者传输"状态,否则不构成该罪。所谓"计算机信息系统中存储、处理或者传输的数据",是指在计算机信息系统中实际处理的一切文字、符号、声音、图像等内容有意义的组合。

(4)犯罪客观方面。该罪在客观方面表现为违反国家规定,对计算机信息系统中存储、处理或者传输的数据和应用程序进行删除、修改、增加的操作,后果严重的行为。该罪的犯罪方法通常表现为删除、修改、增加三种方式。根据《刑法》的规定,必须是后果严重的,才构成本罪。由此可以看出,该罪惩罚的也是结果犯罪,如果没有造成严重后果,则不构成该罪。"后果严重"是指造成重要数据丢失或者错误,或者造成应用程序的错误,以致妨碍了重大信息的处理等。

根据《刑法》第二百八十六条第一款和第二款的规定,犯本罪的,处五年以下有期徒刑或者拘役;犯重罪的,处五年以上有期徒刑。

4.制作、传播计算机破坏性程序罪

我国《刑法》第二百八十六条第三款规定:"故意制作、传播计算机病毒等破坏性程序,影响计算机系统正常运行,后果严重的,依照第一款的规定处罚。"所谓制作、传播计算机破坏性程序罪,是指故意制作、传播计算机病毒等破坏性程序,影响计算机系统正常运行,后果严重的行为。本罪是选择性罪名,诉讼中应根据实际案情选择适用或合并适用。该罪的构成要件如下:

(1)犯罪主体。该罪的主体是一般主体,即年满16周岁且具有刑事责任能力的自然人。其中,制作计算机病毒等破坏性程序的人,通常是受过高等教育或具有较高计算机技术水平的人,尤其是受过计算机专业教育的技术人员,当然也不排除个别具有熟练编程技能的计算机爱好者。传播计算机病毒等破坏性程序的人,可以是该破坏性程序的制作者,也可以是一般人。

(2)犯罪主观方面。该罪的主观方面必须是故意,而且大多是直接故意,即明知自己制作、传播计算机病毒等破坏性程序的行为会产生破坏性后果,而积极追求这种结果的发生。在少数情况下,也可能是间接故意。例如,软件制造商明知其行为可能会使运行其软件的计算机受到传染,并会由此扩大其传染面,但又放任这一结果的发生,其行为的主观方面应为间接故意。该罪的直接目的与间接目的是一致的,都意在使他人的计算机信息系统受到病毒程序的攻击,但就其动机而言并不完全相同。有的是为了政治、军事、商业竞争或个人利益而有意识地编制破坏性病毒,有的是为了保护自己辛苦研制出来的软件版权,有的则纯粹是为了兴趣和显示自己的"才干"。

（3）犯罪客体。该罪侵犯的客体是社会管理秩序,既扰乱了正常的社会生产、生活秩序,又侵犯了不特定单位或个人的公、私财产或人身的安全。计算机病毒等破坏性程序的强再生机制和传播的隐蔽性、无形性及难以防范性,并且计算机应用的日益广泛化、社会化使得全社会对它的依赖性逐渐增加,因而制作、传播计算机病毒等破坏性程序的行为对计算机信息系统造成的破坏就其范围和危害程度而言,有时甚至是行为人也想不到的。所有具备某一病毒触发条件的计算机用户,都是这一病毒的受害者。由于这一触发条件是随机的,因此受害主体事前往往是难以预料、不特定的。而受害主体与计算机信息系统相联系的公、私财产也可能遭受难以预料的损失。病毒还可能在难以预料的范围内使计算机控制的系统失灵,从而导致金融系统瘫痪、工厂生产停滞、政府机构与事业部门秩序紊乱等,严重破坏社会生产、生活。该罪的犯罪对象大体上有：计算机信息系统所存储的数据信息；对上述数据信息进行加工、处理、分析、比较的处理机制或者程序；计算机操作系统,即对上述数据信息和程序以外的其他操作系统的破坏。实际上,从破坏后果来看,此类破坏往往同时破坏了上述数据信息和程序。

（4）犯罪客观方面。该罪在客观方面表现为故意实施了制作、传播计算机病毒等破坏性程序,影响计算机信息系统正常运行,后果严重的行为。所谓破坏性程序,是指有意损坏数据、程序或破坏计算机系统安全的任何程序,其典型表现形式是计算机病毒。这里的"制作"是指利用计算机编程技术编制计算机病毒等破坏性程序；"传播"是指将自己或者他人制作的计算机病毒等破坏性程序植入计算机信息系统、将携带计算机病毒等破坏性程序的计算机软件或数据文件加以散发或销售、将计算机病毒等破坏性程序源代码予以公开等。破坏性程序的范围大于计算机病毒的范围,其除了计算机病毒这种主要表现形式以外,还有其他众多的表现形式。

该罪是结果犯罪,必须客观上表现为：由于行为人所制作、传播的病毒等破坏性程序致使计算机信息系统不能正常运行,产生严重后果。如果行为人没有恶意攻击他人计算机信息系统的目的,而纯属自我娱乐或其他善意目的"制作"出病毒程序且实际未造成传染后果的,不应当认为是犯罪。根据《刑法》第二百八十六条第一款及第三款的规定,犯本罪的,处五年以下有期徒刑或者拘役；犯重罪的,处五年以上有期徒刑。

开篇案例结案

侵入计算机信息系统和非法获取计算机信息系统数据案

【本案焦点】

本案争议的焦点：本案应定性为破坏计算机信息系统罪还是应定性为提供侵入计算

机信息系统程序罪、非法获取计算机信息系统数据罪？

【本案审理】

被告人吕轶众、曾毅夫为了牟取非法利益,开发制作和提供用于窃取网络游戏账号、密码的系列木马程序达30余款,被告人严仁海、陈慧婷明知是盗号木马程序而予以代理销售,被告人丁钊、许蓉、林荫在代理销售过程中提供技术服务和帮助,上述被告人的行为情节严重,均已构成提供侵入计算机信息系统程序罪,且系共同犯罪。在共同犯罪中,作为木马程序制作者的吕轶众、曾毅夫和负责代理销售系列木马程序的严仁海、陈慧婷起主要作用,为主犯;丁钊、许蓉、林荫在代理销售系列木马程序犯罪中起次要、辅助作用,为从犯。

被告人张帆、张金煌明知是盗号木马程序而通过购买取得使用权后,借助他人技术手段加以传播,窃取网络游戏账号、密码数量巨大,情节严重;被告人龚培培、陈建斌明知张金煌通过非法手段获取游戏账号、密码而提供技术服务,情节严重,上述被告人的行为均已构成非法获取计算机信息系统数据罪。在共同犯罪中,张金煌起主要作用,系主犯;龚培培、陈建斌受雇提供帮助,起次要、辅助作用,系从犯。

在刑法修正案(七)公布实施前对于故意制作、传播计算机病毒、木马等破坏性程序,影响计算机信息系统正常运行,后果严重的行为认定为破坏计算机信息系统罪。修正后增加的《刑法》第二百八十五条第二、三款对于制作、提供用于侵入计算机信息系统的木马程序以及利用传播木马程序获取他人存储、处理或者传输的数据,情节严重的行为,分别以提供侵入计算机信息系统程序罪和非法获取计算机信息系统数据罪论处,从而对于制作、传播木马程序以及利用木马程序非法获取他人数据的行为产生不同的法律界定。

因为本案发生在刑法修正案(七)公布实施之后,从本案被告人的主观方面看,无论是作为木马程序制作者的吕轶众、曾毅夫,还是代理销售系列木马程序的严仁海、陈慧婷(丁钊、许蓉、林荫系受雇服务于上述二人),抑或通过传播木马程序获取他人账号、密码的张帆、张金煌(龚培培、陈建斌受雇于张金煌,为其提供技术或买卖服务),其提供或传播木马程序的目的都在于获取非法利益。从客观要件看,吕轶众、曾毅夫制作、开发木马程序的行为和严仁海、陈慧婷、丁钊、许蓉、林荫等人代理销售木马程序的行为符合《刑法》第二百八十五条第三款规定的构成要件,表现为提供专门用于侵入计算机信息系统的程序;而张帆、张金煌等一级代理商及为之服务人员则符合该条第二款实行犯构成要件,属于违反国家规定利用技术手段获取计算机信息系统存储、处理或者传输的数据,而数据则体现为上述所窃取的游戏账号、密码。另外,从制作、传播木马程序的客观危害看,主要体现在大量网络用户数据被非法获取,而无证据显示对计算机信息系统的正常运行造成其他直接危害结果。从《刑法》溯及力看,由于该案在刑法修正案(七)公布实施后进行审理,提供侵入计算机信息系统程序罪、非法获取计算机信息系统数据罪的基本法定刑轻于破坏计算机信息系统罪,适用修正后《刑法》第二百八十五条第二、三款的规定,符合从旧兼从轻的原则。

综上,被告人吕轶众、曾毅夫、严仁海、陈慧婷、林荫、丁钊、许蓉以非法获利为目的,提供专门用于侵入、非法控制计算机信息系统的程序,造成严重后果,其行为已构成提供侵入计算机信息系统程序罪。被告人张帆、张金煌、龚培培、陈建斌采用技术手段非法获取计算机信息系统中的数据,情节严重,已构成非法获取计算机信息系统数据罪。

被告人曾毅夫自愿认罪、主动退赃,被告人严仁海、陈慧婷、林荫协助公安机关抓获其他犯罪嫌疑人,具有一般立功情节,依法予以从轻处罚。被告人严仁海具有利用提供"温柔"系列木马程序之便,将其中一款木马程序通过他人传播到网页上进而非法获取他人数据的犯罪情节,故结合该情节对其所犯之罪酌情予以从重处罚。被告人丁钊、许蓉、林荫、龚培培、陈建斌在提供侵入计算机信息系统程序或非法获取计算机信息系统数据共同犯罪中处于从犯地位,依法予以从轻处罚;被告人曾毅夫案发后主动退回全部违法所得,酌情从轻处罚;被告人丁钊、许蓉、林荫归案后自愿认罪,确有悔罪表现,适用缓刑不致再危害社会,可以适用缓刑。

据此,依据《刑法》第二百八十五条第二、三款和第十二条第一款、第二十五条第一款、第二十六条第一款、第二十七条、第六十八条第一款、第六十四条、第七十二条以及第七十三条第二、三款之规定,可以判决:

被告人吕轶众、曾毅夫、严仁海、陈慧婷、许蓉、林荫、丁钊等七人犯有提供侵入计算机信息系统程序罪,分别判处拘役六个月至三年不等,并处罚金人民币××元;被告人张帆、张金煌、龚培培、陈建斌等人犯有非法获取计算机信息系统数据罪,判处有期徒刑一年至三年不等,并处罚金人民币××元。

对上列被告人的违法所得予以追缴,供犯罪使用的本人财物予以没收,上缴国库。

技能实战

被告人吕薛武(化名)加入国内黑客组织。吕薛武使用自己的手提电脑,盗用邹某、王某、何某、朱某的账号和使用另外两个非法账号,分别在广东省中山图书馆多媒体阅览室及自己家中登录上网,利用从互联网上获取的方法攻击A主机。在成功入侵该主机系统并取得最高权限后,吕薛武非法开设了两个具有最高权限的账号和一个普通用户账号,以便长期占有该主机系统的控制权。期间,吕薛武多次利用gzlittle账号上网入侵A主机,对该主机系统的部分文件进行修改、增加、删除等一系列操作,非法开设了gzfifa、gzmicro、gzasia三个账号送给袁某(另案处理)使用,并非法安装和调试网络安全监测软件,未遂。吕薛武先后三次非法修改A主机系统的root(最高权限)密码,致使该主机系统最高权限密码三次失效,造成该主机系统管理失控约15小时。当A主机网管员第一次发现使用自己设置的root密码无法进入主机的超级用户状态对主机进行管理时,吕薛武上网主动要求与网管员对话,询问网管员是否将密码丢失了,声称他能将密码修改回来。当网管员询问其是否将网管员设置的密码修改了时,吕薛武矢口否认。在此情况下,网管员为能进入并操作主机,只得同意吕薛武"帮助"他将密码修改回来。吕薛武随即将root密码已经改为root123密码一事通知了网管员。网管员经试验root123密码可用后,为安全起见,又把root123设置为另一密码。但是网管员随后即发现,他刚改过的这一密码,又被改回为只有吕薛武和网管员知道的root123密码。A主机采取了封闭普通用户登录进入该主机的措施后,只有吕薛武仍能以非法手段登录进入,期间该主机的root密码第三次失效,吕薛武再次主动与网管员交谈,虽然仍否认自己修改了主机的密码,但是将能够进入主机的新root密码告诉了网管员。吕薛武实施了入侵行为后,把其使用的账号记录删除,还将拨号信息文件中的上网电话号码改为12345678或00000000,以掩盖其入侵行为。

此外,被告人吕薛武还利用.lss程序和所获得的密码对B主机进行攻击,在取得该主机的最高权限后提升LP账号为最高权限用户账号,以便长期取得该主机的最高权限。

广东省广州市人民检察院以被告人吕薛武犯破坏计算机信息系统罪,向广州市中级人民法院提起公诉。

起诉书指控:被告人吕薛武入侵A主机和B主机,进行修改、增加、删除等一系列非法操作,其行为已触犯《刑法》第二百八十六条第一、二款的规定,构成破坏计算机信息系统罪,请依法判处。

被告人吕薛武当庭辩称:我修改A主机的root密码,是经过该主机的网管员同意的,不是非法修改。我入侵A主机和B主机,目的是要尝试进入别人主机的方法是否可行,从中学习如何保障网络安全,并非从事破坏活动。

吕薛武的辩护人称:被告人吕薛武没有对计算机信息系统的功能、数据和应用程序进行破坏,其入侵行为没有使计算机信息系统无法正常运行,没有产生严重后果,起诉书指控的罪名不能成立,应当宣告吕薛武无罪。

【思考】
如果你是法官,应如何审理此案?

技能训练

一、名词解释

有害数据　安全专用产品销售许可证　非法侵入计算机信息系统罪

二、单选题

1.计算机信息系统安全保护等级分为(　　)个级别。
　A.4　　　　　　　B.5　　　　　　　C.6　　　　　　　D.9

2.在我国,(　　)主管全国的计算机病毒防治管理工作。
　A.公安部
　B.安全部
　C.公安部公共信息网络安全监察部门
　D.工业和信息化部公共信息网络安全监察部门

三、多选题

1. 计算机安全专用产品的特征是（　　）。
   A.合法性　　　　B.安全性　　　　C.技术性　　　　D.开放性
2. 《刑法》中规定的计算机犯罪形式主要有（　　）。
   A.非法侵入计算机信息系统罪
   B.破坏计算机信息系统罪
   C.破坏计算机信息系统数据和应用程序罪
   D.制作、传播计算机破坏性程序罪
3. 有害数据的种类主要有（　　）。
   A.危害计算机信息系统的有害数据　　　B.危害社会治安秩序的有害数据
   C.危害国家安全的有害数据　　　　　　D.计算机病毒

四、判断题

1. 《计算机信息网络国际联网安全保护管理办法》第十六条规定："国家对计算机信息系统安全专用产品的销售实行许可证制度。"　　　　　　　　　　　　（　　）
2. 我国《刑法》第二百八十七条规定："利用计算机实施金融诈骗、盗窃、贪污、挪用公款、窃取国家秘密或者其他犯罪的，依照本法第二百八十五、二百八十六条的规定定罪处罚。"　　　　　　　　　　　　　　　　　　　　　　　　　　　　　　（　　）
3. 违反国家规定，对计算机信息系统功能进行删除、修改、增加、干扰，造成计算机信息系统不能正常运行，后果严重的，处五年以下有期徒刑或者拘役；后果特别严重的，处五年以上有期徒刑。　　　　　　　　　　　　　　　　　　　　　　　　　　（　　）
4. 违反国家规定，侵入国家事务、国防建设、尖端科学技术领域的计算机信息系统，处三年以下有期徒刑、管制或拘役。　　　　　　　　　　　　　　　　　　（　　）

五、简答题

1. 目前电子商务安全法律制度主要有哪些？
2. 有害数据有哪些主要特征？

技能实战要点解析

本案审理：

《中华人民共和国计算机信息系统安全保护条例》第七条规定："任何组织或者个人，不得利用计算机信息系统从事危害国家利益、集体利益和公民合法利益的活动，不得危害计算机信息系统的安全。"

被告人吕薛武违反这一规定，利用其掌握的知识入侵A主机、B主机信息系统，取得控制该系统的最高权限，实施了增设最高权限的账户和普通账户，对A主机存储、处理或者传输的数据进行删改、监测，3次修改A主机的最高权限密码等三种破坏行为。

计算机信息系统上的账号和密码,是以数据形式表现出来的计算机信息系统功能的一部分。被告人吕薛武对计算机信息系统上的账号和密码进行修改、增加,其行为触犯了《刑法》第二百八十六条第一款的规定。而吕薛武在A主机系统中安装并调试网络安全监测软件,则是对计算机信息系统中存储、处理或者传输的应用程序进行删除、修改、增加的操作,其行为触犯了《刑法》第二百八十六条第二款的规定。吕薛武的行为已经危害了计算机信息系统的安全,造成A主机管理失控、不能正常运行的严重后果,构成破坏计算机信息系统罪,应当依法处以刑罚;对其用于犯罪的本人财物,应当依照《刑法》第六十四条的规定,予以没收上缴国库。

被告人吕薛武入侵A主机后,成为该主机除网管员以外唯一获得最高权限的人。尽管吕薛武矢口否认私自修改过A主机的root密码,但是在网管员将吕薛武告诉他的root123密码设置为另一密码,而他设置的这一密码随即就被改回为只有他和吕薛武才知道的root123密码,这一情节足以证实修改密码的人不能是其他人,只能是吕薛武。

被告人吕薛武掌握并修改了A主机的密码,致使网管员也不能进入主机系统进行管理工作。在此情况下,吕薛武将自己修改的密码告诉网管员,使网管员能够继续操作主机。这一行为只是减轻了犯罪的危害后果,不能改变行为的犯罪本质,更不是为网管员提供帮助。

无论出于何种目的,非法进入计算机信息系统进行删除、修改等操作,致使计算机信息系统不能正常运行,造成严重后果的,都是《刑法》规定的犯罪行为。被告人吕薛武及其辩护人关于修改密码是经网管员同意的,进入信息系统是为了学习,且没有破坏该信息系统,行为不构成犯罪的意见,不能成立。

综上,可以判决:

(1)被告人吕薛武犯破坏计算机信息系统罪,判处有期徒刑×年。

(2)缴获被告人吕薛武作案用的手提电脑1台,予以没收上缴国库。

第 11 章

电子商务纠纷的解决

学习要点

- 电子商务纠纷的管辖
- 电子商务纠纷的法律适用
- 电子商务纠纷的解决方式

现在开庭

网络犯罪案件管辖权的确定

【基本案情】

陈某(家庭住址:河北省石家庄市)与李某(家庭住址:北京市顺义区)担任法定代表人的某公司(公司地址:北京市平谷区)曾发生经济纠纷,陈某为此怀恨在心,向其住所地(河北省石家庄市)公安局举报该公司经理涉嫌合同诈骗等罪。陈某在得到有关机关不予立案的回复后,分别向中央纪委、北京市纪检委、北京市顺义区政府、北京市顺义区委寄发举报信,举报李某伙同特定关系人范某涉嫌贪污等犯罪的事实。后陈某陆续在多家网站上发表涉及李某"涉嫌贪污等经济犯罪"等内容的文章。

北京市顺义区委接到举报后,责成有关单位对陈某反映的问题进行调查,并出具报告,结论是陈某反映的问题均属严重失实。

李某以陈某犯诽谤罪,向北京市顺义区人民法院提起控诉,因李某身份特殊,北京市第二中级人民法院指定北京市平谷区人民法院管辖。

平谷区法院经审理认为,陈某举报某公司经理犯罪在得到有关机关不予立案的回复后,故意捏造事实,并大肆利用互联网,在多家网站上公然散布上述言论,损害了自诉人李某的人格和名誉,属情节严重,其行为已构成诽谤罪,判处其有期徒刑一年。

陈某以该案诉讼程序违法,应由其住所地人民法院管辖为由提出上诉。

(资料来源:根据大律师网案例资料改编)

【你是法官】
1. 请指出本案争议的焦点。
2. 如果你是法官,你该如何确定本案的管辖权?

11.1 电子商务纠纷的司法管辖

Internet,中文称为互联网、因特网,它是一个建立在现代计算机技术基础上的成千上万相互协作的计算机以及网络所承载的信息结合而成的集合体,它是计算机数字技术与现代通信技术的产物,是信息社会的基础。通过 Internet,全球形成了一个空间,即"赛博空间"(Cyberspace)。Internet 不仅仅是一个网络空间,它同时是一个由电话系统、邮政系统、新闻媒体、购物中心、信息集散地和音像传播等子系统构成的大的系统。从功能上看,它并非这些子系统功能的简单相加,而是一个具有客观性、全球性、当事人的多边性、交互性、实时性和管理的非中心性等特点的复合体,是一个全新的系统。

11.1.1 电子商务对传统管辖权依据的挑战

正是由于 Internet 环境具有以上特性,才会随之产生大量的矛盾和冲突:新技术产业的发展与传统社会秩序的维护需要平衡;行业利益、国家利益、社会利益和个人利益需要综合考虑;各国的文化道德差异需要新的协调。在讨论 Internet 环境对传统管辖权依据的挑战之前,有必要先对涉外民商事案件管辖权以及管辖权依据进行定义。涉外民商事管辖权是指一国法院对具有涉外因素的民商事案件的审理和裁判的权力或权限;管辖权依据是指一个国家的法院有权审理具有涉外因素的民商事案件的理由。Internet 环境对传统管辖权依据的冲击和挑战主要体现在以下几个方面:

1. 司法管辖权区域界限模糊化以及国家司法主权的弱化

传统管辖权理论认为,一个因素要成为法院行使管辖权的依据,必须具备两个条件:
(1)该因素自身有时间或空间上的相对稳定性,至少是可以确定的。
(2)该因素与管辖区域之间存在着一定的关联度。

这种管辖权依据确定制度是建立在各个国家相互主权独立的基础上的,而管辖权本质上是国家主权在司法领域中的体现,正如美国 Holms 法官所指出的:"管辖权的基础是物理空间的权力。"但 Internet 环境是一个开放的全球系统,没有明确的国家界限划分,人们在网络上的交往往往借助数字传输,可以在瞬间往返于千里之外,甚至是跨越数国,而其本人却无须发生任何空间上的位移变化。在这个虚拟的空间中,如何划分各国的相对管辖权以及某一特定法院对于数字传输的管辖究竟是涉及其全过程还是仅仅涉及其中一个或数个环节,也是划分管辖权区域需要考虑的问题。正是这些问题使得 Internet 用户的活动受主权国家的管辖相对较弱。各个国家司法管辖区域的划分模糊化,各国的司法主权也进一步弱化。

2. 传统管辖权依据的弱化与不易确定化

传统理论根据国家的属人、属地原则以及当事人的合意通常以住所、国籍、行为地、财产、意志作为确定管辖权的依据，但在网络中这些依据要么变得相对弱化，要么变得多样化、不易确定化。比如，在网络中，当事人可以在一个地点游历世界各个国家的网站，如何确定其住所或者居所？如果用户使用的是便携式电脑，那么他就可以随时随地登录网站，那么如何来确定其住所呢？国籍是一国的国民与其所属国之间的一种法律联系，Internet环境中当事人的身份往往是隐秘的，因此确定其国籍更加困难。此外，网络传输的阶段性和复杂性，使得侵权行为更加多样化、不易确定化。比如，跨国网络诽谤，全球各地的网民都可以登录并点击浏览，因此可能使得诽谤侵权结果发生在全世界的任何国家的任何地点，而各个国家对于诽谤侵权的救济有不同的制度，使得被侵权人往往进行"择地诉讼"，增加了滥讼和管辖权冲突。在此情况下，如何确定侵权行为地呢？

3. "原就被"理论的困境

在传统的诉讼中，由原告向被告住所地人民法院起诉被认为是理所当然而且应该予以优先考虑的原则。这是"正当程序"原则在诉讼法中的体现，也是从诉讼经济、取证容易、判决有利于执行等角度所做的制度设计。但在网络环境下，被告住所地的确定本身就存在着问题，网络活动者应该知晓他自己的行为结果会在世界范围内发生，但他往往不能准确地预见其活动直接或间接延伸到的具体区域。而且网络侵权案件原、被告往往相距甚远，因此，如果继续适用"原就被"的管辖理论，则无论从经济学的角度来看，还是从是否有利于判决的承认和执行的角度来看，往往都会使原告获得司法救济的难度增大，而且不利于纠纷的解决。

面对网络环境的新挑战，传统管辖权理论应该如何应对？要解决这个问题，有必要先对传统管辖权确定的依据进行回顾并对网络环境中出现的新理论进行评述。

11.1.2 电子商务纠纷诉讼管辖的基本问题

网络空间打破了主权疆域和地域的界限，使据以确定法院管辖权的联结因素出现了一种复杂甚至模糊的倾向，如何确定基于网络的电子商务纠纷的管辖权是能否有效解决电子商务纠纷的首要问题，也是法律界面临的紧迫任务。就普通的民事诉讼管辖而言，要解决的问题主要是当发生民事纠纷时，由哪一级或哪一个地方法院来审理该案件。通常，除了基于案件的性质、影响范围和繁简程度的级别管辖外，影响管辖的主要因素是当事人住所地、诉讼标的地以及引起法律关系发生、变更、消灭的法律事实所在地。最终管辖总是落在某地的法院头上。因此，对于互联网上发生的民事纠纷而言，管辖问题也是解决由哪一个地点的法院对涉及互联网纠纷的案件进行管辖。

互联网不可能创造另一套法院系统和管辖规则，网络环境下发生的电子商务纠纷诉讼的管辖基本上适用民事诉讼法级别和地域管辖的基本原则。但网络管辖难以确定的主要原因是当事人所在地、行为发生地等不易确定。之所以不易确定，是由于互联网的基本特征导致的，这些特征主要包括以下几个方面：

（1）互联网采用分组交换技术和 TCP/IP 协议簇，数据被分成若干数据包在线上传输，这些数据包可以按不同的路径到达目的地。

（2）互联网上的资源可以分布在不同地区和国家的计算机中，而用户可以在一台计算机上访问这些资源，并可在资源间自由地切换。

（3）互联网是一个没有主权的虚拟世界，这样，便给传统基于地域管辖的规则提出了新的问题和挑战。

11.1.3　电子商务中民事侵权纠纷的管辖地

在电子商务环境下，经常会发生以下纠纷：某人在某网站的论坛中发表评论或信息，侵害了他人的名誉权；页面涉及抄袭，侵犯其他网站的网页著作权；网站使用了他人数据库的内容；实施了侵犯他人的在先权利及其他不正当竞争行为等。一旦发生这些情况，受害人到哪个法院起诉呢？法律必须解决发生于互联网上的诸如此类的侵权行为的诉讼管辖问题。

根据我国《民事诉讼法》的基本原理，确定侵权之诉讼管辖地主要依据侵权人住所地、侵权行为地和侵权结果发生地。尽管网络世界的虚拟性对传统管辖提出了挑战，但是，《民事诉讼法》确定的管辖规则仍然能够解决网上侵权纠纷案件在法院的管辖分工问题。

按照我国《民事诉讼法》第二十八条的规定：因侵权行为提起的诉讼，由侵权行为地或者被告住所地人民法院管辖。这一规定也同样适用于电子商务环境下的网络纠纷，因为在网络纠纷案件中，不法行为人也有住所，甚至他们的住所有可能就是他们实施侵权行为的地点。因此，被告住所地仍是最明确、最有效、联系最密切的管辖标准。一般来说，在网络纠纷案件中，以被告住所地确定管辖争议不大，在审判实践中也容易掌握，只是在确定被告住所地时存在一定的困难。

1.被告住所地

网上侵权行为人大致可以分为两类：一类是网站经营者；另一类是登录网站的任何第三人。若网上侵权行为人是网站经营者，则我们先要弄清几个基本概念，以具体确定被告住所地。

（1）网络服务器地址

网站本身不具备民事主体资格，网站只是某个民事主体设立从事某种事业的工具。对于经营性网站而言，网站是用来盈利的工具。网站不仅在现实世界中具有地址，而且在虚拟世界中也有地址。网站在现实世界中的地址是网络服务器所在地，即装有网络服务器软件的硬件服务器设备所在地。网络服务器既可以在设立该服务器的公司、单位、组织或者个人住所地，又可以在虚拟主机服务提供商处，还可以在网络服务提供商处；从地域上讲，网络服务器既可以在境内，又可以在境外。即使在境内，一个公司、单位、组织或者个人也可能占用多个服务器，同时这些服务器也可能位于不同的行政区域内。

（2）网址

网站在虚拟世界的地址即网址，也就是 IP 地址。IP 地址与域名相对应。尽管从 IP 地址或者域名上有时可以判断接入互联网的服务器所在地，但是，既不能以域名注册地作为诉讼管辖的依据，又不能以域名所反映的地址作为诉讼管辖的依据，更不能以IP地址作为诉讼管辖的依据。具体原因如下：

①某一个IP地址可以确定某一相应的主机以及该主机所在的确切的地理位置，但是该主机所在的地理位置不一定就是当事人的住所地、行为地。在我国，企事业单位无论是采用虚拟主机方式还是服务器托管方式，主机的地理位置几乎都不与本单位所处的地理位置相同。

②我国现阶段虚拟主机技术和服务的普遍存在和广泛应用，使得若干台具有独立域名的虚拟主机分享一个IP地址的情况十分常见。

③许多公司网络和互联网服务提供商为了能够充分、经济地利用其所持有的IP地址，可能以大量用户分享一定数量IP地址的方式来动态分配给用户在其上网时的IP地址。因此，同一用户在不同期间登录互联网，他的IP地址有可能不相同。

④用户可以自由选择互联网服务提供商——既可以选择本地的服务商，又可以选择其住所地或者注册登记地以外的其他地区的服务商。不同的互联网服务提供商能够提供给用户的IP地址是不同的，不能确切和真实地反映该用户的住所地和行为地。因此，仅依据IP地址而没有其他的因素来确定管辖地的观点和做法是不可取的。至少在现阶段还无法实现。

（3）网站设立人地址

网站设立人即设立并经营网站的人，是网站的所有者或经营者，是享有网站经营权利并承担相应义务的主体。该主体是有民事主体资格的人或组织。如果设立人是自然人，那么其经常居住地即为他的住所地；如果设立人是法人和其他组织，那么其注册地或主要办公地即为其住所地。

综上所述，在网站经营方面发生侵权行为时，网站所有者或经营者的住所地而不是服务器所在地应当成为管辖的依据。网站所有者的住所地可能与服务器所在地一致，也可能不一致。在不一致时网站所有者或经营者的住所地应当成为诉讼管辖地。

而第三人利用自己的终端设备，通过他人网站服务器实施的侵权行为，其侵权人所在地适用一般的《民事诉讼法》上的住所地认定规则，即侵权人的住所地或经常居住地为被告住所地。

2.侵权行为地

侵权行为地通常包括侵权行为实施地和侵权行为结果发生地。侵权行为实施地即侵权人实施侵权行为的地点，侵权行为结果发生地通常为受害人受侵权行为影响而遭受损失的地点。至于法律选择哪一种为侵权行为地在世界各国存在不同的规则，有的以侵权行为实施地作为侵权行为地，有的以损害结果发生地作为侵权行为地。

在网络环境下，侵权行为实施必须通过一定的计算机设备进行，因此，侵权行为实施地的确定应当以侵权行为人实施复制、传输等侵权行为的设备为线索，认定其所实施侵权行为的地点。这样，侵权行为地几乎演变为被告住所地。但是，由于网络的开放性，从理论上讲，在世界上任何一个地方都可以实施侵权行为。因此，在网络环境下，对侵权行为地的判断在某些情形下存在着困难甚至不可能实现。为此，更多的国家选择把损害结果发生地作为确定管辖权的基础。

《最高人民法院关于审理涉及计算机网络著作权纠纷案件适用法律若干问题的解释》（以下简称《解释》）第一条规定，网络著作权侵权纠纷案件由侵权行为地或者被告住所地人民法院管辖。这是我国《民事诉讼法》的传统原则。在这里，"侵权行为地"解释为"实施被诉侵权行为的网络服务器、计算机终端等设备所在地"，即侵权作品通向网络的临界点和实施侵权操作的计算机或服务器的实际所在地，根据法理，这种解释实际指的是"侵权行为实施地"。《解释》还规定，当运用上述方法难以确定管辖法院时，发现侵权内容的计算机终端等设备所在地可以视为侵权行为地，即"侵权结果发生地"。《解释》实际上确定了网络著作权案件以被告所在地、侵权行为实施地为主，以侵权结果发生地为辅的管辖原则，即当著作权人发现有人在网上抄袭他的文章时，著作权人应当首先向该抄袭人的住所地或者该抄袭行为所运用计算机的所在地法院起诉，如果难以确定，则可向发现该抄袭行为的计算机终端设备所在地法院起诉。

11.2　电子商务纠纷的法律适用

11.2.1　法律适用与管辖权的关系

法律适用与管辖权是既有区别又有联系的两个概念。管辖权是指应该由哪一国法院来审理涉外民事案件，法律适用则是指应该适用哪一国法律来审理涉外民事案件。取得管辖权的法院并不一定就适用本国的国内法来审理案件，它会根据本国的法律规定来确定应该适用的法律。这种适用于审理涉外民事案件的法律在国际司法上叫作准据法，而用以确定准据法的法律规定叫作冲突规范。各国冲突规范的规定并不完全一致，因此，不同管辖法院对准据法可能会有不同的选择，尤其是当冲突规范指向"法院地法"时，管辖地法院的国内实体法就成为审理案件的准据法了。可见，管辖权的确定会对法律适用产生相当大的影响。

11.2.2　几种常见的电子商务纠纷的法律适用

1. 网络版权纠纷

我国《著作权法》第二条明确规定，中国公民、法人或者非法人组织的作品，不论是否发表，依照本法享有著作权。

《著作权法》对著作权各项权利的规定均适用于数字化作品的著作权。将作品通过网络向公众传播，属于《著作权法》规定的使用作品的方式，著作权人享有以该种方式使用或者许可他人使用作品，并由此获得报酬的权利。国务院出台的《信息网络传播权保护条例》第十四条规定："对提供信息存储空间或者提供搜索、链接服务的网络服务提供者，权利人认为其服务所涉及的作品、表演、录音录像制品，侵犯自己的信息网络传播权或者被删除、改变了自己的权利管理电子信息的，可以向该网络服务提供者提交书面通知，要求网络服务提供者删除该作品、表演、录音录像制品，或者断开与该作品、表演、录音录像制品的链接。"第二十三条规定:"网络服务提供者为服务对象提供搜索或者链接服务,在接到权利人的通知书后,根据本条例规定断开与侵权的作品、表演、录音录像制品的链接的,不承担赔偿责任;但是,明知或者应知所链接的作品、表演、录音录像制品侵权的,应当承担共同侵权责任。"这两条参考国际通行做法,建立了处理侵权纠纷的"通知与删除"简易程序。

《信息网络传播权保护条例》的出台和实施,给互联网特别是搜索引擎行业的生存提供了一个"避风港",也为法院日后审理类似案件提供了法律依据和认定是否侵权的法律标准。然而,网络的侵权纠纷不仅仅限于公司对公司的版权纠纷。

《信息网络传播权保护条例》明确了网络服务提供商的责任,网络服务提供商只要在主观上没有过错,就不承担责任。但是,在明知侵权的情况下,调查取证以后并无相关的证明,在预定的时间内,仍不删除侵权的内容,则应当承担法律责任。

但是,我们应该注意到,该免责条款的效力所指的范围只是在"某些网站的论坛社区"上转载的作品,并不包括经过网站编辑采用并发表的作品,也不包括在传统的文字媒体上发表的作品。而经过网站编辑采用,或是在传统文字媒体上采用并发表的作品,必须经原作者同意并支付报酬。否则,就构成侵权。

综上所述,在审理类似案件的时候,应该把握以下两点:

(1)就主体而论,在网络版权纠纷中,首先明确的应该是,被告是否为"提供信息存储空间或者提供搜索、链接服务的网络服务提供者";其纠纷是否基于提供信息存储空间或者提供搜索、链接服务的网络服务而产生;其本质是要将搜索引擎版权纠纷等与外挂、私服的版权纠纷相区别。

(2)在客观行为上,要明确双方是否履行了"通知与删除"的简易程序。通知了而不删除,则为侵权;通知后删除了,则可免责。

2.网络名誉纠纷

在涉及网络服务提供商的网络名誉侵权案中可参照版权纠纷,即首先明确的应该是,其纠纷是基于提供信息存储空间或者提供搜索、链接服务的网络服务而产生的,还是基于网站自身的新闻报道、评述等自身创作的作品而产生的。如果确定是前者则要进一步明确双方是否履行了"通知与删除"的简易程序。通知了而不删除,则为侵权;通知后删除了,则可免责。

3.网络财产纠纷

网络财产是伴随着网络游戏而产生的一种新生事物。它与传统的财产观念截然不同,是虚拟的物品,依托网络而存在,其物理形式只是网络服务器中的数据和资料而已。虽然在法律上,网络财产还没有一个严格的法律解释,但是由于虚拟财产能够在网络以外的现实世界进行交易,具有价值和使用价值,因此,网络虚拟财产与传统的财产一样体现价值和使用价值这一理念已经被人们所接受。网络游戏中的游戏账号、游戏装备、游戏时间都被定义为网络虚拟财产。显然,人们对网络游戏中的虚拟财产的范围已经有了相当的共识。

然而,随着网络的不断发展,网络财产已经不仅仅限于网络游戏之中。2006年1月13日,喧嚣一时的全国首例QQ盗号案最终审结,两名被告在最后上诉期并未提出异议,一审判决成为终审。两名被告因合作盗卖了 130 多个 QQ 号码,以侵犯通信自由罪分别被判处拘役 6 个月,并追缴违法所得 6 万元。此案的焦点在于对罪行的定性上。检察机关在提起公诉时认为,QQ 号码属于网络财产,具有财产的性质,因此,应该以盗窃罪确定刑事责任。然而法院审理后,认为 QQ 号码不具有刑法意义上的财产性质,不构成盗窃罪,而是以篡改他人电子数据资料的方法,侵犯公民的通信自由,构成了侵犯通信自由罪。虽然偷盗 QQ 号码的行为被认定为犯罪行为具有积极的法律意义,然而法院做出的妨害通信自由罪的罪名认定却使 QQ 号码的法律性质问题继续成为争议的焦点。QQ 作为一种即时通信工具,其本身并不具有价值,可认定不具有财产性质;然而实际中很多 QQ 号码却带有许多附加服务,如 QQ 游戏账号、QQ 游戏币等,显然游戏账号和游戏币又可以被认定为虚拟财产。

综上所述,网络虚拟物品在是否能被认定为虚拟财产方面,可分为三种情况:

(1)网络游戏中游戏账号、游戏币、游戏装备以及游戏时间等因其具有可转换为现实价值的属性,可认定为具有财产的性质,可以与现实中的财产一样受到保护,其在适用法律上,可用《民法典》甚至《消费者权益保护法》等来规范。

(2)网络中单纯的通信工具,如 QQ 号码、MSN 号码、电子邮箱的纠纷,其本身不具有与现实价值的转换性,其性质仅仅是电子数据资料,故可适用于《全国人民代表大会常务委员会关于维护互联网安全的决定》的相关规定。QQ 号码、MSN 号码、电子邮箱本身不具有财产性质。

(3)如果 QQ 号码、MSN 号码或是电子邮箱中附加了其他服务,则会使本不具有财产性质的 QQ 号码、MSN 号码或是电子邮箱,因为附加了其他可认定为虚拟财产的价值而认定为具有财产的性质。此时,适用法律应和游戏账号、游戏币、游戏装备以及游戏时间相同。

11.3 电子商务纠纷解决方式

11.3.1 替代性争议解决方式

替代性争议解决方式(Alternative Dispute Resolution,ADR),又称选择性争议解决方式,是除诉讼方式以外的其他各种解决方法或技术的总称,主要包括传统的仲裁、法院附属仲裁、建议性仲裁、调解仲裁、调解、微型审判、简易陪审审判、中立专家认定事实等形式。

ADR 解决争议主要有以下优点:

(1)与诉讼程序相比,ADR 更加迅速、便捷。

(2)ADR 方式灵活多样,从在第三方协助下进行谈判到正式的仲裁,当事人可以根据争议的性质选择不同类型的 ADR,既体现了当事人的意思自治,又可以通过最适合的争议解决方式获得最佳效果。

(3)在专家(中立者)的帮助下,争议双方更易获得双赢的效果。

（4）有利于维护个人或组织的声誉。特别是对有名誉、地位的人或机构来说，进行诉讼是有损形象的事情，因此发生争议后，他们更愿意私下解决，而不是公布或在大众的监督之下解决。

11.3.2 在线争议解决方式

在电子商务环境下，以 ADR 来解决电子商务纠纷，就形成了具体的在线争议解决方式（Online Dispute Resolution，ODR）。

1. 在线争议解决方式的概念

ODR 是指利用互联网进行全部或主要程序的各种争议解决方式的总称，主要包括在线仲裁（Online Arbitration）、在线调解（Online Mediation）和在线和解（Online Negotiation）等方式。仅利用网络技术实现文件管理功能，程序的其他部分仍用传统离线方式进行，不属于 ODR 范畴。ODR 将网络资源充分引入争议解决方法中来。网络资源具有下列新的因素：利用全球任何地方的人力资源、计算机处理程序以及实现信息交流传播的电子速率传输，这就使 ODR 可以在任何国家、聘用任何国籍的仲裁员或者调解员、通过任何语言解决争议，具有快速、费用低廉、便利等解决网络空间争议所需要的各类重要价值因素。在网络虚拟世界，ODR 对于建立互联网中的信赖关系是非常必要的，有利于实现双赢的争议解决方式，越来越受到世界各国理论和实务界的重视。

2. 在线争议解决方式的形式

目前，在线争议解决方式主要有四种形式：在线清算、在线仲裁、在线消费者投诉处理和在线调解。

（1）在线清算（Online Settlement）

通过在线清算系统，争议双方各自报价，但无法知晓对方的出价，如果双方的出价符合事先约定的某一公式，则系统自动以中间价进行成交。在线清算系统的典型代表是 Cybersettle 和 Clicknsettle。Cybersettle 是最早提供在线清算服务的，主要针对保险索赔。Clicknsettle 允许被诉人出价三次，原告也可以还价三次。Clicknsettle 则紧随其后，并且它适用于任何金钱纠纷。它允许双方在 60 天内进行任意次数的报价。如果在此期限内双方无法达成一致，则当事人可以不受影响地进行谈判，因为他们在在线清算系统中的报价是绝对保密的。这种系统的建立，大大缩短了谈判和诉讼时间，降低了解决争议的成本和费用。现在，其他类似机构也在不断涌现。

（2）在线仲裁（Online Arbitration）

目前最主要的在线仲裁提供者是加拿大的 eResolution，主要解决域名争议。国际互联网地址分配公司（ICANN）授权 eResolution 以在线方式解决域名争议，争议的解决以 ICANN 的"统一域名纠纷处理规则"为依据。解决域名争议的请求可以通过电子邮件提交，也可以通过填写安全网页上的申请表提交。仲裁委员会根据 ICANN 的规则、实施细则以及 eResolution 自己的补充规则进行审理。在听取当事人双方的陈述后，仲裁委员会做出具有约束力的裁决。

(3) 在线消费者投诉处理 (Online Resolution of Consumer Complaints)

这类机构致力于发展以在线方式处理消费者投诉。其中的一个典型代表是美国商业局在线。在收到消费者投诉后，美国商业局在线首先会进行和解，即与公司内部的有关人员联系，这种方法常常会马上起作用。如果和解不成，在多数情况下会利用电子邮件和电话进行简易的调解程序。如果这些非正式的、部分利用在线方式的努力都不成功，美国商业局在线会提供更加正式的离线争议解决方式，包括面对面的调解和仲裁。

(4) 在线调解 (Online Mediation)

在线调解与离线调解在程序上并没有重大区别，不同的只是通信方式。在线调解使用经过加密的电子邮件，或经过加密的聊天室，在某些情况下，还可以使用可视会议。通过使用密码，调解员可以和一方当事人单独在一个"房间"里谈话，而另一方当事人在另一个"房间"里等候。美国马萨诸塞大学信息技术和争议解决中心开发的一个名为"第三方"的软件，可以加强双方当事人和调解员在线进行互动式交流。这需要在线调解的双方当事人都上网，而调解的系统和文件都存储在特定的服务器上，只有经过授权的使用者才可以进入。这一系统一般都是由调解员或调解组织提供的。

11.3.3 在线争议解决方式的利弊分析

1. 在线争议解决方式的优点

由于 ODR 的形式与现有的 ADR 基本相同，因此它完全具有 ADR 所具有的优点：

(1) 就诉讼程序而言，ODR 更加迅速、便捷。

(2) ODR 形式灵活多样，从在第三方协助下进行谈判到正式的仲裁，当事人可以根据争议的性质选择不同类型的 ODR，既体现了当事人的意思自治，又可以通过最适合的争议解决方式获得最佳结果。

(3) 在专家(中立者)的帮助下，当事人更容易获得"双赢的解决办法"(Win-win Solutions)。

(4) 拓宽了获得正义的渠道。正如美国前首席大法官沃伦·厄尔·伯格所说："我们能够提供一种机制，使争议双方在花钱少、精神压力小、比较短的时间内获得一个可以接受的解决结果，这就是正义。"ADR 就是诉讼外获得正义的机制。

(5) 维护个人或组织的声誉。如前所述，特别是对有名誉、地位的人或机构来说，与他人进行诉讼是有损形象的事情，因此发生争议后，他们更愿意私下解决，而不是公之于众。

(6) 通过 ODR 程序解决争议的速度更快。无论是争议的提交，还是解决争议的过程，直至最后的和解或裁决，这一切都通过互联网进行，信息的交换几乎是即时的，完全可以克服地理上的距离所带来的障碍。

(7) 由于 ODR 程序中所有的文件都保存在特定的服务器上，因此有利于文件的管理。ODR 程序的参加者无须做任何书面记录，所有的信息都可以随时供查阅和调用。这不仅有利于提高效率，而且可以节约成本。

总之，ODR 的最大优点就在于高效，这使它成为能适应电子商务发展的有效的争议解决方式。

2.在线争议解决方式的不足

当然,ODR 在发展过程中也遇到了不少障碍。主要问题有:

(1)存在语言障碍。现阶段在线争议解决方式绝大部分是用英语进行的,而电子商务的参加者却来自世界的每一个角落,使用各种不同的语言。如果语言不通,即使在线争议解决方式再完美,当事人也不会选择。

(2)缺乏广泛性。有的在线争议解决服务只针对有限的一些企业。

(3)收费过高。在商对客(Business-to-Consumer,B2C)电子商务过程中,单笔交易的金额通常不会太大,如果争议解决费用与争议金额不成比例,消费者即使胜诉也是得不偿失的,自然就不会选择这种争议解决方式。

(4)缺乏强制力。没有国家强制力的保障,当事人对争议解决结果的遵守仍成问题。目前还没有特别有效的方法可以保证当事人遵守所达成的协议。

(5)缺乏透明度。ODR 注重对当事人隐私权的保护,这同时也造成了争议解决结果的透明度不够。公众无法了解已有的先例,因此也不敢贸然尝试这种崭新的争议解决方式。此外,消费者认为,在 ODR 过程中帮助解决争议的官员的资格也不够透明,消费者无法详细了解该官员的背景。

(6)缺乏代表性。在 ODR 服务提供者的领导层中,缺乏消费者的代表。

在线争议解决方式的发展方向应扬长避短,进一步提高解决方式的速度与效率,改进加密技术,充分保证信息的安全性与完整性。更重要的是,应该尽力克服目前存在的不足,推广在线争议解决方式的运用。

11.3.4 在线争议解决方式需要解决的问题

1.信任问题

建立双方当事人之间及当事人与中立第三方之间的信任对在线争议解决方式至关重要。在离线环境下,这种信任可以在当事人面对面的交流过程中逐步建立。而且在很多情况下,争议双方本来就有良好的合作关系,其选择在线争议解决方式的目的就是不想破坏这种良好关系,第三方可以很好地利用当事人的这种关系和心理。而在在线环境中,选择在线争议解决方式的当事人往往相隔千里,在此之前从未有过任何联系。此外,解决争议的过程也都在虚拟环境中进行,当事人无法通过离线环境中常用的肢体语言、眼神、语调等方式来建立信任。

要在在线环境中建立信任,首先必须确定对方的身份,这可以采用电子签名技术。《电子签名法》对我国在线争议解决方式的推广和运用起到至关重要的作用。从技术上来说,伪造电子签名比伪造书面签名更困难。电子签名的使用保证了数据传输的真实性、完整性和不可否认性,因而有利于建立各参与方之间的信任。

其次,与建立信任密切相关的问题是数据的安全性和保密性。在离线环境中,安全性和保密性是不成问题的,因为很多程序的进行都采用口头形式,即使有书面记录,也只在各参与方之间传阅,并能得到妥善保管。但是,在在线环境中,数据的形成过程本身就发生在安全得不到保障的网络中,数据在传输过程中更是形成了大量的备份,这种备份从现有技术来看是无法避免的。此时就需要使用加密技术。

2.隐私权问题

就隐私权的保护而言,当事人必须被告知其隐私权如何得到保护,以及中立第三方

（如调解员、仲裁员等）如何使用和存储其个人信息。提供在线争议解决方式的组织和个人必须制定隐私权保护政策，所有通过其网页收到的争议必须严格按照隐私权政策处理。所有的信息只有争议双方当事人和参加解决争议的中立第三方才有权知道，在存储和使用个人信息的过程中必须充分尊重当事人的隐私权。要做到这一点，仍然需要使用加密技术。

3. 法律背景问题

在线争议解决方式的一个重要特点就是它是在法律背景下发生的。也就是说，试图通过在线争议解决方式解决问题的争议双方当事人很清楚，他们之间的争议是受法律约束的，一旦在线争议解决方式失败，就需要依照法律规定来解决问题。因此，双方在决定各自的战略时，会充分考虑法律的规定。但是，网络世界中产生的争议，常常会难以确定应该适用的准据法，尤其是那些跨国纠纷。有学者曾经指出，虚拟世界的法制建设有两种截然不同的趋势：一种是加强中央集权，即加强各主权国家的合作，制定多边条约或成立国际组织；另一种是激进的立法非集权化，即否认主权国家的管辖而强调网络服务提供者的自治。在后一种模式下，网络使用者把立法权赋予了网络服务提供者，然后，使用者按照自己的价值取向选择网络服务提供者。正是使用者的这种自由选择权，保证了最后得到广泛承认的规则是公正的。人们把这种法律称为"互联网法律"。

4. 遵守问题

与法律背景密切相关的另一个问题是对和解协议的遵守。如何保证对方当事人遵守通过在线争议解决方式达成的和解协议呢？以 eBay 为例，研究人员发现，由于"eBay 法律"的威慑力，当事人对 eBay 在线调解结果的遵守率相当高，因为"败诉"的一方不想使自己在 eBay 的地位受到威胁，因此愿意遵守经调解达成的协议。除了这种"互联网法律"的威慑力以外，还可以通过道德压力、网上曝光、取消成员资格、逐出虚拟市场或社区等手段来促进当事人对和解协议的遵守。最后的选择是请求法院强制执行，但是，这首先涉及该和解协议是否具有法律约束力，其次需要冗长的申请手续，而且不可避免地会牵涉到法院管辖的问题，而这显然有违在线争议解决方式的初衷。

开篇案例结案

网络犯罪案件管辖权的确定

【本案焦点】

本案的争议焦点是网络犯罪管辖权如何确定。

【本案审理】

随着互联网的日益普及，网络犯罪也在增加。网络空间的全球性、虚拟性和不确定性，给刑事犯罪认定尤其是刑事管辖权的认定带来了新的挑战。犯罪人的居住地、犯罪行为和结果发生地等因素之所以能够成为刑事司法管辖权的基础，是因为它们和某个刑事司法管辖区域有着物理空间的关联。然而，将上述因素适用于网络空间，它们与刑事司法管辖区域的物理空间的关联性变得极不确定。

我们不应盲目地、不假思索地认为传统管辖规则过于滞后而缺乏时代价值，而应保持刑法理论的固有稳定性,充分发挥现有司法制度的弹性和灵活性,根据传统管辖理论来冷静思考网络犯罪的管辖问题,并伴随技术的进步而进行相应的调整,只有这样才能最大限度地填充和减少网络空间中刑事管辖权的空白和冲突。在具体确认网络犯罪刑事管辖权时应以网络行为的目的地、网络犯罪行为实施地、网络犯罪行为结果地作为合理依据。

1. 网络行为的目的地。网络行为必然具有目的性。因此,行为的目的可以作为确定管辖的联结点。如果行为人使网络上的特定人得到信息数据,并希望他人访问该网页,或者有意向特定的目标发送信息、数据,这种积极的、主动的接触目的与目标所在地构成直接故意的关联。这种直接故意的关联,可以推定为行为人的意思表示是接受被指向地的法律,构成被指向地法院管辖的基础。

2. 网络犯罪行为实施地。网络犯罪行为须通过一定的计算机设备进行,应当以行为人为中心,以实施犯罪行为的设备为线索,认定犯罪行为地。行为人实施犯罪的计算机终端、服务器等设备是相对固定的,因此,行为人实施网络犯罪的服务器、计算机终端等设备所在地可以视为犯罪行为地。

3. 网络犯罪行为结果地。由于网络传输的全球性,对于任何上网的行为,受其危害影响的地点都会数不胜数,若以此作为管辖权的基础,必然会造成管辖法院的泛滥。但网上侵犯商业秘密、间谍犯罪、网络入侵、散布破坏性病毒、逻辑炸弹、放置后门程序、偷窃、复制、更改或者删除计算机信息等犯罪有一个共性,就是必须侵入他人的计算机信息网络才能作案。因此,将所侵入的系统局域网、计算机终端等设备所在地作为犯罪结果地,其所在地法院拥有管辖权当无异议。

本案中陈某的主要诽谤行为发生地在北京,故北京市的人民法院具有管辖权,且北京市第二中级人民法院指定下级人民法院审判并无不当,可以驳回陈某的上诉,维持原判。

技能实战

某日,申女士在 A 公司网站替同事购买机票,当天上午 10 点 15 分她收到署名"甲航空"的手机短信,被告知航班取消,让其联系客服办理改签或退票。之后,申女士上当,在骗子的诱导下开通支付宝亲密付功能和银行卡的网银功能,先后被转走 12 万元。事后,申女士将 A 公司和支付宝两家公司一并诉至法院,要求两公司连带赔偿经济损失并赔礼道歉,赔偿精神损害抚慰金 1 万元。

法院调查发现,A 公司对其内部员工授权进行访问涉案订单的人员范围、访问敏感信息的授权记录、监控情况、操作记录、内外部传输审批情况等均未提交证据举证。法院审理中还发现,在大量机票退改签短信诈骗案被媒体报道后,A 公司对于订单信息的保护反而从 2014 年的二级加密保护降低为 2018 年的一级不加密传输。在应用界面及短信确认内容中也没有充分明显地告知消费者对于航班信息诈骗的注意。

【思考】

如果你是法官,你应如何审理此案?

技能训练

一、名词解释

电子商务纠纷的管辖权　"原就被"理论　侵权行为发生地　替代性争议解决方式

二、单选题

1.按照我国《民事诉讼法》第二十八条的规定：因侵权行为提起的诉讼,由侵权行为地或者(　　)人民法院管辖。

　　A.原告住所地　　　　　　　　　　B.被告住所地

　　C.原告注册地　　　　　　　　　　D.被告注册地

2.侵权行为地通常包括侵权行为实施地和(　　)。

　　A.侵权行为结果发生地　　　　　　B.侵权人所在地

　　C.被侵权人所在地　　　　　　　　D.侵权服务器所在地

3.(　　)又称选择性争议解决方式,是除诉讼方式以外的其他各种解决方法或技术的总称,主要包括传统的仲裁、法院附属仲裁、建议性仲裁、调解仲裁、调解、微型审判、简易陪审审判、中立专家认定事实等形式。

　　A.替代性争议解决方式　　　　　　B.在线争议解决方式

　　C.仲裁方式　　　　　　　　　　　D.诉讼方式

三、多选题

1.在线争议解决方式(ODR)的不足表现在(　　)。

　　A.语言障碍　　　　　　　　　　　B.收费过高

　　C.缺乏强制力　　　　　　　　　　D.缺乏代表性

　　E.缺乏透明度

2.在线争议解决方式(ODR)的优点主要有(　　)。

　　A.方式灵活多样

　　B.拓宽了获得正义的渠道

　　C.维护个人或组织的声誉

　　D.解决争议的速度更快

　　E.双赢的解决办法

3.电子商务中民事侵权纠纷的管辖地主要有(　　)。

　　A.被告住所地　　　　　　　　　　B.侵权行为地

　　C.原告住所地　　　　　　　　　　D.被告工作地

四、简答题

1.简述电子商务纠纷的特点。

2.简述电子商务纠纷的司法管辖。

3.简述在线争议解决方式需要解决的问题。

4.简述电子商务纠纷的解决方式与策略。

5.简述在线争议解决方法的形式。

技能实战要点解析

【本案审理】

经过审理之后,依据《民法典》《网络安全法》《全国人民代表大会常务委员会关于加强网络信息保护的决定》等相关规定,法院认为 A 公司在信息安全管理的落实方面存在漏洞,未尽个人信息保管及防止泄露义务,具有过错,应承担侵权责任,判决 A 公司赔偿申女士经济损失 5 万元并向其赔礼道歉。支付宝方面,法院认为支付宝软件不存在漏洞,在亲密付开通的过程中已经尽到了充分的告知义务。因此,法院不支持申女士关于支付宝的诉请。

【本案启示】

本案折射出广大用户的信息存在严重的安全隐患。《网络安全法》规定,网络运营者应当对其收集的用户信息严格保密,并建立健全用户信息保护制度。网络运营者不得泄露其收集的个人信息,并且其应当采取必要措施确保其收集的个人信息的安全,否则,将受到警告、罚款等行政处罚,并承担相应的民事赔偿责任。泄露或出售用户信息的个人,还可能构成侵犯公民个人信息罪。

然而,现实中,由于信息有在其他环节泄露的可能,用户个人信息泄露维权之路困难重重。因此,本案的判决,将对今后的个人信息泄露的裁判标准起到积极影响。

参考文献

[1] 中华人民共和国民法典.北京:中国法制出版社,2020
[2] 崔聪聪.电子商务法[M].北京:知识产权出版社,2019
[3] 罗佩华,魏彦珩.电子商务法律法规[M].3版.北京:清华大学出版社,2019
[4] 中华人民共和国电子签名法.北京:中国法制出版社,2019
[5] 中华人民共和国电子商务法(含草案说明).北京:中国法制出版社,2018
[6] 吴伟光.网络、电子商务与数据法[M].北京:清华大学出版社,2020
[7] 张楚.电子商务法[M].4版.北京:中国人民大学出版社,2011
[8] 孙令秋.电子商务法[M].北京:机械工业出版社,2011
[9] 孟波,段超.电子商务法[M].北京:北京大学出版社,2010
[10] 齐爱民.电子商务法[M].大连:东北财经大学出版社,2009
[11] 王忠元.电子商务法规[M].2版.北京:中国人民大学出版社,2016
[12] 杨立钒,赵延波.经济法与电子商务法简明教程.2版[M].北京:中国人民大学出版社,2019
[13] 傅凯.电子商务法律[M].上海:上海财经大学出版社,2007
[14] 李祖明.电子商务法教程[M].北京:对外经济贸易大学出版社,2009
[15] 李瑞.电子商务法[M].北京:北京大学出版社,2008
[16] 屈广清.电子商务法[M].北京:北京科文图书业信息技术有限公司,2007
[17] 秦成德.电子商务法教程[M].西安:西安交通大学出版社,2008